战地女记者

镜头中的反恐透视录

沉石 曹志纶 著

金城出版社
GOLD WALL PRESS
北京 · 2021

图书在版编目（CIP）数据

战地女记者 / 沉石，曹志纶著 . — 北京：金城出版社有限公司，2021.11

ISBN 978-7-5155-2163-3

Ⅰ. ①战… Ⅱ. ①沉… ②曹… Ⅲ. ①纪实文学－中国－当代 Ⅳ. ① I25

中国版本图书馆 CIP 数据核字（2021）第 023742 号

战地女记者

作　　者 沉　石　曹志纶
责任编辑 李凯丽
责任校对 丁洪涛
责任印制 李仕杰
开　　本 710 毫米 × 1000 毫米　1/16
印　　张 15.25
字　　数 240 千字
版　　次 2021 年 11 月第 1 版
印　　次 2021 年 11 月第 1 次印刷
印　　刷 鑫艺佳利（天津）印刷有限公司
书　　号 ISBN 978-7-5155-2163-3
定　　价 52.00 元

出版发行 **金城出版社有限公司** 北京市朝阳区利泽东二路 3 号（100102）
发 行 部 （010）84254364
编 辑 部 （010）84250838
投稿邮箱 825994321@qq.com
总 编 室 （010）64228516
网　　址 http://www.jccb.com.cn
电子邮箱 jinchengchuban@163.com
法律顾问 北京市安理律师事务所　18911105819

目　录

楔　子

一段时间以来，以哈里为首的DTS恐怖组织一直骚扰和袭击中国北疆，造成许多无辜百姓丧生，对人民群众的生命安全、国家经济的持续健康发展，以及全国各民族的安定团结产生了非常恶劣的影响。种种爆炸和杀人案件的背后，有一双幕后策划的黑手。在特殊地区，为消灭世界三大公敌之一的恐怖组织，中国首先担当起维护和平的重任，组建反恐特战队进行打击。

军报少校女记者李小晖冒险随同反恐特战队，深入北疆第一现场，直面残忍暴虐的恐怖分子，用镜头和文字记录了恐怖组织的暴行，以及恐怖分子偷盗炸药、强闯边境，以极端手段袭击村庄百姓、油田、化工厂，蓄意制造爆炸，袭击并屠杀各族人民，破坏社会安定的罪行，揭露了DTS恐怖组织企图通过栽赃嫁祸手段，挑起汉族与各少数民族之间矛盾的阴谋。

李小晖在反恐前线写出的应对世界反恐的文章，越来越多被国际社会理解和认同，引发其与我们在国际反恐领域建立了越来越深入的合作，共同对DTS等恐怖组织进行打击。

我们将从DTS恐怖组织袭击最猖獗的一起案件开始讲起……

第一章　浴血，新的抉择

一

“‘沙漠之鹰’这种枪在游戏和电影里经常出现，但那主要是因为它的造型可以烘托气氛。在真正的战场上其实用的人很少，因为它空重就达到两公斤，虽然威力大，但使用起来得不偿失。”

倒在地上的李小晖费力地抬起眼睛，看着黑洞洞的枪口，脑海里忽然想起当初邵剑飞教授在课堂上的讲解。身上好几处骨折疼得要命，冷汗裹着血污从眼角滴落，身下原本干燥松软的沙土地已经被血和汗水侵染了一大片。

最后竟然会死在这把镀金的“沙漠之鹰”枪下吗？李小晖嘲弄地想着，不知道当初的同学们谁还有这种“运气”。

“你已经浪费了二十秒，内存卡到底在哪里？”

临时帐篷里光线很差，阳光透过哈里身后的一条细缝正好照在李小晖的眼睛上。她勉强能看见穿着一身黑袍、戴着白头巾的哈里装模作样地坐在椅子上，一边拿枪指着自己，一边抬着左手看着手表，很认真地在记录时间。李小晖忍不住笑起来，一笑又牵动起伤口。她一边笑，一边疼得抽着冷气，反而越来越忍不住。她断断续续地说：“才二十秒，我……我要是说了，前面五个小时……就白挨了，更不划算。”

“还是你算得清楚。”

摄影师郝磊的声音有气无力，而且还有些含糊不清。李小晖微微转头看去，见他伏在地上，费力地呼吸着，像是刚刚才醒过来。见李小晖看过来，郝磊使劲咧开嘴，想给她一个标志性的微笑，露出光秃秃的牙龈，让李小晖想起了他的门牙都在之前的折磨里被人拔光了。浑身的痛苦和巨大的绝望袭来，李小晖不知道自己眼神里流露了什么，让郝磊好像忽然有了些力气。只见他翻了个身，换了个舒服的姿势躺在地上，喘了喘气，竟然大声笑了起来，一边笑一边还骂着。

“他奶奶的！费了半天事儿，原来就是给老子拔牙。”

这几句话郝磊是用汉语说的，哈里身旁的行刑手上前对着郝磊又是一顿揍，他硬是忍住一声都没吭。

哈里愈发地恼羞成怒，冲他们大声喊着：“十、九、八、七、六……”

一声爆炸传来，冲击力几乎把帐篷掀翻。一群穿着黑袍的恐怖分子冲进来护住哈里往外跑。

“哈里大人，是特战旅！”

“这么快又追上来了？真是比鬣狗还可恶！撤退！”

李小晖想奋力站起来阻止哈里逃跑，却根本做不到，只能眼睁睁看着他们一行人开着枪，从帐篷另一边冲了出去。李小晖懊恼地放弃挣扎，颓然地躺在地上，就听见一声拔销声，然后一枚手雷从哈里消失的方向扔了进来，落到离她不到十米的地方。李小晖忍不住倒抽一口凉气。

手雷的爆炸彻底掀倒了临时帐篷，一部分特战队员继续追击哈里，指挥员周正赶到被毁的帐篷边，几名队员上前掀开帐篷，一瞬间都怔住了。

二

“爸爸……不要走！”

夕阳下，一身迷彩，戴着作训帽，他回头看向自己的孩子，脚下却没有停，继续走向远方。

幼年的李小晖伸着手跑向父亲，却被追上来的母亲一把拽住。母亲的手把她紧紧拢在怀里，两人哭着，望着绿色的高大身影一步一步地走向远方，走向红彤彤的夕阳。脚下的山把他托得越来越高，任凭呼啸的山风侵袭身体，他却步履坚实，越走越有劲头。

“砰！”

不知何处的一声枪响，李小晖瞪大了眼睛忘记了哭泣，她怒睁着眼睛望着，夕阳中的山峰上已经空无一人。

“不要！”

李小晖猛地睁开眼睛，剧烈地喘息着。她眨眨眼睛，视线慢慢清晰起来，发现自己正躺在病床上，旁边的监视器规律地发出“嘀，嘀”的声音，手臂上还插着输液器。伤口的疼痛传来，让她不禁皱起了眉。

“醒了？”

一个陌生的声音传来，李小晖这才发觉床头坐着一个男人。这个人穿着一身黑色的作训装，戴着墨镜，双手抱怀，仰靠在一张椅子上，两只穿着黑色军靴的脚交叉着翘在一张凳子上，正懒散地看着自己。他很陌生，但是李小晖又隐隐感觉到一丝熟悉的气息。

“你是？”

“就是你的失误，导致拍摄资料无法进行无线传输，才让你和郝磊暴露身份的，对吧？”

李小晖心口一阵抽痛，忍不住深吸了一口气，使劲地把痛苦压下去。

“郝磊在哪里？他伤得怎么样？”

“M67 手雷，重 400 克，装药量 180 克，破片杀伤半径 15 米，爆炸点离你 7.8 米，但是你身上几乎没有受到破片伤害，知道为什么吗？”

李小晖皱着眉还没有反应过来这段话到底是什么意思，却看见那人的墨镜底下滚落了两行热泪。李小晖忽然明白了，眼眶一瞬间就被一股热浪淹没了。

“郝磊他……”

“他是我的老班长。”

“嘀嘀嘀嘀嘀……”

监视器发出急促的报警声。李小晖痛苦地用双手抓紧床单，输液器里血液一瞬间回流了十几厘米。

大夫和护士一股脑冲了进来，见到床边坐着的那人都吓了一跳。

“谁让你进来的？快出去！”

李小晖被两名护士按住，另一名护士往输液器里注射镇静剂。床边那人被护士们赶着往外走，他回头看着痛苦的李小晖，叹了口气，低着头走了出去。

半年后。

李小晖站在特战旅旅长沈林的办公室里，郑重地敬了一个军礼。

“报告首长，军报记者李小晖报到。”

窗外乌云密布，操场上传来战士们训练的号子声，此起彼伏，整齐如一。沈林满脸疑惑地看看窗外，又看看李小晖。

“奇了怪了，这太阳打西边儿出来了？你这天天牛哄哄的军报记者，跑到我这儿来报什么到？”

“来这儿培养技能，锻炼意志！还有战地采访。”

李小晖紧紧抿着嘴唇，双眼圆睁，炯炯有神，一副严肃认真的样子。

沈林站起来，背着手走到办公桌外面，一边看着操场上的士兵训练，一边说：“你这到底是来干吗啊？要说训练，那咱们这儿没有你的编制，也没收到组织的安排，不合规矩；要说采访，我们倒是欢迎，但也得按流程来办事儿，你们单位也没人打招呼啊。”

“谁说的？我们刘部长已经同意我来特战队采访做专题报道了。”

沈林哼了一声。

“是吗？我怎么听说，你这立了功的大记者是休了长期病假了呢？我看是老刘被你烦得不行才口头答应的吧？那也得按流程来，你现在没手续，我不能同意。”

“沈旅长，你看清楚，这是战区的调令！”

沈林一脸不可置信的表情，接过李小晖递过来的文件。

“还真有，怎么没写你名字啊？”

李小晖脸红红地说道：“机会是我争取来的，而且你这破地儿，除了我，别人还真不稀罕。”

李小晖还要再说，却被沈林抬手拦住：“我说小晖啊，我跟你爸是战友，你是个女孩，他活着的时候最反对你当兵，你还非要当，好在考了个军校，出来当个记者，没能去当侦察兵，还有点不甘心，现在这不是挺好的吗？上次就够意外的了，你听沈叔叔的，就别折腾了。”

“我不是折腾，我想清楚了！”

李小晖着急地走上前，沈林眼睛一瞪。

“什么你就想清楚了？打仗能是儿戏吗？这是来玩儿的吗？你上次能

活着把内存卡带回来，立了个功，就真把自己当英雄了？我告诉你，李小晖，趁早给我回去，赶紧走！”

“我不！沈旅长，你就关照吧，战区调令已经给你了，你不同意也不行，这是命令！”

沈林气得直喘气，他转过头盯着操场上正在训练的大头兵，天空中闷雷滚滚。他眼珠子转了转，回头冲外面喊：“通信员！”

窗外一道闪电过后，雷声大作。

“到！”

“去把特战队方钢队长给我叫来！”

“是！”

“叫他跑快点！三分钟之内站到我面前！”

已经出发的通信员从远处撕心裂肺地喊了一声：“是！”

李小晖嘴角露出一丝得意的微笑，忽然想到了什么，问道：“沈叔叔，您这特战旅怎么像武警编制一样还有支队啊？”

沈林没好气地看了一眼李小晖，说道：“目前特战旅的主要工作是反恐，这方面需要和武警部队有很多配合，特战旅还有两个特编支队，这样会方便指挥。”

沈林说着，忽然发现李小晖当时就拿笔开始记录了。

“这些你也要往报道里写吗？”

“不是，我是在写您刚才命令通信员的令出如山，兵行如火。”

“你就会瞎说，《孙子兵法》里说，兵形如水，变化无穷，如火还得了，一把就烧没了。”

沈林看着李小晖摇了摇头，转过去正看见方钢在通信员的带领下小跑着过来。他瞥了一眼身后的李小晖，难得露出一丝狡黠的笑来。李小晖还不知道自己竟然被一向宽厚儒雅的沈叔叔给算计了。

三

大雨如泼，雷声阵阵。

李小晖穿着湿透的迷彩作训服，咬着牙在泥地里翻滚着，和她一起的还有特战队所有队员。方钢队长在障碍训练场旁站得笔直，眼睛一直盯着李小晖。眼看着她渐渐有些跟不上了，方钢大声呼喝道："不行就是不行！该滚蛋就滚蛋！想到特战队来，也不看看这是什么地方！也不看看自己几斤几两！想留下，就别把自己当人！这风！不是风！这雨！也不是雨！刘兴！告诉我是什么！"

"是他娘的暖风热水澡！"

高个儿黝黑的刘兴从已经跑不动的李小晖身前经过，两只眼睛恶狠狠地盯向她。

方钢大声喝问："这澡爽不爽？"

"爽！太爽了！我巴不得天天泡在这澡里！"

"训练苦不苦？"

"训练就像挠痒痒！"

刘兴一边喊，一边快速地翻过三米高的木制障碍板，突然发现李小晖已经体力透支，整个人撞在板子上倒了下来。见她躺在地上一动不动，几个队员赶紧围上去。

"她不行就滚蛋！你们凑什么热闹？"

见方钢还是不依不饶，女队员赵敏冲他大声喊："人昏过去了！"

方钢赶紧跑过去，伸手试她脖子上的脉搏。

另一名女队员陈晓琪也是随队军医，着急地道："身上都冰凉的，赶紧送医务室吧！"

方钢抬头看了她一眼，一转身，抓住李小晖的手，把她拽到肩膀上背起来就走。

"赵敏、陈晓琪跟我来，其他人就地解散！"

几个男队员迟迟没有离开，刘兴眯着眼看着被方钢背在背上的李小晖，气儿还没喘匀："熬到这样还没求饶，算是个人物。"

"刚来头一天被这么练，方队是要把她练'化'了啊？"

"走吧，回去洗澡。"

刘兴带头往营地跑去。

"哎？你不是刚洗过热水澡吗？"

“这水太脏，我换干净的洗不行吗？”

几个人在瓢泼大雨里一边奔跑，一边不服输地互相调侃着。

迷迷糊糊地睁开眼睛，李小晖看见自己又到了医院病房里，很失望地叹了口气，就听到外面传来声音。

“你俩训练辛苦了，先回去休息吧，我留下来看着就行。”

李小晖听出来这是方钢的声音，还带着点沙哑，可能是之前训练的时候喊得太厉害了。

“我也留下吧，好歹我是军医能帮上忙，而且方队你一男的也不方便。”

“那陈晓琪留下吧，赵敏你先回去。”

“是，方队！那我先回去了。晓琪，辛苦你了。”

“方队，其实我一个人也可以，要不你也回去吧。”

李小晖听见方钢叹了口气。

“我还是留下吧，她躺在这，我也有责任。要不是郝磊……”

方钢停住了话头，李小晖只听见“砰”的一声，好像是一柄大铁锤砸在了医院的墙上。

“所以你这么狠地折磨她，就是想让她走，不想看见她，是吗？”

方钢沉默着，一直没有说话，却听到陈晓琪接着说：“我去打点热水来，方队，你也休息一会吧。”

李小晖听见方钢的脚步走进来，她赶紧闭上眼睛，只露出一条缝偷偷观察着。耳边传来窗外“哗啦啦”的雨声，闷雷阵阵，天气还是那么糟糕，方钢的脸也还是阴云密布。李小晖看见他脸上和身上满是泥水，脏兮兮地坐在病床旁边的凳子上，低着头也不说话。坐了一会，他双手拢在头上，使劲搓了搓自己的脸，竟然把干掉的泥巴都搓了下来。

“你什么时候醒的？”

李小晖听他这么问，不太好意思地睁开眼睛，清了清嗓子。

“刚醒。谢谢你！”

“谢谢？我这么狠地训练你，还要谢我吗？”

“训练难道不该这么狠吗？我害你失去了一个好战友，我就要想办法还给你一个。”

方钢听见这句话，很意外地转头看着李小晖。

“你说什么？还给我一个？”

“是啊，我想成为像郝磊那样优秀的战士。”

“这是一回事儿吗？战友是能替代的了吗？郝磊永远是郝磊，只有他一个！”

看着方钢眼睛都气得瞪圆了，李小晖垂下眼皮，没有再说话。方钢意识到自己话说得太重，也有些不好意思。

“郝磊只有一个，你李小晖也只有一个，别想着替代别人，好好把自己的事情做好了。”

方钢又朝李小晖的方向看了一眼。

“你真的想留在特战队？”

“当然！我一定要留下！”

方钢叹了口气。

“行，你通过了初步测试，虽然结果一般，还被送进了医院，但是就冲你熬到极限也不肯求饶，还是值得我们再继续考察的。”

“真的吗？”

李小晖兴奋地抬起头要坐起来，方钢赶紧扶住她。

“兴奋什么，你早着呢。只是考察，没说你就落定了。”

“行！那也行！谢谢你，方队！”

方钢认真地看着李小晖。

“我也谢谢你，你回来后写的报道我看了，新闻视频我也看了，郝磊没有白白牺牲。”

李小晖见方钢眼睛里又有些湿润，正想说点什么安慰这个铁一般的战士，就听到门口传来声音。

“呀！你醒了啊！渴了吗？来喝点水。”

陈晓琪走进来，见李小晖已经醒了，热情地过来帮忙招呼她。

方钢趁着陈晓琪没注意，转头朝外面走。

“陈晓琪，你留着帮忙照顾一下，我去洗把脸。”

李小晖看着方钢走到门口又停下来，他转身看着李小晖。

“你先回去把伤养养，想清楚了再来，来了别没事就往医院里躺，特战队不是疗养院。”

方钢冷冷地丢下两句话就走了。陈晓琪轻轻拍了拍李小晖的肩膀，扶着她坐起来。

“别往心里去，方队这人就这样，说话可硬了，但是人很好。”

李小晖点点头，看着已经没人的门口无奈地笑了笑。

“你刚做完手术的时候，方队在病房里守了你两天两夜。”

李小晖蓦然睁大了眼睛，想起之前病房里那个冷冰冰的人，说的冷冰冰的话，又想到已经牺牲的郝磊，所有的冷在一刹那就变成了一股暖流，将她的心口和喉咙都堵住了，一时间竟说不出话来。李小晖不得不费力地喘了几口气，使劲把那股热压下去。压下去的热贯通到身体里的每个角落，竟让她凭空生出了几分力气，甚至想要立刻回到训练场去。

“你好，我叫陈晓琪。”

“嗯，你好，我叫李小晖。”

“我们以后也是战友了！”

“嗯！”

李小晖和陈晓琪的手紧紧攥在一起。战友，多么真诚火热的称呼啊！李小晖的心里这么想着，身体里的热就这么由内而外地发散了出来，热了整个身子、整个房间，连眼睛里也感觉到了浓浓的温度。

四

入了四月，凛冽的北风也变得暖了，金灿灿的阳光洒下来，照在墓园里的槐树上，就像镶了一层金边。风吹着林叶，沙沙地响着，清脆婉转的鸟鸣忽而在左、忽而在右，中间还夹杂着“喳喳”的喜鹊声。在烈士长眠之地，让人感受到无限的生机。

李小晖穿一身军装，站立在烈士纪念碑前，看着上面父亲的名字——李建国。他和墓碑上一列列的其他名字一样普通。她仰视着墓碑上的烈士群像，觉得他们就像是活了过来，也在注视着她。他们的神情那么坚定，但望向李小晖的目光又让她觉得那么温柔，就像是长辈在期待着、关心着晚辈的成长。李小晖却越发倔强起来，想起了父亲当年与她的争吵。

“不行，你个小女孩当什么兵？娇滴滴的，老老实实考个师范，以后当老师去！”

“我不！我就要当兵！我还要当侦察兵！”

“你几斤几两啊？侦察兵可不是嘴上说说，得吃多少苦，经过多少训练，不把半条命练没了，哪有资格当侦察兵！”

“我可以！我一定能当侦察兵，我会比你还厉害！”

“哈哈哈！别想了，我不会让你超过我的，有我在，就轮不到你去当兵！”

泪水从李小晖的眼角滑落。幼年时与父亲的争论，竟然让她伤感和怀念。父亲不在了，自己终于如愿穿上了这身英武的军装。她高昂着头，向着巍峨的烈士纪念碑敬了一礼。一阵疾风吹过林间，吹到李小晖的身上，撩起她的头发，拂过她的脸颊，让她油然感到一种抚慰。

夜，明月悬空。城市里霓虹绚烂，车流如织。小区的居民楼里亮着一排排的灯光，正是一家人享受闲暇的时候。

方岚把李小晖的衣服叠起来放进行李箱里，她抬起头看着屋子里到处摆着的女儿照片，忍不住叹了口气。

“妈，我不是说了我自己来吗！”

李小晖刚洗完澡，边擦着头发，边走进来。她穿着睡袍，看见母亲正在替她收拾行李，娇憨地扑到床上，枕到妈妈腿上，阻止她继续收拾。

“去去去！一边去，别碍我事儿。”

“怎么了，妈？不让你收拾，还心情不好了？”

“还说呢，你看看那军装脏的，差点把洗衣机都洗坏了，你一个记者，是去打仗了，还是怎么的？”

李小晖垂头丧气地坐起来，在一边擦起头发，有些遮遮掩掩地说道：“我现在不是调去特战队做长期专访吗，作为战地记者，要跟他们一起训练、一起战斗，要把战地最真实的人和事报道出来。”

方岚气鼓鼓地不肯罢休：“我说那个沈林是不是现在当了旅长就不得了啦？他调谁不行？非把你调去？怎么了？咱家老李不在了就好欺负是

吗？我现在就给他打电话，我倒要看看他现在本事有多大！”

方岚越说脾气越大，越说越难过，李小晖见她真的去拿起电话，赶紧扑过去拦着。

“妈，你怎么了？是我自己想去的，沈叔叔也不愿意来着，可这是战区的命令，他又没办法。”

方岚一巴掌把李小晖拦着自己的手打开：“什么叫没办法？战区有多少部队？军报有多少记者？怎么就这么巧把你安排到他的特战旅了？我是不当兵，但他那什么破地方，我不知道吗？从来训练最艰苦、任务最危险，永远冲在第一线！”

方岚嘴里连珠炮似的说个不停，看着李小晖理亏的样子，忍不住又说起女儿：“还有你！上回跟我说得好听，要出国采访，我还以为是美差，结果跑去当战地记者！差点……差点就死在外面……当初你爸就……就这样……”

方岚说着说着就哭起来，眼泪止不住地留下来，把李小晖吓坏了。

“妈，您别哭了，我这不是好好回来了吗？”

“回来什么回来了？在医院躺了三个月！三个月！我还以为你一直在国外采访呢！天天翻看军报，查找你的文章，盼着在电视上看见我女儿，结果呢！回来了还一瘸一拐的！我好好的女儿养大到现在，我就指望你找个好人家嫁了，干吗非要当兵去！干吗非要当兵！他们还欠了我们老李一条命呢！还欠了我们老李一条命……”

李小晖使劲地抱住方岚，母女俩哭作一团。

“妈！您就让我去吧！上次如果不是特战旅的战友为了救我牺牲了自己，我都回不来见您了。他们太不容易了，我想了解他们，想让全世界都了解他们有多么伟大！不要对他们再有误解！我是记者，这是我的责任！我也欠了他们一条命！”

“傻孩子，你不欠他们，你回来吧。别去了，妈就只有你一个，再出点事，我不敢想……”

“我不会有事的，我一定会平平安安的。这次任务就只有半年，等我回来了，一切都听您的，我也认识几个小帅哥，让您挑挑谁给您当女婿！好不好？咱们不哭了，好不好？”

方岚抹着眼泪，看女儿脸上也都是泪水，又拿起李小晖擦头发的毛巾给她擦擦脸。

“半年，就半年，以后再也别去了，不行咱这军报记者也不当了，咱就回来踏踏实实找个工作。咱们不要那么伟大，就当个普通人，听见没？”

李小晖叹了口气，“嗯”了一声，算是答应，又把母亲紧紧搂在怀里。方岚嘴里还在唠叨着：“这段时间，你可千万要小心，一定要安安全全的……”

李小晖搂着母亲的手又紧了些，脸上又滑落了一滴泪水。

深夜，周围万籁俱寂，小区里的楼房上已经没有几个窗口还亮着灯，远处的公路上偶尔传来一两声汽车喇叭，更显得此处的幽静。

方岚睡不着觉，从卧室出来想去敲女儿的门，又忍住了。她徘徊了几圈，在犹豫中走进卫生间，把门关好。她看着镜子里的自己，使劲喘了几口气平复了心情，拨出了电话。

“喂，沈旅长……你还能记得我是你嫂子，真不容易。这么多年，我可从来没求过你。你是知道的，我们家小晖，老李还在的时候就疼她，这些年在我身边，从来没让她吃过什么苦、受过什么累，我不管她怎么就调到你那个特战旅去了，反正她要是出了什么事儿，我跟你没完！”

沈林旅长床头亮着昏黄的台灯，他睡眼惺忪地接听着电话，听到方岚这么说，也无奈地摇着头。

“我说老嫂子，小晖这孩子是我从小看着长大的，我都安排好了，你放心吧。”

对面的方岚还是不依不饶：“那你说说你怎么安排的？我听听合不合适。”

“老嫂子，军队是有纪律的，就算小晖是我亲闺女，我也不能搞特殊啊……”

“我说沈旅长啊，你是不是想糊弄我？你对得起老李吗！当初要不是老李他……”

李小晖打着哈欠从卧室走出来，正要去客厅倒杯水喝，经过卫生间的时候，听到里面传来声音。

“妈，你在里面吗？我要上厕所。”

听到李小晖的话，方岚压低声音，继续对沈旅长说道：“沈旅长，小晖对他爸当年的事情还不知情，希望你也不要告诉她，我不想让她有那么多心理包袱。”

沈林听到电话里传来忙音，慢慢地把电话放下。他靠在床头，仰望着外面深沉的星空，苦笑了起来。

“老李啊，嫂子是不知道，你们家小晖在军营里真是很像你。”

第二章　DTS，无恶不作

一

“邵教授，您觉得我真的适合做战地记者吗？”

休假的第二天，李小晖去母校见了邵教授，他还是那么和蔼可亲，还像以前一样给了她很大的鼓励。

邵剑飞看着李小晖睁得硕大的眼睛，只是微微一笑，说：“我怎么觉得无所谓，关键是你自己怎么想。”

“你脑子机灵，常常跳脱出常人的思维模式，在复杂混乱的局面中找到突破口，这和瞬息万变的战场环境是吻合的，也是看中这一点，我才推荐你到部队的。不过，你自己的人生要自己做主，我只是给你提供了一种选择。”

“谢谢教授！”

李小晖在部队很少听到别人的夸奖，一向争强好胜的她一直憋了一口气，想证明自己不是无能之辈，特别是要让瞧扁了她的方钢刮目相看。

刚回到营地，特战旅就接到了新的作战任务。李小晖也跟着一起上了直升机。

在去往北疆的上空，机舱内的队员们屏息凝神，随时处在战斗准备中。李小晖一边在调整呼吸，一边向舷窗外望去，映入眼帘的是苍茫的大地与湛蓝的天空，灰黄色的戈壁荒野与遥远的碧绿色的镜湖，美丽雄浑的壮观景色一时竟让她忘记了一切，螺旋桨的呼啸中，她与这片天地仿佛融成了一体，只有怦然的心跳和起伏的呼吸提醒着自己的存在。

李小晖不禁思考着，这里究竟发生了什么？竟然需要作为精英单位的特战队空降部署。

二

特战队直奔市中心动乱区，直升机准备在一块空地上降落。士兵们还没下直升机，一群恐怖恐怖分子已经冲了过来。

“炸了他们的直升机！”一个带头的恐怖分子大喊道。

几十个汽油瓶直接朝直升机扔了过来，特战队开枪警示，但没有任何效果。

片刻后，一群手持 AK 冲锋枪的恐怖分子冲了过来，朝着特战队就是一阵疯狂射击。眼前的一幕彻底惊呆了李小晖，无论是武器装备还是作战协调，他们都像是一群虾兵蟹将，竟然敢公然挑衅特战队。

特战队陆续有人受伤，方钢下令还击，射中几个为首的恐怖分子后，其余几人吓得撒腿就跑，完全没有刚才的嚣张气焰。李小晖顿时感到匪夷所思，这些恐怖分子貌似认定特战队不会动武。

方钢让赵敏带小队追捕逃跑的恐怖分子，他自己带队直入动乱区。

特战队一路小跑，沿街的大部分商铺都遭到不同程度的毁坏，恐怖分子抢走了服装店的衣服，堆在街边燃烧起来。

“大家不要慌，保持秩序！”方钢走在前面安抚着群众。

“队长，这些 DTS 恐怖分子都换上了当地人的衣服，混在人群中很难分辨啊！”刘兴问道。

“告诉大家保持警惕，随时做好准备！”

街边不时有伪装的恐怖分子上前攻击，他们大都使用长刀，朝周围的民众胡乱砍杀，顿时尖叫声四起。

特战队控制了几个恐怖分子后，一个络腮胡和干瘦的男子挟持了街边的民众，场面混乱不堪。

“你们再敢过来，我就一刀宰了她。”一个满脸络腮胡子的恐怖分子威胁道。

“队长，听他的口音，这个人绝对是 DTS 恐怖分子冒充的，咱们为什么不打？”刘兴问道。

“刘兴，有信心吗？”方钢问道。

“我负责络腮胡。”刘兴从容答道。

“退后，都别过来。”另一个干瘦的男子叫嚷着，他身前的妇女已经吓得泣不成声。

“一，二，”，方钢刚数到“三”，只听到两发子弹齐响，络腮胡和干瘦男子纷纷倒地。方钢和刘兴搀扶起人质，告诉他们转移到特战队指定的安全区。

李小晖想上前拍照，方钢一把将其拦住，说：“跟在部队后面，别给我们添乱！”

在一片混乱中，李小晖忽然在镜头里发现了几个奇怪的身影。那些人站在隔壁街的一栋房子外面，一群人把一个穿着考究的高个子白人围在里面，好像在保护着他。李小晖几次按下快门，都被前面的人把他挡住，正当她连续按动快门就要把他拍下来的时候，李小晖的身体在人群中被撞了一下，镜头里失去了目标。等她再去看时那人已经不见了。

那个人是谁？李小晖满腹疑团，但身边的特战队员都在聚精会神地应对身前的状况，没有人能帮她解答疑问。她有心想自己上前去调查清楚，但周围混乱的情势根本不允许她这么做。

赵敏带着另一组队员到十字路口和方钢会合，“报告队长，逃跑的十三个恐怖分子已经全部落网，击毙三人，活捉十人，我方无一人受伤。”

“好，马上归队。”

方钢安排军医陈晓琪救治受伤的民众后，带队行进到市中心，这里情况更加严峻，很多恐怖分子都荷枪实弹，疯狂地向周围人开枪，像得了犬疯的病人，全然不顾别人的死活。

李小晖震惊之余，身边突然传来一阵巨响，一个恐怖分子点燃了身上的炸弹，冲进人群炸死了几个平民。特战队立即掩护群众撤离，随即一个持刀的恐怖分子从侧翼冲了过来，几米处的陈晓琪正在营救伤员，并没有看到。

“小心！”李小晖冲上去一把推开了陈晓琪，她脚下一个趔趄没站稳，摔倒在了地上。陈晓琪看到恐怖分子的尖刀朝自己挥了过来，一个身影蹿了过来，一脚踹翻了恐怖分子，接着就看见墙角处有两个恐怖分子掏出了枪，正要向他们射击，刘兴眼疾手快，立刻掏出手枪连着两枪将恐怖分子击毙。

“没事儿吧！”

陈晓琪这才回过神来，刘兴将她扶起。

陈晓琪对刘兴问道：“受伤的民众太多，我们人手不够。”

“再坚持一会儿，队长已经联系增援了。”

刘兴说完，马上又投入了反恐战斗。

特战队分三路包抄，经过两个多小时的战斗后，基本维持了市区的秩序。而受伤的民众达到了三百多人，很多都是重伤，特战队请示特战旅后，动用了军用直升机，将他们紧急送往省人民医院。

方钢接到沈林的命令，有二十多个恐怖分子，在矿区砍杀了十余名矿工后，又在半道上设伏杀害了四名公安人员，现在正往天山方向逃逸，让方钢带领支队展开追捕。

支队根据实时定位，半个多小时后追踪到了天山深处。此处的地形高山耸立，再加上上坡处还残留着积雪，给特战队的抓捕工作带来了很大的挑战。

“恐怖分子要是顽抗，直接开枪打掉！”方钢义愤填膺地说。

“报告队长，指挥室传来了恐怖分子逃跑的实时画面。”网络技术专家吕鹏汇报。这是天眼系统发现的，吕鹏又启动了无人机，近距离地追踪恐怖分子。

方钢看了一眼监视器上的画面和坐标，接着带领四十多名特战队员，在海拔四千米的高原上，实施搜索围剿。

特战队追踪了一个多小时后，侦察员看到了恐怖分子藏进了一个山洞。特战队追踪到对面的上坡处，方钢下令射击，双方对射几多分钟后，恐怖分子停止了射击。

“队长，在人数和实力上，我们占优势，要不要冲进去？”赵敏问道。

“距离太远，不可能枪枪命中，而且我们对山洞内部的结构不清楚，先等一等。”

方钢让赵敏留下五个队员，在山坡上佯装攻击，他亲率剩余队员潜到谷底，朝对面的山洞行进。

平面空间十几米的两个上坡处，翻过去也花了半个多小时。赵敏带队射击几分钟后，山洞处失去了动静。

“吕鹏，有恐怖分子逃逸的线索吗？”方钢问道。

“没有，这里外部地形空旷，要是他们从山洞窜到别处离开的话，我这里一定能监控到。”

“那恐怖分子一定还在里面，跟我上。”

“等一下！”李小晖说道。

方钢和队员们都有些诧异地看向李小晖。

“队长，这个山洞可能是恐怖分子长期藏匿的地方，情况可能会很复杂，而且可能还有防御工事，要是贸然进攻，恐怕会中了恐怖分子的埋伏。”

方钢直瞪着李小晖的双眼有些缓和，听她继续说道：“进攻可以作为备选，我看附近杂草和柴火挺多，咱们就可以用烟熏，把恐怖分子熏出来。”

方钢抬头看了看风向。

“队长，咱们可以用这个方法试一试，要是不行的话再强攻，反正他们也跑不了。”刘兴补充道。

“那好吧，先探探山洞里的情况。”

特战队迅速从附近找来了柴火和杂草，堆在了洞口。方钢点火后，滚滚的浓烟在风力的助推下，朝山洞涌了进去。

片刻后，山洞里的咳嗽声响成一片。

“太好了，我就说这招行得通吧。”李小晖兴奋地说。

正当队员们准备在洞口截住恐怖分子的时候，山洞中失去了动静。

“什么情况？难道都熏死了？是不是火力太大了？”李小晖疑惑道。

“活人还能让尿给憋死了，这么大的烟，他们不会往外跑啊！”

“就是啊！”李小晖赞同道。

方钢愣了一下，“山洞里肯定有其他的出口或者通风口。”

李小晖眼珠一转，道：“烟熏可以通过山洞的通风口排出，要是用水灌的话，他们不就无招了嘛。”

“我要不要把抽水机和消防车叫过来啊？”方钢冷冷地说。

她这才反应过来，这里荒郊野外的，灌水的方法的确不合时宜。

“大家准备，跟我一起强攻。”

随着方钢的号召和指挥，队员们都开始摩拳擦掌地准备起来。

李小晖在角落里有些垂头丧气，被一旁的刘兴注意到。

“其实，你刚才说的烟熏的方法很好，至少证明了山洞里另有玄机，现在我们强攻的话就有了心理准备。”

李小晖恍然大悟地道：“对，有益无害。”

方钢身先士卒，带着队员朝山洞内冲了进去，切着洞口的角，往里面突击。一边小心翼翼适应山洞里的光线，一边寻找着恐怖分子踪迹，可是山洞内依然没有动静，队员此时都有些迟疑。

“奇怪了，难不成遁地了？”刘兴疑惑道。

“大家仔细检查一下周围的石壁，看有没有暗门。”

几分钟后，一个队员大喊道：“在这里！”

暗门恰好设置在山洞的石缝处，要是不仔细检查的话很难发觉。方钢推开了暗门，二十多个恐怖分子果然藏在里面，恐怖分子见状，立马朝另一个方向逃窜，特战队跟上去后，经过十五分钟的猛烈攻击，二十三个藏匿于山洞中的恐怖分子被歼灭十八人，活捉五人。

恐怖分子藏匿的地点隐蔽纵深，洞穴中还有生活过的痕迹，储存了大量的给养物质，大块的牛羊肉和锅碗瓢盆，看来恐怖分子做好了长期破坏的准备。李小晖意识到，恐怖袭击已经呈现出新的样式，由以往的使用刀斧袭击，向现在使用枪炮，甚至人体炸弹进行转变；也不再是以前的独狼式单打独斗，而是有组织、有预谋、团体式的恐怖行动。

三

在警察局的审讯室中，几十个被抓获的恐怖分子被收押，特战队为预防潜在恐怖分子攻击警察局，也驻扎到了这里。

小王等民警正在询问恐怖分子，李小晖和方钢站在审讯室外注视着。

年轻民警问道：“参与这次暴乱的大多恐怖分子都是境外偷渡入境的DTS恐怖分子，你是当地人，为什么也在街上打砸抢杀？那些受伤的人中，恐怕还有你的亲戚呢。”

“只有这样的方法，才能升入天堂！天堂，你们这些人不会懂的！”

“你真的相信这些，杀了人能让你上天堂？是真主安拉这么说的吗？你读过《古兰经》没有？”

恐怖分子剧烈喘息了几下，想要反驳，却没说出来，过了良久才回答：“我没有看过《古兰经》，但他们都是这么说的，而且我们看过视频，他们一直这么做。”

恐怖分子看了看民警的眼神，变得有些闪躲，但还是继续说下去：“只要杀掉那些异教徒，还有那些背叛了真主的人，我们就可以上天堂。他们就是这么告诉我的。”

“所以你就信了他们，难道不怀疑他们才是背叛了信仰吗？有哪个仁慈的真主会教唆信徒们去杀戮无辜的人呢？”

恐怖分子无言，眼神低垂下去。

民警回头和方钢对视了一眼，又接着问：“那你们是和谁联系的？”

“我不知道，一直都是他来找我们。我们接到通知就去指定的地方。”

民警把审问记录和特战队分享后，沈林说道：“这几个人都是 DTS 恐怖分子发展的新人，这次暴乱的组织者恐怕已经逃逸。”

李小晖仔细审视着警察局的三间拘留室，观察着恐怖分子的一举一动。曾跟着邵剑飞学习过微表情和行为学的李小晖顿时来了兴致，她留意到其中一个坐在中间的恐怖分子，他叫木拉提，周围的人有意和他保持距离，但身体都不经意间朝此人有倾靠的微动作，这是落难之人在潜意识中想要寻求庇护的样子。

李小晖走进拘留室，问此人：“你出来，同伙已经把你供出来了。”

“谁？”

“这个你别管。”

“不可能，他们不敢背叛真主！”

“你就是境内的活动组织者。”

木拉提白了李小晖一眼。他软硬不吃，警方的审讯几度中断。

李小晖找到了李国辉局长，说：“局长，我感觉这个木拉提才是活动的组织者。”

“你有什么证据？”

“我之前学过微表情和行为学，我推测……”

“李记者，咱们办案讲究的是证据，这些猜测不能作为依据。”

“如果木拉提真的是组织者的话，可能会留下证据，咱们只要多花点时间，一定能找到。”

李国辉想了想，说：“你的想法可以作为参考，可是你也看到了，咱们警队现在的人手不够。”

审讯完成后，李国辉还是派警员搜查了木拉提的住所，查无所获。

李小晖不甘心。“我想他应该不会留下特别明显的证据！”

李小晖看着木拉提家中的网线插口，恍然大悟。“他家里是联网的，我们好像一直没找到他的电脑，如果只是用手机上网，没必要拉网线。”

几人又探访了木拉提的邻居，这才得知木拉提在暴乱前几天没回过家，而且他的确是有电脑的。

小王等人查询了周围的旅馆，最终在监控下看到了木拉提等人，同行的人群中居然出现了皮斯特。李小晖在另一段视频中发现，木拉提曾经把一个包裹扔进了垃圾桶，后来包袱被保洁阿姨收走。

被辗转找到的保洁阿姨一见到警察就慌了神，在小王耐心开导下，她才交代，包裹里是一台被砸毁的电脑，阿姨一时贪念想占为己有，因为丢到垃圾桶里的东西肯定没人要了。阿姨后来把电脑送到二手维修店，电脑的大部分部件已经不能使用，但是硬盘还有些价值，被老板给了五十块钱买下。

李小晖等人冲到了二手店，终于找到了木拉提扔掉的电脑硬盘。吕鹏一番操作后，发现邮箱中多次出现了“黑色五角星”的邮件，内容是用普什图语写的。

警察局出面找到了北疆的语言专家，破译了邮件内容，其中最后一封内容显示，还会有大批枪支弹药运到国内。

沈林召集所有特战队员集合，播放了一段特战队员的作战画面，刘兴开枪射杀了一个恐怖分子。

“这段视频被外媒挂到网上，已经在全球范围内传疯狂了，刚参与行动的时候，我就有言在先，我们只可以对付境外偷渡进来的 DTS 恐怖分子，不能射杀当地的恐怖分子，你们没听明白吗？”

陈晓琪起身说道："报告！刘兴是为了救我才开枪的，而且咱们这完全是自卫。"

刘兴站了起来，说："报告！一人做事一人当，我愿意接受一切惩罚。"

方钢也站了起来，说："报告！是我带的队，出了问题理应由我负责。"

"都住口，你们知道这种视频流出去，会给咱们带来多恶劣的影响吗？很多外国媒体现在都觉得，这次暴乱是中国的民族矛盾，中国军人杀害当地少数民族。他们会歪曲做文章。"

李小晖仔细回想当时的情景，突然站了起来，说："报告！"

"你闭嘴！坐下！"

"不，我有话要说！"

沈林眼睛直直地瞪着李小晖，李小晖的眼神却没有丝毫的退让。

"算了，说吧。"

"您的意思是就算我们的生命受到威胁，也不可以向恐怖分子开枪还击吗？"

"我是这么说的吗？方钢，回答她。"

方钢侧身对李小晖说道："指挥长是说，我们只能对 DTS 恐怖分子开枪，参与到暴乱的当地人由警方负责。"

"问题就在这里，当时情况这么复杂，我们哪有时间分辨当地人和 DTS 恐怖分子。"

"这才是考验特战队的时候，要是任务简单，干吗还要派我们来？"

"好吧，如果我记得没错，刘兴射杀的恐怖分子应该是 DTS 派来的，我当时留意到，那条街上的恐怖分子口音不是当地人。"

在场的人面面相觑，当时情况混乱，大家都没有注意到这些。

"你凭什么这么断定？"

"因为我们刚到街区，就发现有 DTS 恐怖分子假冒当地人，所以我就多留了个心眼。"

沈林沉思片刻，说："但愿你说的情况属实。"

半个小时后，李国辉找到沈林。

“指挥长，我派人彻查了视频中被击毙恐怖分子的信息，发现他们的身份造假，几人的确是 DTS 恐怖分子假冒当地少数民族人员的。”

沈林长舒一口气，说：“那就好！”

“很抱歉给特战队造成了这么大的影响，暴乱的时候我们警察局的人手的确不够。”

“这不是您的错，都怪 DTS 恐怖分子太狡猾，用转移法嫁祸少数民族，想挑起民族矛盾。这些国外媒体也真是的，事情没搞清楚就胡编乱造。”

李小晖按照主编的要求，在军报上发表了说明文章，如实报道了暴乱真相，给别有用心的外国媒体一记重锤。

李国辉和特战队安排好安防部署后，已经凌晨三点多，原本昨晚预约十一点接受李小晖的采访也被推迟。李国辉走出办公室后，看到李小晖躺在走廊的椅子上睡着了，心想这个年轻的记者还真有耐心，便叫醒了睡梦中的李小晖，做了短暂的采访。

一番常规性的采访后，李小晖问道：“根据木拉提邮件内容，后续还会有大批武器准备从境外运到北疆境内，警方对此有什么对策吗？”

李国辉微微一笑，胸有成竹地说：“对策当然有，只不过现在是和恐怖分子斗争的关键时候，还不能告诉你，也希望暂时不要对外透露消息。”

“我们会的，不过李局长好像成竹在胸啊？”

“这话不敢说，在彻底消灭恐怖分子之前，一切的保证都只是空话，你就等着消息吧。”

四

李小晖熬夜赶完稿，发给军报后已经早晨七点多了，刚睡下不久，就听到一阵剧烈的敲门声。

“谁啊？”李小晖不耐烦地怒吼。

来人没回话，又接着敲门，李小晖气不打一处来，掀开被窝踉跄着走到门口，开门一看，一束巨大的玫瑰花映入眼帘。

“当当当当！”一个熟悉的声音传来。

“张春！你怎么找到这来的？”

“可不就是我吗？多亏了你妈告诉我，才知道你隐身在这里啦。”

“我是问你怎么这么有本事，连军营都说进就进？”

“我这一年多一直都在北疆为特战旅提供物资支持啊！我对这里可比你熟悉多了。”西装革履的张春把玫瑰花推给李小晖后，径直走进了门。

“我听说你不是出国了吗？”

“哎，别提了，国外的经济也不景气。不过，你放心，瘦死的骆驼比马大，不会让你受苦的。”

“我受什么苦？”李小晖觉得莫名其妙。

“我本来是想在北疆做出点成绩，在老爸面前证明一下自己，不过现在想想还是打算先结婚成家。”

“你要结婚了？恭喜啊！”李小晖凑到旁边坐下。

“恭什么喜啊，这么见外。”

“女朋友是谁？我认识吗？”

“不就是你嘛！”

“我？张春你吃错药了吧？”李小晖暴躁狂怒。

“你怎么不认账啦！”张春从怀里取出一个盒子，里面装着一对掉了漆的塑料戒指，是糖果包装上的赠品。

“这种小孩子过家家的塑料戒指还留着？幼儿园时候说的话，你也当真啊？”

李小晖想到二十年前和张春的羞羞往事，顿时气急败坏，抢过戒指就扔到了窗外。

“你扔了也没用，戒指只是个物件，我当然不会用这种货色去向你求婚，但这种承诺是不可改变的。”张春自顾自地拿起桌上的水果吃了起来。

李小晖顿时无言以对，她和张春是从小长大的玩伴，心直口快的她一直把张春当作要好的哥们，而张春却总是变着各种花样想要增进一下两人的关系，相识的二十多年中，像今天这种送塑料戒指求婚的奇葩求爱方式他没少做，李小晖只当是张春闹着玩，一直都没有放到心上。

“哈哈哈哈，被我捉弄了吧！”张春突然大笑起来，“我刚才是和你开玩笑的，认真你就输了！”

张春的笑容突然僵住了，他看到李小晖愤怒的双眼，仿佛要把他生吞活剥了一样。

“开个小玩笑嘛，用得着这么生气吗？我这不也是好长时间没见你了，给你个惊喜嘛！”

“是惊吓吧！”李小晖余怒未消。

张春凑上去，油腻地撒着娇，说：“别生气了嘛，亲爱的，人家好不容易见你一面，你就这样对待我啊，当初让你去我们家公司上班，你偏要来部队里受苦。”

“那是我的事，跟你没关系！我还有事，你赶紧走。”

“我专门来看你，你不得请我吃一顿啊，大不了我付钱。”

“我没有请你来，赶紧走！”李小晖推搡着把张春送出了门。

李小晖躺在床上生着闷气，今天张春没来由的、毫无征兆的、神经质的求婚行为让她很烦躁。

“李小晖！”

李小晖听到有人喊，开门一看，又是一个讨厌的人。

“队长，你找我？”

“你一整天没出门没事情做吗？那我就给你安排点任务……”

“我还要赶稿呢。”

“站住！”李小晖刚要关门，方钢又把她叫住。

李小晖收起了怒火，强行挤出一个别扭的笑脸看向方钢。“队长，您又有什么事吗？”

“这个东西是你的吧。”方钢取出了那个塑料戒指。

李小晖顿时哭笑不得，说：“怎么会在你这里？”

“我刚才跑步的时候从这里路过，刚好被这个东西砸中。”

李小晖一脸难以置信的表情。

“我一看只有你的房间开着窗，而且还在和男朋友吵架，不是你的会是谁的？”

“他不是我男朋友！”

“哦！”

“不对，你怎么会以为他是我的男朋友？”

“他刚才跟我说的啊！”

“你怎么会见过他？”

“他拿着玫瑰花来找你，向我问的路。”

你是指路牌吗？怎么哪儿都有你啊！李小晖忍不住心里嘀咕着。

“我看这小伙儿人挺不错的，非常客气，要是你们有什么误会的话，我建议你们好好谈谈……”

这种事你也要管，未免太三八了吧。李小晖心想。

“不要大清早的在房间里大吵大闹，这样对部队的形象不好！这是素质问题！”

“知道了，知道了，没什么事我要休息了，不是，我要继续赶稿子了，再见！”李小晖再也控制不住心中的怒火，转身直接把门关上了。

“戒指还要不要了？”方钢莫名其妙地摸了摸脸问道。

“不要了！”

李小晖刚躺到床上一刻钟，情绪还没有恢复，就接到警察局传来的噩耗——局长李国辉死于和田地区，尸体被当地恐怖分子焚烧以示侮辱。

第三章　军火，目标显现

一

“DTS对教义中个别章节进行断章取义、歪曲解释其内容，颠覆了一些信教群众，尤其是年轻人的宗教观。恐怖分子企图利用一些人对宗教不了解，骗取他们，利用他们，把他们当枪使。”

教长、省经学院院长发表了电视讲话，怒斥恐怖分子煽动实施暴力恐怖犯罪。一时间，国际社会对北疆的暴恐活动有了客观的认识，DTS也遭到各国媒体的谴责。

特战队协同警察局赶往和田地区，自从早上李国辉被恐怖分子杀害后，和田地区又爆发了小规模的暴乱，特战队迅速平乱。

警察局在塔西镇收敛了李国辉的尸体，副局长王伟民带队向当地居民询问线索，最先发现李国辉的是一个老大爷，李小晖也参与了王副局长对他的询问。

“我早上出门的时候，看到李局长和一个本地人在灌木丛说话，后来就听到一声枪声，李局长就倒下了，接着就是五六个人拿着枪冲了过来，场面乱哄哄的很可怕，我就躲到了平房后面。”

当地民警赶到现场时，李局长的尸体已经血肉模糊，民警抓获了参与暴乱的三人，击毙两人，还有一人逃逸。

“接头的那个人你看清了吗？”

“没有，他蒙着脸，后来一帮人混在一起，分不清谁是谁。”

结束了问话后，王伟民陷入沉思，他和李国辉是战友，后来退伍后又到基层一起做起了民警，有着二十多年的交情。现在李国辉突然死于非命，尸体还被恐怖分子侮辱，王伟民心如刀绞。

“王局，老大爷刚才提到李局长是和一个人接头？”李小晖问道。

“不好意思，这涉及机密，不能对你透露。”

“也许我可以帮忙。”

王伟民看着眼前的李小晖，淡淡地说道：“谢谢你的好意，恐怕你也帮不上什么忙。”

“凌晨采访李局长的时候，我问了 DTS 运送武器入境的事儿，李局长好像已经有了对策，他应该是到这里来见线人或者卧底的吧。”

王伟民没说话，算是默认。

“如果卧底没在被捕和击毙的人当中，他现在应该还是安全的，还会继续联系警方的。”

王伟民眉头深深地皱着，道：“你说得没错，这个卧底一直是老李单线联系，好不容易才打进 DTS 的内部。我曾经听局长透露过，这个人很可靠。”

“那我们就等。”

王伟民沉思片刻，继续说道：“李局长的致命伤是在头部，一枪致命，除了专业的狙击手，没人能够做到，民警还在现场的树杈上发现了一颗弹头，是 85 式狙击步枪留下的，我大体看了一下李局长头部的伤口，和树杈弹头应该是出自同一把枪。”

“那您的意思是？”

“这是一起有预谋的恐怖活动，李局长被杀，那么这个卧底可能也已经暴露。现在情报断了，要是那批武器已经运到境内，恐怕又有大规模的暴乱。”

“我看未必！”一旁的方钢走了过来。

“说说看。”王伟民说道。

“这几天，特战队和警方密切关注中阿边界的动向，几个可能的入境点都有部队巡视，如果是大批量的武器偷运进来，不可能一点风吹草动都没有。”

“会不会还存在没被我们掌握的入境路线？”李小晖说道。

方钢斩钉截铁地说：“这个可能性很小，附近的边防系统已经非常成熟了，想无声无息地携带大批武器入境简直就是天方夜谭。”

李小晖点点头，转而说道：“咱们回到事件的起点，李局长之所以着急来见面，极有可能是卧底知道了 DTS 偷运武器的线索，因此我猜测这批武器目前还没有入境。”

李小晖见大家还在思考自己的话，接着说道：“而且我看这次袭击不像是有预谋、有组织的，更像是突发情况。”

听到李小晖的这个观点，方钢和王伟民面面相觑，一脸疑惑。

“您刚才也说了，李局长和卧底一直是单线联系，所以李局长到这里应该是保密的。”李小晖解释道。

“如果卧底没有反水倒戈的话，应该是这样。”王伟民说道。

“而且李局长今早外出见卧底是临时的安排，DTS 不可能预料到，所以更谈不上部署。”

“但很有可能是卧底那边出了问题，DTS 是针对卧底的行动，当他们发现了来接头的李局长就对他们俩下了手。”

“现在关键问题就集中在这个卧底身上，无论是李局长的死，还是 DTS 这批武器的线索，都必须要找到他。”

“逻辑清楚，条理清晰，还有一个问题是狙击枪的事儿，不经过长期训练，是很难进行这种远距离狙杀的，看来我们面对的恐怖分子恐怕不是以往的恐怖分子了。”

王伟民想到，李局长的手机上或许有卧底的联系方式，或者其他线索，吕鹏在警方的同意下，破解了李局长的手机，但技术组在手机中没有找到任何线索。

“李局长侦察意识很强，估计每次通话后都删除了卧底的联系方式，就是怕发生意外后卧底暴露，没想到现在会变成这种局面。”王伟民淡淡地说道。

二

警队审问了谋杀李局长的三个恐怖分子，他们通过 DTS 送来的视频学会了使用枪支，被击毙的两人也是他们的成员。至于逃跑的两人，一人是他们的组织首脑，另外一人他们不认识。王伟民肯定，那人绝对是卧底。在他的协调下，特战队协同警队，在当地展开了大规模的地毯式搜索。

李小晖听当地的民警说，这里是北疆南部连片的深度贫困地区，常年干旱少雨，自然条件艰苦，粮食产量较低，很多人还生活在贫困线以下，要靠国家的救济才能勉强维生，是中国扶贫的重点区域。

“他们有到外地打工吗？”

“也比较少，他们多半是文盲，没有一技之长，就业很困难，而且这个年纪的人，很容易受到一些极端恐怖主义的教唆和裹挟，有很大的潜在隐患。”民警说道。

大部队来到了一个叫安都镇的村落，村落里积聚了汉族，以及维吾尔族、哈萨克族、回族、蒙古族、柯尔克孜族、锡伯族等少数民族群众，村子地广人稀，住宅较为分散，而这曾经也和 DTS 有着千丝万缕的关系。

李小晖补充道：“DTS 遵循的教义大部分是经过歪曲、篡改的，而这些当地的民众很难进行分辨。”

“不错，看来你有提前做工作吧。”

李小晖嘻嘻一笑。从认识王伟民开始，这还是李小晖第一次得到他的认可。

在民众的屋内，警方查获了大量宣扬暴力恐怖的音视频。这些音视频一般在境外制作，在土耳其等国上传到互联网，通过知名分享网站发布。

王伟民一边和警员收缴音视频资料，一边对李小晖说道：“这些信息在蛊惑人心、使人极端化方面的作用是很大的。”

李小晖点开了一个视频，里面有如何使用枪械、炸弹的教学，还有 DTS 平时训练、使用火箭筒的画面，他们挥舞着黑色的圣战旗帜，大肆焚烧各国国旗，炸毁村庄，炫耀在境外实施的恐怖活动，特别是他们冒充“宗教导师”在视频中不断宣扬“殉教进天堂”，很有煽动性。

方钢带队来到一户农家，一个年轻的小伙在砍柴。方钢说明了来意后，小伙带他们进了屋。

“家里就你一个人吗？”

“大大和阿娜都到镇上去了，晚点回来。”

方钢知道“大大”和“阿娜”是爸爸和妈妈的意思。他见小伙子态度友好，看着面相和善，搜查一番没有线索后，便准备带队离开。

小伙继续劈柴，方钢无意间看到他的食指处有一道老茧，顿时心生疑窦。方钢又仔细观察小伙的动作，他在劈柴的时候左手动作别扭、不敢用力，手臂像是受过伤。

“你还有什么事儿吗？”

方钢走到小伙身边，审视着对方，右手悄然放到了手枪附近。

“能让我看看你的手指吗？或者你的左臂。”

小伙下意识地缩回了手，眼神闪烁起来。

“那种老茧不会是干农活留下的，我太熟悉了。”

小伙见势不对，一蹬腿朝屋里蹿去，方钢迅速拔枪，一枪射中屋内的柱子。小伙从床下抽出了一把AK冲锋枪，朝着特战队一阵射击。

特战队迅速到墙角掩护，方钢看了看周围的地形，给了刘兴一个眼色，他悄悄地溜出院子。

片刻后，小伙射光了子弹。刘兴带队冲进屋，小伙跳出窗子，逃窜几米后爬上了围墙，刚跳下去后，方钢一把将他抓获。

小伙名叫塔姆汉，几个落网的共犯确认他就是组织杀害李局长的元凶。据他交代，李局长进村时就被他发现了，塔姆汉一眼就认出了李国辉，觉得这是个立功的机会，便迅速组织了人手，在灌木丛附近埋伏，第一枪射杀了李国辉，第二枪准备射击卧底时失手，打在了树杈上，留下了那颗弹头，接着带队冲上去围殴两人。

塔姆汉加入DTS的时间较早，还在基地组织接受过秘密训练，因为成绩突出，DTS首领哈里亲自赠送了一把85式狙击枪给他。

至于和李局长接头的卧底，则在混乱中逃逸，手臂中了一枪，塔姆汉表示并没有看清对方的脸。

“如果塔姆汉所说属实的话，那卧底应该还没有暴露，他一定会再和我们联系。”离开审讯室后，王伟民对李小晖说道。

“但如果塔姆汉认出了卧底的话，也一定汇报给他的上线了，卧底此时恐怕凶多吉少。”李小晖说道。

王伟民陷入沉思，愁眉不展。

三

塔姆汉不仅见到了卧底，还认出他就是皮斯特手下的萨迪克，几天前随着皮斯特一起潜伏到北疆。

塔西镇的小山坡上，塔姆汉第二枪失手后，带着五个同伙冲了上去，萨迪克背上李国辉准备迅速撤离。他一脚没踩稳，两人摔倒在地。看着李国辉死不瞑目的眼神，萨迪克眼含热泪，放下了李国辉，朝灌木丛深处逃窜。

塔姆汉等人朝着灌木丛疯狂开枪，打中了萨迪克的手臂，接着在灌木丛搜查一番后，没有找到萨迪克的踪迹。

萨迪克逃过了塔姆汉的追杀，在山路上狂奔了十里路后，终于因为体力不支，晕厥过去。

傍晚时分，一桶水把萨迪克浇醒，萨迪克迷迷糊糊地睁开眼，发现自己被五花大绑在一间平房内，对面站着的人正是皮斯特，也就是李小晖之前在暴乱现场差点拍下来的人。他在接到塔姆汉的电话后，得知萨迪克往昆仑山北方逃逸，便带队一路堵截，在山沟里找到了萨迪克。

皮斯特抽出匕首，在萨迪克的胸前划了一刀，说："以前没发现，原来你还有个当局长的亲戚啊！吃里爬外的东西！"

"滚回阿富汗去吧，这里不是你该来的地方。"萨迪克刚说完，就尖叫了一声，皮斯特的匕首已经插入他的左腹。

就在这时，一个手下跑了进来。"报告老大，特战队已经进村了。"

皮斯特眉头一皱，对身边的人说道："准备撤退，别让他死得太容易了，我要让所有人知道和我作对的下场！"

两个手下把萨迪克拖到了后院，重摔在地上。一个手下拔出枪，迅速上了膛，萨迪克瞅准机会，腾地一下跃起身，反手夺回了那名手下的枪，击毙了两人。

其他人赶过来的时候，萨迪克已经不见了踪迹，只有后院门大开着。

"不能让他跑了！"

几个手下的人冲出了院子，片刻后，一把枪顶到了皮斯特的后脑勺，萨迪克根本就没有离开院子。

"看来我小看你了。"皮斯特冷冷地说。

"跟我走。"

萨迪克劫持了皮斯特，走到了前院，十几个DTS恐怖分子荷枪实弹地围了过来。

"要想他活命就都给我让开，把枪扔到水缸里。"

皮斯特给了手下一个眼色，众人纷纷照做。萨迪克把皮斯特劫持到他的皮卡车边，打着火后一脚踢开了皮斯特，赶紧驾车离开。皮斯特掏出怀里的"沙漠之鹰"，瞄准皮卡的驾驶座开了一枪，只见皮卡车剧烈晃动了一下之后又继续行驶扬长而去。

"老大，要不要追？"

皮斯特残忍地狞笑了两声。

"他活不成了，死得这么简单，算是便宜他了。"

深夜，王伟民回到小区，准备拿几件换洗的衣物。一个黑影突然朝他蹿出来，王伟民警觉，一个反手将对方按倒在地。

王伟民看着眼前衣衫褴褛、血肉模糊的男子，问："你是谁？"

"王叔，是我。"

王伟民仔细看着来人的脸，"买买提！怎么是你？你怎么在这儿？"

"局长被杀了，DTS明早十点要偷运一批武器，经过305号边界入境，你们赶快去缉拿。"

王伟民疑惑不解地问："你怎么知道这些，难道你就是……"

"没错，我一直跟在皮斯特的身边，化名萨迪克，局长说要是出了什么意外，可以直接来找你。"买买提奄奄一息地说道："还有，DTS这次出动了黑寡妇，你们一定要当心。"

买买提说完，垂头倒了过去。

"买买提！买买提！"

王伟民声嘶力竭地呐喊，不禁感到命运的不公。他知道，买买提是当地的孩子，从小就想当警察，但后来不知道为什么突然被警校开除了。再后来，听说是出去打工了，但没想到原来是被李国辉局长派去了DTS内部当卧底！

四

在北疆长达5600公里的边境线上，有十一个边界口岸和界碑，西部就有七个。305号边界是一个陆路口岸，与阿富汗隔河相望，是北疆的三大口岸之一。作为中国最早向西开放的口岸，它曾是丝绸之路新北道上的重要驿站。这里的边贸发展得很活跃，还有很多免税店，各种车辆从边境大门开出开进。

边境地区每隔一段距离就会设一个哨卡，有边防部队巡逻。在自由贸易集贸区，凭借身份证件可以自由进入。在非战争时期，口岸边界的居民自由来往限制得比较少，边民可以互相来往买卖，或者做点小生意，但自从DTS煽动北疆居民发动暴乱以后，边警对来往居民的审查也比较严格，在没有必要的情况下，不鼓励居民出境。

警方和特战队接到线报后，立即赶往中阿305边界。清晨时分，来往的人群不断增多，特战队配合警队仔细检查每一辆过境的车辆。

几辆准备接受检查的集装箱卡车引起了方钢的重视，司机眼神机警，狐疑地看着四周，方钢让司机出示了相关证件和过境文件，上面的信息显示是给贸易区运送小商品的一家阿富汗零食公司，卡车的载重量是一吨，但六个车胎已经被压得很瘪。

方钢让司机下车，打开集装箱接受检查。司机有些不悦，但还是下了车，带着方钢朝后门走去。方钢警觉地将手放到了枪套上，司机打开后门，里面装着一些印着女娃娃头像的巧克力，还有各种当地饮料……

“还有什么事儿吗？”司机用普什图语说道。

方钢又对后面两辆卡车进行了检查，没发现异常后，向边警示意检查完毕，可以通过。

与此同时，李小晖注意到人群中的几个妇女，她们穿着当地妇女的衣服，手中拎着的购物袋上的商标显示，是刚从贸易区过来的，不过购物袋却是加长大号的，还有尖锐物体的棱角。她们分散在人群中，刻意保持着距离，但仔细一看，她们的身形和步伐却不像是普通人，腰部显得有些臃肿，和体型很不协调。

“你们几个，站住。”李小晖叫道。

那几个妇女似乎没有听到，继续往前走。

李小晖又喊了几声，妇女们的步伐顿时加快了。站在不远处的王伟民意识到情况不对，迅速带上几个警员上前拦截。

十多个妇女见势不对，迅速从购物袋里抽出了长枪，特战队和周围警员迅速赶来支援。妇女们朝着警察开枪扫射，场面顿时一片混乱。

警队在车队处隐蔽，配合特战队的正面进攻，对战了几分钟后，女恐怖分子二死八伤，被捕三人。

特战队摸索着上前，五个受伤妇女挣扎着爬到一块，背靠背聚拢着。

特战队意识到情况有异，迅速围了上去准备抓获，五个妇女突然拉响了绑在腰间的炸弹，朝着特战队冲了上去，一人抱住了一个特战队员，接着从腰间抽出钢丝绳，和特战队员拴到了一块。

特战队员想奋力挣脱暴恐妇女，但发现她们腰间有一个固定钢丝绳的装置。

“快走！”一个特战队员朝身后的队友大喊道。

轰隆的几声巨响，现场顿时硝烟弥漫，特战队和警队被巨大的气浪冲倒了。

片刻后，特战队围了上去，看到队友血肉模糊的残肢和满地的鲜血。特战队员纷纷脱下帽子，默哀着。

方钢回想刚才的发生的一切，妇女暴恐队为何突然发起了人体炸弹袭击。方钢突然看向入境的公路上，刚才那三辆卡车已经行驶出几公里远。

“追上那三辆车。”

特战队分陆空两路追踪，在高速公路上拦截了卡车。卡车司机从座椅下取出了暗藏的枪械，向特战队展开还击。一番剧烈的枪战后，恐怖分子被全部击毙。

在三辆卡车的集装箱里，警方发现了暗格，恐怖分子安装了防辐射装置躲过边境的检查。

特战队一共收缴了一百多支步枪、五十多把手枪、两万多发子弹和三箱手榴弹。

五

关押室内，警方开始审问抓获的三名女性恐怖分子，她们就是 DTS 恐怖组织中琼汉斯带领的“黑寡妇”。三人都是阿富汗人，伪装成北疆居民进入国内。三人拒不回答警方的问题，口中扬言是为了“真主”而举行“圣战”，审讯被迫中断。

“这个‘黑寡妇’啊，是臭名昭著的敢死队，大家通常都以为战争没女人的事儿，所以对女人的防备心也就弱得多，如果用女人作为人肉炸弹的话，它的隐蔽性也就更强。”

副局长王伟民又讲到了一个更深层次的原因，说：“阿富汗常年处在战乱之中，很多年轻的男性都战死沙场，留下的寡妇不在少数，也就被恐怖分子盯上了。特别是顽固的恐怖分子死后，家庭女性很容易产生强烈的仇恨情绪，再加上恐怖分子对他们的灌输、教育、宣传，这种仇恨所能形成的力量是惊人的，这就保证了女性人肉炸弹有足够的来源。”

这时审讯室里的一名枯瘦的女性恐怖分子突然浑身抽搐起来，口吐白沫，还在用普什图语咕咕哝哝地念叨，像是在索要什么东西。李小晖刚要凑近听，女性便昏厥过去。

陈晓琪检查一番后，对副局长王伟民说道：“没什么事儿，就是毒瘾发作，给她打一针镇静剂就好了。”

“他们也吸毒吗？”李小晖问道。

王伟民：“倒也不一定，黑寡妇为了控制她们，会给那些不太狂热的年轻女性使用毒品，有时为了速成也会这样做，让她们处在一个麻醉的状态，成为任人摆布的死亡工具。”

“我刚才检查了她的外表体征，静脉注射的针头不算多，应该没吸毒几个月。”

半个多小时后，女性恐怖分子才渐渐苏醒了过来，得知是中国医生救下她时，她的表情有些异样。

王伟民调出了暴乱时的监控画面，发现该女子并没有和其他同伴那样狂热地胡乱开枪，而是显得有些怯懦。在一段画面中，该女子用枪对着一个受伤的平民，但却迟迟不敢开枪，另一个同伴凑过来一枪了结了平民。

黑寡妇敢死队一直以冷血残酷、杀人如麻著称，这个女子却像个另类，在这个敢死队中格格不入。

“我觉得她可以作为一个突破口，你去试试看，看能不能问出点什么。”王伟民对李小晖说道。

“我？怎么可能，我又不是警察，哪知道怎么审犯人？”李小晖惊讶。

“你没试过怎么知道，她们不是一般的罪犯，用警队的传统方式很难让她们开口，你就随机应变，试试看。”

“那好吧。”李小晖噘了噘嘴。

李小晖端上了一份馕夹肉，这是阿富汗的特色美食，那名“黑寡妇”稍稍犹豫之后就开始狼吞虎咽地吃了起来。

“你叫什么名字？”李小晖问道。旁边的女警员用普什图语翻译着。

女人机警地看了李小晖一眼，李小晖转而说道：“你别怕，我们只是想帮助你。”

“珍罗耶。”李小晖小声地说道，“你家在哪里，父母还好吗？”

珍罗耶没回话，继续吃着食物。

“没事的，你不说也不要紧。”

“父母十年前去世了。”珍罗耶突然说道。

李小晖听到这话，顿时感慨万千，说：“我的父亲在我十三岁的时候也去世了。”

珍罗耶吃完了食物，瞟了李小晖一眼，继续说道：“战乱中，反政府武装的炮弹炸掉了我们家的房子，全家只有我一个人活下来了。”

“所以你就加入黑寡妇。”

珍罗耶摇了摇头，说：“我和几个同伴在政府的避难所住了半个多月，接着就被拐卖到了琼汉斯的恐怖毒枭组织，她给我们进行了军事训练，成了敢死队。”

“那你之前参加过其他任务吗？”

“没有，我和同伴之前几次试过逃跑，琼汉斯不敢把任务交给我。”

“你后来又被抓回去了。”

珍罗耶点头说：“第一次，琼汉斯只是把我们打了一顿，后来就越来越残暴，几个同伴都被活活折磨死了。她没办法，就给我注射了毒品。”

珍罗耶说着，下意识地缩回了手臂。“我是听说这是一次自杀式的袭击才申请加入的，我不想再接受她的控制，只想早点死去。”

“我看你今天用枪指着一个平民的时候，犹豫了很久，为什么迟迟没有开枪。”

“那个长得有点像我的阿爸。”珍罗耶声音有些哽咽，眼角流下来一行泪水。

李小晖触景生情，也为珍罗耶的遭遇痛心。一个女警员进来收拾碗筷，小声用汉语对李小晖说：“副局长让你问一下她们的下一步计划。”

李小晖整理了情绪，对珍罗耶说道：“你们这次来的有多少人，下一步有什么计划？”

珍罗耶看了李小晖一眼，说：“这个我不能说。”

“难道你想看到更多的平民像你的家人那样死去吗？”李小晖严肃道。

珍罗耶不言语。

“你现在已经脱离‘黑寡妇’了，她们不会再拿你怎么样？”

“‘黑寡妇’中有一个信条，只要是背叛了组织的人，同伴可以将其随时处死。”

李小晖这才想到和珍罗耶一起被抓获的两个极端狂热分子，她们要是关押在一起，难免对珍罗耶暗下黑手。

“你放心，我们会把你和那两人单独关押，还可以帮你戒毒。”

“真的？”珍罗耶满脸期待地看着李小晖。

“我向你保证！”

看见李小晖真诚的模样，珍罗耶沉思了片刻，说：“‘黑寡妇’一共出动了三十人，我们十五人负责掩护武器入境，人肉爆炸造成混乱，另外十五人由琼汉斯指挥，已经在我们之前潜伏入境，具体做什么都是机密，她不会跟我们讲。”

门“哐啷”一声打开，王伟民走了进来，问：“皮斯特呢，他在哪？任务是什么？”

拘留室的几人都吓了一跳，王伟民对女翻译说道：“你翻译给她听。”

珍罗耶听完翻译的话后，摇头说道：“我不知道，他和我们从不一起行动。”

六

警察局外的走廊上，心神不宁的王伟民独自一人抽着烟，路过的方钢见状走了过来。

“王局，还在想‘黑寡妇’的事儿啊？”

王伟民掐灭了烟头，说：“你来得正好，帮我分析分析。”

“您先说说看。”

“我总觉得今天的事儿有蹊跷，DTS 如果要计划下一次暴乱，今天的武器入境应该是他们计划的重中之重，一定会尽全力护送武器，但是琼汉斯只出动了一半的敢死队，皮斯特带领的 DTS 恐怖分子压根就没有参与进来，怎么想都觉得不对劲。”

方钢沉思片刻，“咱们可以先模拟一下他们的计划，武器入境只是第一步，如果成功的话，再继续做一些打砸抢杀的暴乱，恐怕已经满足不了他们的极端政治主张，这次他们可能会选择更大的目标。如果真是这样的话，皮斯特和琼汉斯需要联合行动，这才是他们没有在今天出现的原因。”

“你说的有些道理，可是第一步他们就失败了，后续的计划根本就执行不了。最让我担心的还是那个皮斯特，琼汉斯虽然有‘黑寡妇’敢死队，但是哈里一直对她很是忌惮，只让她做一些卖命的工作，这个皮斯特不一样，心狠手辣，狡猾多变。”

两人陷入一阵沉默，王伟民继续说道：“而且还有一件事儿，买买提从皮斯特那里逃脱的时候，带着很重要的情报，但皮斯特并没有全力追捕，这才导致他们今天的计划失败，这不像是皮斯特的风格。”

“会不会是因为 DTS 内斗，皮斯特故意给琼汉斯使绊子，让她在行动中失利，趁机铲除她的势力。”

“也有这种可能，他们两人是后期加入 DTS 的骨干，不像哈里是狂热的极端宗教信徒。不过，既然是这么大的恐怖活动，哈里也不会放任他们胡来，可是自从走私武器被警方缴获后，DTS 一点动静都没有。”

“也许，这是他们一早就预料到的。”方钢和王伟民说话间，李小晖已走到了旁边。

王伟民：“说说看。”

“上次暴乱后，我方对边境的检查更加严格，就算他们计划的再周全，也很难把大批武器送进来，即便是送进来了，也不可能没有一丝的风吹草动，到时候警方扩大搜索范围，他们还得分配武器策划恐怖活动，只怕是难上加难。”

“那你的意思是说，他们有可能是故意暴露的。”

李小晖抓耳挠腮，说：“我也只是突然这么一想，没什么依据。”

王伟民说：“305 口岸离市中心有五百多公里，只要武器入境被发现，他们是不可能运到市中心的，更别提策划恐怖活动。”

三人又陷入一阵沉默。

警察局内的挂墙电视中，滚动播放着新疆的时事新闻，画面又一次跳到了教长的电视讲话，三人不约而同地看向电视。

“恐怖分子不仅得不到真主的喜悦，进不了天堂，还要受到火狱永久的惩罚。”

王伟民感慨道：“暴乱刚发生的时候，有些不明真相的外国媒体认为，这是北疆人民追求民族独立的自发之举，幸亏教长发表了电视讲话，才粉碎了那些谣言。”

李小晖呆呆地看着电视，当她回过神来，转而对王伟民问道：“副局长，那批收缴的武器在哪？”

“暂时放在市警察局的军火库里，怎么了？”

“仓库距离卡孜汗寺多远？”

“大概两三公里吧！”王伟民刚说完，顿时感觉情况不对，方钢也意识到了 DTS 的阴谋。

王伟民说：“难怪皮斯特和琼汉斯今天没有参加行动。”

方钢说：“‘黑寡妇’可能直接用人体炸弹的方式袭击警察局仓库，再夺回武器，这样就避免了运送武器中可能会出的差错，今天的入境失利是故意做给我们看的。”

李小晖敏感地分析道：“从警察局仓库到卡孜汗寺只有十多分钟的路程，这才是他们的真正计划，炸毁卡孜汗寺，刺杀教长。”

第四章　圣战，恶行之名

一

“DTS 的圣战者们，昨天在中国北疆以突袭、人体爆炸等方式进行了圣战，还刺杀了他们的教长，你们的壮举使他们陷入恐慌，他们的遭遇完全是咎由自取。对这次参与圣战及在圣战中牺牲的勇士、英雄们，安拉会为你们感到自豪，我代表所有信仰纯正教义的 DTS 信徒们，向你们表达最崇高的敬意。”哈里举起了一把机枪，“同胞们，攻击中国的政府部门和警察局，消灭与我们作对的警察一伙，是真主命令我们做的，我们都要通过圣战获得真主的接纳。我们的圣战还没有结束，以后我们还会发动更大规模的袭击。”

教长被刺杀两小时后，DTS 首领哈里通过互联网发布了一份视频，他站在一面黑色的圣战旗帜下大放厥词。特战队和警察局立即采取了应对的方案。

案件发生的半小时前，沈林正在特战队的和田指挥部接听着电话。

“通话安全吗？”电话中的那人急切地问道。

“放心，指挥部的通信讯号都采用了加密程序，不会被窃听。”

那人快速说道：“我长话短说，DTS 会在今晚偷袭市警察局的军火库，抢回被警方缴获的枪支。”

“军火库？我们已经在那里加派了特战队，他们这是自寻死路。”

“执行这项任务的是黑寡妇，会通过自杀袭击引开注意，皮斯特负责接应，但他们的最终目标是卡孜汗寺，刺杀教长。”电话那头传来了一阵嘈杂声。

“情报准确吗？”

“应该不会错，我也是五分钟前才接到的任务，你们赶紧行动。”

“你也注意隐蔽。”沈林还没说完，电话就挂了。

沈林正准备拨打方钢的电话，碰巧方钢的电话也打了进来。

“指挥长，我们怀疑 DTS 会袭击市警察局军火库，刺杀教长。”

“没错，我也接到情报了，他们会在半个小时后行动，你迅速带领二支队赶往军火库，务必阻止恐怖分子的计划，我会让三支队到卡孜汗寺埋伏。”

“明白。”

一分钟后，特战队和和田警队在操场上整装待命，王伟民急匆匆地赶了过来。

“王局，我们已经准备好了，随时可以出发。”

“你们直接去卡孜汗寺吧，刚收到消息，恐怖分子和军火库正在交火，武器已经被抢走了！”

沈林吃了一惊，忙调转头冲着战士们一挥手：“开始行动！”

他步履匆匆地走向越野车，打开车门的一刻，他看着鱼贯而出的车队，心里忧虑陡增。“难道有内鬼接应？”沈林体会到目前的被动局面带来的巨大压力，必须想办法掌握主动才行。他重重地把车门关上，越野车疾驰而去，和战士们一起踏上征程。

二

军火库门外，驻扎着警队和特战队的两支队伍。八点钟是警队的换岗时间，换岗的警队队长阿木尔和交接队长正在签字，其他警员也在门外集合着。

一个穿着当地妇女衣服、戴着头巾的女人拎着饭盒，走到了军火库的附近，警戒线处的特战队员伸手拦截：“大姐，这里是军事重地，请绕行。”

“我丈夫值夜班，他胃不好，我给他带点夜宵。”

“不好意思，现在全城警戒，而且部队有规定，不允许家属到这里来，他没告诉您吗？”

“我知道，但他已经通宵执勤一个星期了，我只是担心他的身体，能不能给个方便？”

“实在不好意思，夜宵会由部队统一安排，您还是请回吧。”

“老汉！”妇女对阿木尔喊道，接着朝门口走去。

特战队员赶紧上前拦截，说：“大姐，我们有纪律，请您离开！”

“我就把夜宵给他就行了。”妇女边说边继续往前走。

两支警队见状，也围了上来。

“我真的是来找丈夫的。”

“大姐，请您迅速离开，不要妨碍我们执行公务。”特战队员说着，伸手拦着妇女，试图把她推走。

妇女故意脚下一绊摔倒在地，顿时手舞足蹈地大叫了起来：“哎呀，警察打人了，不把我们当人看啊。”

刚换岗的警员见状也凑了过来，现场围了二十多人。

妇女说话间，已经打响了身上的炸弹。轰隆一声，军火库门口硝烟弥漫，五个队员被当场炸死，剩下的也都受了重伤。

军火库内部的支队长听到声响，顿时大惊。“你们几个，跟我出去看看，其他的人守着军火库，不得擅自离岗。”

“是。”

门口处，琼汉斯和皮斯特的手下趁着夜色，从几百米处冲进了军火库，朝着警员和特战队一阵扫射。

军火库的院子内，从仓库冲出来的支队警察、巡查的特战队员和恐怖分子发生了剧烈的交火。

“王局，军火库遭到恐怖分子的突然袭击，请马上增援。”支队长向王伟民打电话求助。

琼汉斯指挥黑寡妇，不断向特战队发起攻击。混乱中，皮斯特带人潜入军火库，把武器装备装上车，冲出了军火库。

王伟民带队赶到军火库时，只有十几个警员和特战队员还在与剩余的恐怖分子顽强战斗，皮斯特和琼汉斯已经逃之夭夭。

恰巧此时皮斯特的部下拉布杜率领二十多个 DTS 恐怖分子赶到军火

库，增援双方发生了剧烈的交火，死伤惨重。

卡孜汗寺这边，白天的游客还没完全散去，很多人还在做着祷告。皮斯特带人冲进了寺院，DTS 恐怖分子冲进了内寺，见人就杀，所到之处惨叫声一片。黑寡妇炸毁了寺内的几个宣礼塔。

教长刚到诵经环节时，就听到外面传来枪声和喧闹声。一个小教徒冲了进来，说："教长，外边冲进了一大群恐怖分子，杀了好多人。"

教长深深叹了一口气，说道："咱们出去看看。"

教长刚出院门，几个 DTS 恐怖分子就围了上来，用枪指着教长，把他挟持到了大殿。

教长看着遍地的鲜血和死去的教徒，顿时怒不可遏，呵斥道："你们这些恐怖分子，满口的宗教教义，所作所为都是倒行逆施，抹黑教旨，一定会受到真主的惩罚。"

"我现在就送你去见真主。"皮斯特举起了枪，对准了教长，小教徒赶紧护住教长。

教长推开了小教徒，云淡风轻地念叨："但愿我的死，能让他们的罪恶暴露。"

"砰"的一声枪响，教长脑部中弹，瞬间倒地。现场被围困的教徒和平民顿时心惊胆战。

"教长，教长！"小教徒声嘶力竭地呼喊着，"真主啊，看看他们的恶行吧。"

又是一声枪响，小教徒也中了一枪，倒在了教长的身边。

一个 DTS 恐怖分子冲了进来，说："老大，特战队的人来了。"

"这么快？来了多少人？"

"一百多个吧，已经包围了清真寺。"

"咱们要不要杀出去？"一旁的琼汉斯问道。

"黑寡妇还有多少人？"

"只有七八个了。"

皮斯特眉头一皱，用枪指着大殿里的平民，吩咐手下道："把他们都抓起来。"

三

“什么？教长死了？”沈林惊讶道。

“对，皮斯特挟持了五十多个人质，让我们进去谈判。”特战队员汇报道。

“他们杀了这么多人，不可能就这么让他们离开，咱们直接强攻吧。”三支队队长张贵文说道。

“那人质怎么办？”

“您放心，我一定竭尽全力保证人质的安全。”

“你怎么保证？”

张贵文顿时无言以对。

吕鹏操作无人机飞入清真寺内，传回来了实时画面，被劫持的人质有老有小，都惊恐不已。

皮斯特把五十个人质分成了十个组，每个小组派三人挟持，安置在清真寺的不同角落，每个小队都配有对讲机，随时汇报情况。

人质被分散给特战队的营救行动增加了极大的困难，如果强攻只能救出部分人质，DTS 恐怖分子发现后就会残杀剩下的人质。

皮斯特走到了大殿外广场上，对着无人机大喊道：“只要我发现任何一个特战队的人出现，就把人质全杀光。”

“岂有此理，要我看，谈不谈都是一样的，沈旅长，我们警队做前锋，你们负责掩护，直接冲进去。”王伟民愤怒地说道。

“这个时候贸然进攻，这些丧心病狂的恐怖分子什么都干得出来，有可能真的把人质都杀了。”

王伟民叹了口气，气愤又无奈。

“不能让无辜的人质受到伤害，我去跟皮斯特谈。”

“还是我去吧，您在这里坐镇指挥。”方钢答道。

吕鹏正在操作着电脑，李小晖在一旁和他窃窃私语，吕鹏说：“他们的信号用了国外最新的加密程序，不过，对我来说是小 case!”

“那就好！”

李小晖镇定地走到沈林身边，说：“我有一个办法，既能救出人质，还能抓获全部恐怖分子。”

方钢拿着对讲机走进了寺内，沿途的广场上满目疮痍，许多建筑物都遭到毁坏。方钢走到大殿处时，两个恐怖分子搜了他的身，发现没武器后，才让他进了门。

方钢在出发前，吕鹏给他更换了一个军装的纽扣，上面有一个微型的摄像头，能把现场的实时画面回传到寺外指挥处。

看到大殿内惨死的教徒和平民，现场官兵和指战员们无不痛心万分。

“方队长，咱们又见面了。”皮斯特冷笑着说道。

“我真后悔上次没找机会杀了你。”方钢咬紧牙关，狠狠地说道。

“哈哈哈，想杀我的人多了，又有谁真正做到了呢？”

“中国不是阿富汗，不会任由你胡来，以你犯下的罪行，绝对不可能走出中国国境。”

“吓唬我？”皮斯特面带微笑，不怒自威，接着抓起了一个女人，用枪指着她的脑袋，女人顿时声泪俱下，喊道：“救我！救救我！”

“看来你不是来谈判的！”皮斯特迅速把枪上了膛，打开保险，“那就别怪我了！”

“慢着！”方钢大声喊道。

“砰！”皮斯特叫了一声，没有真开枪，女人已经吓得半死。

指挥部的所有人看到这一幕，心都提到了嗓子眼。

“吕鹏，怎么样了？”沈林问道。

“已经拦截了清真寺的对讲机信号，正在做皮斯特的声音信号处理。”吕鹏操作着电脑。

“加快速度。”

大殿内，方钢的额头上流着一层细汗，右手不自觉地放到枪套位置，这才意识到没有带枪，赶紧把手收回去。“说吧，你有什么要求？”

“先给我三架直升机，送我们一半的人离开，直升机只要出了边境，我们就会先放一半的人质，等到第二批人坐上直升机，我们就会放了剩余的人。”

“我需要请示一下。”方钢拿起了对讲机，“指挥长……”

“同意他们的要求，不过，必须把受伤的人质先放出来，接受治疗。”指挥室里的沈林眉头紧锁。

“这是我们的底线。”方钢说道。

皮斯特不情愿地拿起对讲机：“把受伤的人质，都先放出去。”片刻后，对讲机没回应。“听到吗？”皮斯特有些起疑。

寺外，沈林对吕鹏说道：“赶紧把这段音频发送给恐怖分子。”

吕鹏一顿操作，又多加了一个噪音在音频前面。恐怖分子先是听到一阵噪音，接着才是皮斯特的命令。

“收到。”一个恐怖分子说道。

“检查一下信号，都能收到吗？”皮斯特警惕地说道。

吕鹏把拦截到的信号迅速转发给恐怖分子。

“收到！”十个小组的成员都陆续回话，皮斯特这才没有起疑。

恐怖分子按照皮斯特的吩咐，把十多个受伤的教徒和民众送到了寺门口，警队迅速带走了人质。

“搞定！”吕鹏大叫道。

四

“所有人，把人质统一押到东南角，等直升机到了的时候，统一撤离。”皮斯特的声音传到了十组恐怖分子的对讲机中，而这其实并不是皮斯特的命令，吕鹏用“SA”软件采集分析了皮斯特的声音，现在吕鹏只要对着话筒说出指令，软件就会模拟出皮斯特的声音，传到各个对讲机上，这就是李小晖说的计划，能短暂地骗过 DTS 恐怖分子。

恐怖分子听到后，纷纷挟持着人质，到了清真寺的东南角，与此同时，特战队也悄悄地越过围墙，潜伏到了清真寺内。

而此时的皮斯特，还在和方钢对峙着。

“直升机怎么还没来？”皮斯特有些急不可耐。

“指挥部协调需要时间。”

“我等不了了。”皮斯特拿起了对讲机，“听我命令，把你手上的几个人质都杀了，马上。”

特战队顿时慌乱了起来。“指挥长，现在怎么办？”吕鹏对沈林说道。

沈林眉头紧锁，说：“先把声音传过去。”

吕鹏照做，用对讲机问道：“皮斯特，你确定吗？要是激怒了警方，咱们怎么撤离？”

“有这么多人质在手，你怕什么？”

拉布杜脸上的表情有些异样，把人质按到地上，人质已经吓得浑身打着哆嗦。

“求求你别杀我，要多少钱我都给你。”一个西装革履的中年男子说。

“老子稀罕你的钱有鸟用。”恐怖分子不以为然。

现场的人质纷纷惊慌求饶，局面变得混乱起来。

“都别吵，一起的，谁也躲不了。”恐怖分子把枪上了膛。

“直升机，请加快飞行。”沈林对飞行员说道。

“收到，三分钟后可以到达。”

大殿中，方钢愤怒地吼道：“皮斯特，直升机马上就能到达，你要是胆敢杀害任何一个人质，我敢保证，你们绝不会有任何一个人能活着离开。”

皮斯特只是邪魅一笑，说：“方队长，这么紧张干吗，我不过是吓唬吓唬你们罢了。”皮斯特接着用对讲机说道：“你先别杀人质，再给他们点时间。”

“算你们运气好。”恐怖分子对人质说道。

另一个恐怖分子喘了口气，惊魂未定。

“二支队、三支队，情况怎么样了？”

“二支队已接近目标，随时可以行动。”赵敏答道。

“三支队也已接近目标，随时可以行动。”张贵文答道。

与此同时，三架直升机已经飞到清真寺的广场上空，准备降落。

皮斯特听到直升机的声音，嚣张地对方钢说道：“方队长，没办法了，你只能又一次眼睁睁地看着我逃走了。”

“不要高兴得太早。”

皮斯特挟持着大殿的几个人质，走出了大殿。

“所有人注意，准备跟我撤离。”

片刻后，皮斯特的对讲机没有传来回应。“喂喂喂，听得到吗？”

皮斯特意识到情况不对劲，冲到广场一看，才发现直升机停到了西北角，而所有人质和 DTS 恐怖分子都汇集到了东南角。

“不是让你们分散吗？”

“不是你让我们到东南角集合的吗？”一个恐怖分子说道。

皮斯特对着对讲机说了几声“喂，喂，喂……”，身边恐怖分子的对讲机中没有回声。

“妈的，被骗了！”

“行动！”

沈林一声令下，两组特战队员对集结的恐怖分子发动了总攻。

“人质都趴下！”赵敏用当地方言对集结人群说道。

人质迅速倒地，特战队对恐怖分子进行火力压制，击毙了多个恐怖分子。剩余的十几个恐怖分子劫持了一个外地游客，开始往北部塔楼逃窜。

“三支队负责掩护人质撤离，二支队迅速追捕恐怖分子，一定要救出全部人质。”沈林用对讲机下达命令。

“是！”

另一边，赤手空拳的方钢躲过了皮斯特的疯狂射击，小心翼翼地躲进了一个塔楼。

“出来啊，方队长，别做缩头乌龟啊。”

方钢屏息凝神，抽出了随身的匕首，朝悬吊的烛台方向射去。皮斯特听到声响，迅速向方钢藏身的方向开枪，自己却被掉落的烛台砸伤了肩膀，手枪也落在地上。琼汉斯冲了进来，扶住皮斯特。“赶紧撤，特战队围上来了。”两人迅速往直升机处撤离。

方钢捡起皮斯特掉落的手枪追了上去，一个黑寡妇迅速蹿了出来，一把抱住了方钢，顺势就从腰间抽出钢丝绳，准备往他身上捆。方钢眼疾手快，一把抓住了黑寡妇的手臂，接着一脚把黑寡妇踢了出去，然后迅速卧倒抱头。黑寡妇飞出几米远后，轰隆一声巨响，被炸得粉身碎骨，方钢躲过一劫。

赵敏和刘兴继续追捕恐怖分子，到了清真寺北部的围墙处，恐怖分子见无路可逃，便用枪顶着游客。

“退后，都给我退后。”

赵敏给了刘兴一个眼色后，特战队纷纷后退。

“有把握吗？”

刘兴用枪瞄准恐怖分子，但对方迅速躲在了游客身后。

“时机不好。”赵敏放下枪，举起双手，“咱们谈谈吧，那个皮斯特早上直升机了，他这是拿你们当替罪羊。”

恐怖分子犹疑了片刻，愤怒道：“少废话，赶紧往后……”恐怖分子话还没说完，一颗子弹已射中了他的额头，他在和赵敏说话的间歇，头部偏离了人质的正后方位置。刘兴就是抓住了这个空隙，完成了射击。

特战队发起攻击，几十秒后，将在场的十几个恐怖分子全部击毙。

方钢继续追踪，皮斯特和琼汉斯已经跑到了几百米外的直升机处，飞行员都已经换成了恐怖分子的人。

方钢在快步奔跑的过程中，瞄准了一个飞行员，一枪将其命中。方钢又瞄准了第二个飞行员，刚开枪却发现枪里已经没有子弹。这架直升机缓缓升起，飞了出去。

琼汉斯扶着皮斯特，迅速上了第三架直升机。方钢继续向直升机处冲击，距离只有五十多米远，而直升机还没有完全离地。

“你快走，我去拖住他。”琼汉斯对皮斯特说道。

“不行，一起走。”皮斯特说道。

“黑寡妇在这次行动中损失惨重，一个没用的人，哈里是不会留的。”

“那我就帮你干掉他。”

琼汉斯摇了摇头，说：“还不是时候，记住，你一定要回来救我。”

皮斯特愣愣地看着琼汉斯，两人对视几秒后，皮斯特拉过琼汉斯就是一顿猛烈的强吻，琼汉斯紧闭着双眼，享受着这短暂的一刻。

方钢看到这一幕有些诧异，情报显示，琼汉斯和皮斯特一直是 DTS 恐怖组织中水火不容的两个骨干，他们怎么会有如此举动？

直升机缓缓起身，琼汉斯一把推开皮斯特，目送皮斯特缓缓升起。

琼汉斯从腰间拔出双枪一阵射击，却无法瞄准身法灵活的方钢。

方钢避开子弹后，腾地一下跳起身，踹掉了琼汉斯手中的双枪，琼汉斯也应声倒地。

直升机已经升起两米多高，方钢猛地蹿出去，双手拽住了直升机的起落架。直升机在摇摇晃晃中慢慢上升。

皮斯特拿起了冲锋枪，朝着方钢一阵射击，方钢闪身躲避，只剩下一只手拽着起落架。琼汉斯跳起来拽住方钢的脚腕，另一只手从腰间抽出一把匕首，一刀扎在方钢的小腿上，方钢大叫一声，但依然紧紧地抓住起落架，就这样，直升机飞行了十几米远。

“把他摇下去。”皮斯特对飞行员命令道。

飞行员调转航向迅速转弯，方钢没抓住起落架，掉了下去。

琼汉斯跳上去按住了方钢，使出了夺命剪刀脚锁住了方钢的脖子。方钢脸上青筋暴起，他靠着腰部力量翻了个身，琼汉斯头部撞到了地上。方钢甩开了束缚，迅速将琼汉斯制伏。

“发射！”寺外指挥处，沈林对手持火箭筒的两个炮兵命令道。

一阵火光喷发，伴随着尖锐的轰鸣声，接连两颗制导火箭弹向空中的直升机飞去。片刻后，一架直升机被击中，在空中轰然爆炸，而皮斯特乘坐的直升机做出了一个战术机动，导致火箭偏出了一些位置，没有击中。

“报告，直升机已经飞出了攻击距离。”炮兵回答道。

沈林迅速安排飞行队追捕皮斯特，在直升机即将飞出国界时将其拦截，并让其迫降，但直升机上却没有发现皮斯特的身影。

五

隔天，方钢在医院中迷迷糊糊地醒来，脸色苍白，眼角暗黑。

“你醒了。”坐在旁边的李小晖说道。

“黑寡妇现在怎么样了？”

“她什么都不愿意说，非常不配合，一直关在局里，明天会和我们一起转移。”

“让警方多派些人手看管，防止 DTS 恐怖组织作乱。”

“已经安排了，你还是多关心自己吧，中了黑寡妇刀上的毒，差点命都没了。”

“刀上有毒？”

“你这次简直是命大，医生说休息几天就没事了。”

“你在我这病房坐着干吗呢？”

“战区对这次行动很重视，让我抓紧时间把稿子赶出来。反正没别的事儿，就坐这里顺便替医生盯着你。”

李小晖若无其事地在键盘上敲着什么。

“虽然目前的恐怖活动有些猖獗，但他们没有群众基础，只要我们继续按照政策执行，一定能取得胜利。”

李小晖入神地念着自己的稿子，浑然没注意方钢看向她眼神变得有些欣赏。

阿富汗的DTS总部，哈里正在擦拭着自己的一把黄金AK冲锋枪，两个半裸女人暧昧地靠着他。哈里的会客厅装修奢华，摆放着各种奇珍异宝和各式珍藏版武器。

一个中年的M国人郁闷地坐在一旁，端起桌上的咖啡喝了一口后，只觉得苦涩难咽，又吐到了杯子里。哈里瞥了他一眼，继续把玩着自己的枪支，没把对方当回事。

“长老对你们这次的行动很不满意，你还有什么话说？”

“我不需要给任何人交代。”哈里轻蔑地说。

“你什么意思？别忘了，是我们PT集团资助你招兵买马，拿了我们的钱，就必须给我们办事。”

“回去告诉长老，下次行动我会给他一个惊喜。”

“你最好说到做到，要是计划再失败，别怪我们翻脸无情。”

M国人起身，刚走几步又顿足，说：“还有，下次和我说话客气点，我很不喜欢你的态度，在PT集团的眼里，你就是一条狗。”

M国人说完朝门口走去，“砰”的一声枪响，两个女人被吓得惊声尖叫，M国人脸朝下倒在地上，鲜血开始漫延。

“也许你说的没错，不过在我眼里，你连一条狗都不如！”哈里阴冷地说道。

第五章　演习，胜负之外

一

“李小晖，你到底行不行？所有人都在等着你，别又拖我们的后腿。”

方钢的这个“又”字让李小晖暗暗来气，不就是一百个俯卧撑嘛！李小晖虽然铆足了劲，但做到六十多个的时候实在撑不住了。

身体往往是最诚实的，“哐啷”一声，李小晖脸朝下整个人瘫倒在地。

“军法伺候，把她扔到山沟里去！”方钢义愤填膺地说。

“哎哎哎，你们干吗？”赵敏和陈晓琪走过来拽起李小晖，像拎口袋一样把她抬着，径直朝山沟方向走去。

深夜时分，陈晓琪在宿舍给李小晖伤肿的脚上涂着红花油。

“方钢是不是一直都这么变态，你们怎么熬过来的？”

“他这也是为了你好，就你这体格，再不练练怎么应付枪林弹雨。”

李小晖这才想到，每次出现在战场，方钢和刘兴总是在距离她不远处协同作战。一开始，她还以为这是部队的进攻战术，现在想想大家没少为她操心。

“别太往心里去，只要坚持训练，总归会有进步的。”

陈晓琪给李小晖处理完伤口就离开了。李小晖刚躺上床就大睡起来，直到紧急集合铃把她惊醒。

二

特战队乘坐直升机前往“正和合同战术训练基地”，这里以电脑为平台，集导调监控、战场仿真、辅助评估、综合保障、基地管理“五大系统”为一体，设施装备的综合水平是目前国内最好的。

“这次的演习是和特战三营共同进行，我方的任务是突袭恐怖组织基地，营救被关押的人质，都明白了吗？”方钢在直升机上部署任务。

“明白！”

“距离目标五公里，检查装备！”

这次的反恐演习是在由特战旅内部组织，扮演恐怖组织和特战队都是由抽签决定。方钢抽中特战队，而恐怖分子就是由二营三支队乔装，队长张贵文也是特战旅的明星人物，和方钢号称“绝代双雄”，在每年的比武大会上，两人也是互有胜负。

队员们顺着直升机上的绳索降落到空地上，恐怖分子看到特战队后，十多人立即冲出来，朝着特战队一阵射击。特战队靠着丛林的掩护，艰难地躲避着恐怖分子的火力攻击。

“吕鹏，调出实时作战画面！”

“是！”吕鹏取出平板，方钢看了一眼地形的3D结构。

“恐怖分子集中在丛林中间的空地上，这样的布置只是为了吸引我们的火力，人质和大本营不会在附近。”方钢和张贵文接触过很多次，深知他的排兵布阵。

方钢继续布置任务：“赵敏、吕鹏，你们分别带一队人，从左右两侧绕到恐怖分子的后方，到时候听我的口令，从三面包抄恐怖分子，恐怖分子撤退时快速追击，战斗的过程中注意节省弹药，这只是开胃菜。”

“要是恐怖分子顽抗，不撤退怎么办？”李小晖小声问旁边的陈晓琪。

“这么一个小据点他们就布置了二十多人，目的只是为了吸引我们的火力，不可能死守的。”

演习使用的枪支弹药都有限额，这样一次伏击也只是为了消耗特战队的火力。

李小晖刚往前冲，发现吕鹏没有跟过来，头盔上冒着一股红烟。

“你们走吧，我已经阵亡了！”吕鹏说道。

演习中枪支安装了激光模拟器，士兵身上有激光接收器，被对方枪上的激光发射器照射后，会自动启动身上的发烟罐，释放带有颜色的烟雾，表示受伤或阵亡，并且阵亡者枪支上的激光发射器照同时失效，这样可以有效地确认军演结果。

“你一个大男人怎么这么不经打，我都还没死呢！”赵敏紧皱眉头。

“所以说子弹不长眼啊，这是战场上的突发情况，我能有什么办法？”

李小晖不禁摇了摇头，作为特战队第一个阵亡的队友，吕鹏倒显得一点都不害臊，不过这也像是他的性格，一切顺其自然。

能进入特战旅的军人都是千挑万选的，吕鹏的各项身体素质都只能算是中等，一般情况是很难进入特战旅的。不过，旅长也是考虑到他是电脑天才，他的作用可一点都不亚于任何一名特战战士。

“那你把平板给我，我给队长提供信息。”李小晖好心问道。

“不行，我一旦阵亡平板就会被锁死，你们只能靠自己了，加油。”吕鹏说着俏皮地舌头一伸，装作死人晕了过去。

情况果然如方钢所料，特战队从三路包抄，像一个大口袋把恐怖分子装了起来，特战队在短暂的火力攻击后，恐怖分子已经有十几人阵亡，剩下的快速逃窜。

“队长，你为什么不多派几人守住路口，这样就可以全歼恐怖分子了。”李小晖质问方钢。

“你知道恐怖分子的大本营在哪吗？”

“不知道！”

“你知道人质在哪吗？”

“不知道！”

“你知道什么叫顺藤摸瓜吗？”

“不知道！”李小晖被方钢的节奏带偏，顺口一答，接着迅速反口，“知道！”

方钢下令驾驶冲锋车，迅速追击。

恐怖分子逃窜了几百米后，上了接应的野越车，一个带着黑色面罩的人也被押上了车。

方钢沉思了片刻，让赵敏带十人到附近搜索，他和刘兴带大部队追击。李小晖对这个决定也是不理解，刚想问时部队已经出发。

冲锋车和野越车在一段公路上上演了追车大战，恐怖分子不断向后扔出手榴弹，炸毁了一辆冲锋车。

“准备拦截恐怖分子车辆，实施抓捕！一号车，左侧超车，拦截目标。”

“收到！”

“二号车，拦截后路！”

“收到！”

两辆冲锋车迅速别车，把野越车逼停到路边。

特战队下了车，刘兴等人向恐怖分子的车子围了上去，而恐怖分子却没有任何动静。

“小心！”刘兴大喊道。

野越车司机拉响了身上的炸弹，车子冒起了一阵火烟，最近的五名特战队员宣告阵亡。

“方队长，这是给你们的见面礼！”扮演司机的三支队队员笑道。

“我早该料到张贵文没这么容易对付。”方钢说道。

“那现在怎么办？”

“等赵敏的线索。”

几分钟后，方钢接到了赵敏的电话：“报告队长，山坳往北三千六百米处发现了恐怖分子的下落。”

“实时监控，不要轻举妄动。”

李小晖这才明白，方钢用的是疑兵之计，让赵敏在原地附近勘察，进而找到了恐怖分子和人质的线索。

三

和赵敏会合时，天色已晚，二支队在一个小山坡上埋伏着，方钢用望远镜观察一千米外的一座建筑楼，几个恐怖分子在建筑楼外持枪巡视着，二楼还架着两把机枪。

“恐怖分子的火力部署查清楚了没有？”

“报告队长，外围有十五人巡视，工厂内预计有三十五人。”

方钢看了看时间，已经七点多，说：“现在贸然进攻只怕中了恐怖分子的埋伏，大家先行调整，一个小时后摸黑强攻。”

远处的这栋楼是基地专门建设用于演习的作战楼，除了主体框架外，楼层和结构可以随时调整，这也是为了丰富作战演习的多种可能性，因为在具体作战过程中，特战队不可能每次都提前获悉恐怖分子住址的详细信息，意外情况才是经常会面对的情况，所以这样的设计也是为了训练特战队作战时的灵活性。

夜色渐黑，方钢和赵敏分别带一组人马，穿过丛林朝建筑楼前行，恐怖分子近在咫尺，特战队一路上不敢发出任何声响。

“停止前进！”为首的方钢突然顿足，对后方的队员厉声说道。

“怎么了队长？”一个队员问道。

方钢蹲下身，大家这才看到路面上横架的一根金属线，顿时深吸了一口气，恐怖分子早在此处设置了绊雷。

李小晖看了看四周，已经伸手不见五指，惊讶方钢在这种环境下居然能看见一根金属丝，莫不是猫头鹰投胎转世，果然是奇人必有异能。

为了方便后续部队行进，方钢决定拆雷。方钢小心翼翼地触摸着绊雷线，突然愣住了。

“是不是连着金属丝？”李小晖问道。

“是！”

“金属丝不能碰，在这里尼龙绳并不难找，怎么还需要用金属丝连接？”

“你去问恐怖分子啊。”刘兴在旁边调侃道。

方钢眉头紧锁想了想，对李小晖道：“说下去。”

“我听过一种触发方式，是通过人体接触触发炸弹，人体是导体，会产生静电，所以通过接触触发炸弹并不难，但是接触点一定是导体，所以用金属丝。”

所有队员愣愣地看着李小晖，一副黑人问号脸，连很多军事常识都不知道的李小晖怎么会知道这些冷门的知识。

“你电视剧看多了吧。”刘兴打趣道。

“我说的都是真的，是听大学教授讲的。”

“这年头，有几个大学教授是靠谱的，都没上过战场。”王海龙自负地说。

方钢说：“宁可信其有，大家绕着走，注意安全！”

几名队员率先往前冲，“砰”的一声，显示他们已经阵亡。

“他奶奶的，这么近还安了两个绊雷，卑鄙的浪费！”王海龙怒气冲冲地说道。

“这是心理战术，也符合张贵文的风格。”

“队长，我不甘心啊！”

“阵亡的人是不能说话的。”方钢冷冷地说道，引来队员们一阵嬉笑。

绊雷的反应引起了恐怖分子的警觉，方钢立刻迎来了一阵密集的火力压制。

“注意隐蔽！”方钢大喝一声，接着用对讲机询问赵敏，“赵敏，你那边怎么样了？”

“报告队长，我们已经潜伏到建筑楼后方。”

“有发现张贵文和人质的下落吗？”

“没有。”

“你们佯装进攻，吸引恐怖分子的火力，掩护我们进攻，双方会合后再发起强攻。”

“是！”

一阵枪林弹雨的交火后，方钢队借助赵敏的掩护，已经前行到建筑楼一百米处的山埂处隐蔽，但恐怖分子居高临下，特战队的所有行动都在恐怖分子的监视下，特别是恐怖分子有冲锋枪的重型火力支撑，特战队损失了十五名队员。

“队长，是否发起强攻？”

方钢对陈晓琪说：“你们几个垫后，把所有的炸药安装在建筑楼周围。”

“是。”

“这是要干吗？同归于尽！”李小晖疑惑道。

“执行命令！哪这么多废话！”方钢呵斥道。

李小晖还要发问，陈晓琪拉住了她的手，示意她不要继续。

两组人马对建筑楼发起了总攻，赵敏队已经摸索到建筑楼下，方钢队却和恐怖分子僵持起来。

“赵敏，你们负责二楼后方的三个巡逻兵，引开恐怖分子火力，为我们正面进攻做掩护。”

“是。”

方钢换上了狙击枪，对右侧十几米处的刘兴说：“有把握吗？”

“什么时候让你失望过。”刘兴自信满满地说道。

刘兴不愧是体校射击专业的特招生，每分钟四十下的心率让他拥有天生的狙击手身体素质。随着一声枪响后，右侧的机枪手宣布阵亡。

而方钢正准备射击时，狙击枪却卡壳了。刘兴调整枪头，想顺带射击左边的目标。

刘兴说：“队长，左边枪手是我的视野盲区，没法射击。”

“掩护我！”

刘兴朝左侧枪手射击，方钢一个箭步朝建筑楼冲去，枪手调转枪头想对付方钢时，方钢已不见踪影。

“嗖嗖嗖”的几声，方钢已蹿到了二楼机枪处，机枪手刚准备反击，一把匕首已朝他的要害部位刺去，机枪手宣布阵亡。

“大意了，一直想和你们队的刘兴来个较量。”阵亡的机枪手说道。

“下次吧，有的是机会。”

方钢队和赵敏队会合，李小晖和陈晓琪完成任务后，也跟了上来。

“二组负责包围警戒，一组跟我上。”方钢带着队员开始从下往上扫楼，顺着楼层向上追击，一路上遭到恐怖分子的猛烈攻击，特战队一路上损失惨重。楼层内遮挡物很多，各个开间的布置都不一样，只要是在执行任务中可能遇到的情况都有涉及。

楼顶阳台处，队员们机警地搜索着，几个恐怖分子已经摸索到顶楼处，找到阻击特战队的最好位置，头目给了手下一个手势，正要向方钢射击时，潜藏在另一侧的刘兴已经先发制人，恐怖分子的头顶已冒出了红色的烟雾。

“队长，我又救了你一命！”

“干得好！”方钢对不远处的刘兴说道。

方钢的对讲机传来赵敏的声音：“队长，发现了张贵文的踪迹，正往五百米外的平房逃窜，还挟持着人质。”

“继续追踪，小心恐怖分子的埋伏，注意保存实力，不要贸然进攻。”

“是。”

四

两组特战队追击恐怖分子到了一处平房，方钢给了排爆手一个眼色，排爆手快步上前，在铁门上安装了炸弹，撤回支队后，按响了引爆器。伴随着一声巨响，铁门被轰然炸开。

特战队冲进门，却发现房间内空空如也。

“人呢，难道穿墙跑了？”队员们开始窃窃私语。

“不可能，我刚才明明看到他们进来的。”赵敏说道。

方钢命令：“大家仔细搜。”

片刻后，队员在一堆杂物中发现了一道暗门，是从外面锁上的。踹开一看，还留着一排散乱的脚印。

赵敏：“队长，应该没跑远。”

方钢低下头，仔细检查了脚印，说：“不对，今天下午下过雨，要是刚踩上的脚印，不会这么坚硬，这是恐怖分子故意留下的线索，想引开我们的注意力。”

“那您的意思是？”

“恐怖分子已是强弩之末，现在逃窜的话，被我们截获是早晚的事儿，所以他们应该还在附近，大家继续搜。”

队员们在几间平房内搜索一番后，并没有找到可藏匿的地点，队员们大为疑惑。

李小晖在屋内来回踱步，走到一个角落时，突然感觉脚下一空，她又使劲剁了几脚，发现角落处的确显得空荡。

“队长，有情况。”

方钢走过来一看，发现了这是一道暗门，暗门和地板的缝隙很小，看样子是个精密的机关。方钢在附近搜查片刻，在一个土灶底下找到了机关，旋转半周后，暗门豁然打开，平房下隐藏着一个地下室。

“大家小心，恐怖分子一定有埋伏。”

方钢、李小晖和刘兴一起冲进了地下室，发现地下室深处，人质被绑在了一把椅子上。

“解救人质成功。”方钢宣布。

队员们听到耳机里的传来的消息都欢欣鼓舞的时候，一群恐怖分子从密道里冲了上来，把特战队的三人堵在了里面。幸好方钢反应快，拉着刘兴和李小晖迅速隐蔽起来。

扮成恐怖分子首领的张贵文打开了面罩。

“方队长，虽然你们突袭成功，但是在解救人质的时候陷入埋伏，认输吧，我说过。”张贵文伸出两根手指，“我说过，绝不会输给同一个人两次！”

方钢脸色一变，沉着冷静地答道：“胜败乃兵家常事，你们的经验的确比我们多。”

“听方队长的话，好像并不是很服气啊。在反恐行动中突击作战，最重要的是兵家谋略，不是简单的突击行动。”

“训练楼结构复杂，有各种机关暗门，还安装了信号屏蔽装置，我们在缺少有效信息的情况下，能够攻入基地内部全歼恐怖分子，已经很不容易了。”

张贵文侃侃而谈道：“可是你没有想到，我转移了人质。还用障眼法把你们引到地下室，趁机拿掉你们这些核心队员，这才是我的计划，方队长，兵不厌诈，你应该输得心服口服。”

方钢只是微微一笑，没回话。

“准备投降吧！”

张贵文得意地叫嚣着。

“等一下！”房间一角传来一个声音。

所有人朝四下张望，从漆黑的房间里走出一个人来，李小晖手里捏着一个引爆器大摇大摆地走到门口，和张贵文隔了数米站定。

“你是谁？”张贵文疑惑地看着李小晖。

“特战队战地记者李小晖。”

“想起来了，北疆行动中篡改 DTS 对讲机信号是你的主意。”

“见笑了。”

张贵文瞥了一眼李小晖，她的身形只能穿小号的军装，腰带勒得衣服叠了几层褶皱，莫名的不协调，张贵文赶紧回过神，道：“说说吧，你还想怎样扭转败局。”

李小晖亮了亮引爆器，说：“我们还没输，进攻地下室之前方队长就发现一个问题，建筑楼是你们防守的最佳位置，但你们并没有派主力防守，外围松懈，火力不足，而且作为头号恐怖分子的你从来没有出现，里面肯定有猫腻。”

“所以呢？”张贵文有些不耐烦地问道。

“在来的一路上，包括这个房间的周围，我们都安好了炸药。”

从耳机里听到声音的陈晓琪顿时心惊肉跳，炸药早就全部埋在建筑楼了，平房哪有炸药，李小晖你这是作死吗？

“那你想怎么样？”

“你看我手里按住的这个引爆器了吗？只要我手松开，咱们站的地方就会被判定为炸弹引爆，大家就同归于尽。所以很简单，我们三个作为敢死队已经做好了牺牲的准备，来这里解救人质，抓捕恐怖分子头目，也就是阁下你，如果抓不到活的，死的也行。所以你现在要么是束手就擒，要么和大家同归于尽，让我们外面的同志来收尸。”

看到张贵文不可置信的表情，李小晖得意地接着说道：“其实你很划算了，你的目的是抓住特战队的核心，也确实把我们堵住了，我们的目的是抓住或者干掉你，我看目的也达到了。怎么样？如果你真的是恐怖分子的头目，怎么选啊？”

张贵文陷入沉思，片刻后深深叹了一口气，心有不甘心地说：“好吧，我们输了。”

“把他们的武器都收了。”方钢说道。

恐怖分子开始上缴武器，张贵文顿时感到有些疑惑，问：“方队长，有这个必要吗？我们都投降了。”

方钢云淡风轻地说："就走个过程。"

张贵文摇了摇头，说："没想到输给了一个新兵，方队长，你是培养出了第二个杨婉啊！"

"杨婉是谁？"李小晖问道。

"你为何提到她！"方钢侧过身，恶狠狠地瞪着张贵文。李小晖看着方钢怒目圆睁的样子，不禁觉得有些头皮发麻。

五

方钢提着一篮水果，还有一壶早上刚炖的鸡汤，走进了省人民医院的203病房。这间病房对于他来讲异常熟悉，这三年来除了有任务外出，他每个周六都会定时来看望杨建民，一个五十多岁头发花白的老者。

"伯父。"

"你来了。"杨建民拄着拐杖准备起身，方钢立刻上前搀扶。

"你工作忙就不需要每周过来了。"杨建民淡淡地说道。

"没事儿，最近刚闲下来。"

"你们特战队哪有闲下来的时候，你没必要骗我。"

方钢没回话，拿起桌上的水果刀给杨建民削苹果。

"刚见了刘医生，他说您最近病情有所好转。"

"拖日子了，我自己的身体自己清楚。"杨建民对病痛已经看得很淡。

方钢听到这话，顿时感到一阵无可奈何。

"我下周调休，您有什么想去的地方吗？咱们可以一起去旅游，整天闷在医院也挺无聊的吧。"

"算了，我也不想折腾了，要是路上再有个好歹，又得麻烦人。"

病房内陷入一阵安静，方钢削完苹果后又切成了小块，放到盘子里，递给了杨建民。

"方钢啊，有些事是命中注定的，不以人的意志为转移，杨婉已经离开三年了，你要接受这个现实。"

"我知道。"

“你不知道！”杨建民的声音严厉了起来，“你也老大不小了，一切都要向前看。”

“这个苹果怎么样？我让队友专门从新疆阿克苏捎过来的。”

杨建民无奈地叹了一口气，自知很难说服方钢这头犟驴。

“你其实也没做错什么，她也是为了任务才牺牲的，我是军人出身，那种情况我可以理解。”

泪水从方钢的脸上滑落。

“我清楚自己女儿的个性，她要是看到你现在的样子，一定会很伤心的，你还年轻，不要只活在过去。”

方钢不知如何答话，他又何尝不想走出那个情感的囚笼，他尝试着想忘掉杨婉，但越是想忘记一个人，心里面反而记得越清楚。

第六章　劫机，孽情纠葛

一

特战旅的指挥室里，沈林双眼紧紧地盯着挂墙的巨大显示屏，天眼系统正锁定的一辆白色客运车在一个路口突然红灯右转。侧面一辆商务车跟了上去，驾车的是方钢，与此同时，另外几辆特战队的车也从不同方向跟了上来。十几分钟后，一行人到了郊区。

“报告指挥长，目标车辆已经锁定，请指示。”方钢说道。

“拦截恐怖分子车辆，实施抓捕。”

“一号车，马上从左侧超车，拦截目标车辆。”方钢开始安排任务，他所说的一号车，就是杨婉驾驶的军用冲锋车。

“收到。”杨婉的声音甜美却很坚毅，正如她的性格一样。

“二号车，从后路拦截。”

“收到。”驾驶面包车的刘兴答道。

三辆车同时夹击客运车，客运车滑到了路边的荒地上。

客运车上的恐怖分子冲下车，拔枪朝特战队射击。双方靠着各自车辆掩护，激战起来。

方钢和杨婉埋伏在两辆并行的车后，方钢的视角刚好可以看到杨婉的盲区。方钢给杨婉比画了几个手势，杨婉理解了方钢的意思——“九点钟方向一个，两点钟方向一个”。

杨婉朝方钢点了点头，接着迅速起身，朝两个方向各开了一枪，两个恐怖分子应声倒地。

杨婉挑眉朝方钢一笑，有些小得意。方钢突然一惊，迅速朝杨婉方向开了一枪，杨婉回头，她背后的一个恐怖分子被方钢击毙。

经过一番激战，特战队迅速击毙恐怖分子三人，活捉两人。

方钢等人检查一番后，汇报道：“报告指挥长，没有发现‘黑猫’。”

“马上归队。”

“是。”

杨婉经过方钢身边的时候小声地道：“谢谢。”

方钢朝她生硬地撇了撇嘴角。

指挥室内，沈林对通信兵说道：“继续追踪，‘黑猫’今天一定会采取行动。”

“是。”

“报告！有情况！”

通信兵忽然起立，让整个监控指挥室变得紧张起来，沈林立刻走向那边的监控台。

“怎么回事？是在哪里？”

通信兵一边操作监控画面一边道：“系统比对出了人脸数据，和黑猫有 91% 的相似。”

通信兵顿了一顿，指着监控地图上的一片阴影道：“旁边是红旗化工厂！”

监控里显示的黑猫正从一辆黑色汽车里下来，周围还有他的一些手下。沈林脸色变得很难看。

“有没有人了解详细情况？”

“红旗化工厂目前正在拆迁，里面还有很多危险易爆材料没有来得及转移，几天后会转移。如果引爆化工厂，污染上流的水源，会造成整个地区的大面积污染。”

沈林拿起对讲机。

“方钢！目标在红旗化工厂，带领特战队立即行动！”

“是。”

“一定要阻止他们引爆工厂里的化学品，不惜一切代价！”

方钢那边的声音停了两秒钟才道：“是！”

特战队搭上了直升机，迅速前往红旗化工厂。

与此同时，恐怖分子的卡车开到了化工厂的门口。

“您好，我们是运送原料的。”

“等一下，进厂的条子呢？”

“通融一下嘛。”

“打电话确认一下。”旁边的主管对门卫说道。

门卫拿起电话，刚按下拨号键时，一颗子弹已经击中了他的头。一旁的主管吓了一跳，还没来得及反应也被恐怖分子打死。两个穿着保安制服的恐怖分子迅速拖走了尸体。

一辆商务车紧随着卡车开进了化工厂，坐在后座的正是“黑猫”。

恐怖分子的车辆停在了原料厂前，几个人拿着炸药从车上下来，开始布置。

与此同时，特战队的队员已经控制了两个假冒的门卫，冲锋车也已经开进工厂，队员们荷枪实弹地埋伏在原料厂附近。

“你们五个人，到那边守着，你们两个人，跟我走。”黑猫对手下吩咐道。

“杨婉，进入狙击位置。”沈林在指挥室说道。

“收到。”

杨婉已经潜伏进原料厂，在二楼找到了合适的狙击位置。

“报告指挥长，我已经就位，目标在原料厂三号车间，请指示。”

“收到。特战队分三组行动，以原料厂为中心进行全面包抄，务必控制交火范围，速战速决。”

“是。”

特战队冲进了原料厂，几个在工厂顶端巡逻的恐怖分子看到特战队后，迅速开枪射击。方钢带队冲到了二楼，解决了巡逻的几个恐怖分子，占领了制高点后，接着又有成群的恐怖分子冲了过来。

“老大，特战队冲进来了。”一个恐怖分子在对讲机中说。

“怕什么，马上引爆门口的炸弹，让他们有来无回。”

黑猫手下走到了起爆器旁。

“报告指挥长，恐怖分子准备启动爆炸装置，请求狙击命令。”

“同意。”沈林继续安排道，“特战队，行动！”

杨婉扣动扳机，黑猫手下中枪倒地。恐怖分子听到枪响，迅速朝杨婉处射击，杨婉躲在一堵墙后掩护。五个恐怖分子从不同方向射击，杨婉右臂中弹，狙击枪掉在地上。

方钢拿着手枪从通风管潜入车间的时候，杨婉正靠在墙边被黑猫的手下用枪指着。

“告诉你们的指挥官，立刻退出去，不然我就引爆炸弹！”

黑猫情绪激动地挥舞着手里的引爆器，亢奋的状态令看到的人都把心悬起来，他的几个手下也都战战兢兢，犹犹豫豫。

看见外面特战队的突击队员停下动作，开始后撤，黑猫得意地大笑。

方钢耳机里传来指挥官的声音：“行动！”

“是！”

方钢从通风口一跃而下，瞬间吸引了恐怖分子的注意，他在下落过程中连续旋转开枪，连连击中恐怖分子。眼看方钢要陷入火力圈，埋伏在窗外的刘兴也纵身跃入车间，一下引开了不少恐怖分子的注意力。

黑猫见状歇斯底里的大吼道：“不怕死的咱们就同归于尽！”

方钢看见黑猫举起引爆器就要按下去，赶紧不顾一切地扑过去，但他和刘兴都离得太远，根本不可能在一瞬间赶到。就在这时，一个纤瘦的身体猛地从黑猫身后跃起，把他扑倒在地，引爆器也落在一旁。

方钢在恐怖分子的火力网中滚到引爆器旁，一把捞在手里，再回头看时，瘦削的杨婉还挂在黑猫的胳膊上阻止着他的动作。

方钢抄起手枪刚刚指向黑猫的一瞬间，就听到枪声连响，鲜血从杨婉背后不断迸射出来，她的身体也一下子软了下去。方钢的心口猛地一阵抽痛，头脑一瞬间陷入空白，手指机械地扣动扳机，眼睛却紧紧盯在落向地面的杨婉身上，整个人也扑了过去。

胸口中弹的黑猫仍然面目狰狞地要向方钢射击，却被赶到的特战队员们连连击中，终于不甘心地倒在地上。

方钢颤抖着抱起血泊中的杨婉，她已经双目紧闭失去意识。方钢的世界里，枪林弹雨都已经不存在，他唯一能听到的只有自己耳鸣和痛苦的呼号。周围的一切都在模糊，最终幻灭消失。

二

晚上八点多，李小晖离开陈晓琪房间，一个人百无聊赖地走在训练场上，不远处传来有人在训练的声音。

李小晖定睛一看，是方钢独自一人在做着引体向上。

“方队长，这么晚了还在训练啊！”

“稍等一下，我还差十个。”

李小晖见这家伙身材健硕，比例匀称，胸大肌健硕有力，马甲线棱角分明，光泽透亮，就像鬼斧神工的刻刀雕塑而成，特别是泛着一层薄薄的细汗，浑身散发着力量的气息，一时竟失了神。

“你找我有事儿吗？”

“没事儿，我就是路过，和你打个招呼。”李小晖淡淡地说着，眼睛却还盯着方钢的肌肉。

“哦，不好意思，我平时这样训练惯了。”方钢迅速穿上衬衣，李小晖这才回过神来。

“咳咳，这么冷的天还光着膀子训练！”

方钢一板一眼地回答道：“在严寒的环境中训练，可以增强心肺功能，加快新陈代谢和血液循环，提高对寒冷环境的适应……”

“停停停，我知道了，是不是还能预防高血压、冠心病呢？”

方钢生硬地咧嘴笑了笑。

“谢谢你，这次要不是你的随机应变，我们输定了。”

李小晖低下头，有些腼腆，心里正要乐开花，就听方钢接着说道：“不过你在行动中几次不听指挥，行军中也总是掉队，拖延作战进度，也给特战队带来了很大的困扰，功过相抵，我们也就不追究了。”

“啊？你就不能一口气说完吗？”

“时间不早了，我先回去休息了。”方钢开完了玩笑，转身就要走。

“方队长，有个事情想问你。”

“什么事？”

李小晖装得很随意的样子，问道：“怎么从来没见过你女朋友。”

“我没有啊，你怎么见？”

李小晖忍住笑，接着说：“那什么，我有个闺蜜，人长得很不错，性格也很好，我可以介绍你们认识。”

“算了吧，你的闺蜜应该和你是一路货色……”

“怎么说话呢？”

“物以类聚，人以群分，我的事儿你就别操心了。”

李小晖调整了情绪，说道：“其实我听说了杨婉的事情……”

“谁跟你说的？”方钢暴怒。

“这不重要，重要的是假如她还活着，一定不想看到你现在这样。”

“你还是做好自己，别人的事儿少管！”方钢说完，气冲冲地走了。

李小晖气哼哼地看着方钢的背影离自己越来越远。

三

紧急集合的铃声响起，特战队迅速换好制服，到枪械库拿上武器，上了冲锋车，直接奔赴机场。

“刚刚接到情报，这架经停我国的F33外国航班上，藏匿有DTS恐怖分子，他们准备劫持刚刚结束对我国秘密访问的奥马尔部长，阿富汗安全部恳请我们拦截飞机，解救部长。可我们刚刚获得情报，已经有一百二十三名乘客登上了飞机，情况非常危急。”沈林在车厢内讲述着案情。

“指挥长，我有个建议，我们可以检修飞机为由，先把飞机上的乘客疏散，再对DTS恐怖分子实施抓捕。”

“奥马尔部长已经登机，恐怖分子就混在乘客之间，如果疏散乘客，势必会打草惊蛇，恐怖分子有可能会提前动手。情报显示，飞机上至少有十个恐怖分子，所以我们的行动，绝对不能让恐怖分子有任何的察觉，明白了吗？”

“明白。”

皮斯特正佯装看一份杂志，他和手下乔装打扮，已经坐在了飞机上。

拉布杜看了看表，对空姐问道：“您好，为什么飞机还不起飞，都已经过了十五分钟了。”

“抱歉，还有最后一批乘客没有登机，麻烦你们稍等一下。”

“航空公司什么时候这么人性化了！凭什么因为他们耽误我的时间。”

“实在不好意思先生，他们的行李已经上了飞机，如果将他们的行李卸下会耽误更多的时间。我们刚刚得到消息，他们已经到机场了，请您理解。”

空姐说完走开了，拉布杜凑到皮斯特的耳边，“老大，咱们的行动会不会已经走漏了风声。”

皮斯特放下杂志，眉头紧皱：“看看情况再说吧。”

“怎么回事？为什么不让我们登机啊？”一群歌舞团的乘客在登机处叫嚣着。

“我们是要出国演出的，误了演出谁负责？”

“先生，对不起，具体情况我们也不是很清楚，麻烦您稍等一下。”

“就算你不让我们登机，至少要给我们一个说法啊。”

沈林带着特战队冲了过来，歌舞团顿时慌乱起来。

“不让你们登机是我的命令，谁是你们的领导？”

“您好，我是歌舞团经理。”一个穿着西装的男人走了过来。

“我是反恐特战旅旅长沈林，情况紧急，一会儿我跟你解释，先把你们的行李和服装借我们用一下。”

几分钟后，特战队换上了歌舞团的制服，上了飞机，坐到飞机后排，方钢和吕鹏都戴着假胡子，陈晓琪和李小晖化着浓妆。

皮斯特的眼睛眯成一条缝，微微瞥了瞥身后的几个人。

沈林在机场的监控室内，看着 F33 各角度的监控画面。

“各分队注意，特战队已经登机。”

“A 队已经准备就绪。”方钢用衣角的隐形对讲机说道。

“B 队也已经准备就绪。”在飞机外摆渡车附近的赵敏回答。

“行动。”

沈林一声令下，赵敏带领 B 队迅速上了摆渡车，朝飞机开去。

“说，手机上这个女的到底是谁？”李小晖拿着一个手机，突然对方钢大喊。

“你瞎猜什么，这就是上次演出认识的同事。”

“同事会发这么暧昧的短信吗？”

“啪。”李小晖重重地打了方钢一个嘴巴，方钢也有些懵，这个巴掌颇有些公报私仇的意味。“什么意思啊你？”

“不好意思，小姐，我们的舱门马上就要关闭了。”

“不是还没关吗？我马上要下飞机。”

皮斯特透过窗口，看到了摆渡车正朝飞机方向驶来，皮斯特对衣角的对讲机说：“行动！”

一个恐怖分子冲进工作间，迅速射杀了一个空姐和一个乘务员。拉布杜走到前排座位的奥马尔身边，抽出枪顶住了奥马尔的头。另外几个恐怖分子也相继现身，拔枪指向乘客。

“听着，飞机被劫持了，坐在自己的位置上，把头给我低下。只要你们乖乖听话，就能活着见到明天的太阳。”

“地面，地面，飞机上发生了枪战，我们需要支援。”机长刚说完，副驾驶拔出了枪对准他。

“你到底是谁？”

副驾驶一枪杀了机长。

皮斯特这才起身，走到奥马尔身边，说：“部长大人，别来无恙啊。”

“我认识你，你是 DTS 的人。”

“呵，看来我的名气还挺大的啊！你秘密访问中国，应该是谈联合反恐的事儿吧，进行得怎么样啊？”

“无可奉告！你劫持了我也没用，阿富汗政府是不会向恐怖分子妥协的。”

“真的吗？我想试试。”

沈林：“呼叫 B 队，呼叫 B 队。”

赵敏：“B 队收到。”

“取消原定计划，立即进攻。”

“是。”赵敏对队员说道：“开始行动！”

赵敏率队下了车，两个恐怖分子在舱门处朝特战队射击。一番交火后，两个歹徒被击毙。特战队朝舷梯冲了上去，但还是晚了一步，恐怖分子已经驾驶飞机滑行，离开了舷梯。

赵敏：“呼叫总部，飞机已经开始滑行，我们晚了一步。”

沈林一阵叹息，通信兵走了过来，说：“报告指挥长，司令的电话。”

“沈旅长，情况怎么样？”

“情况有变化，恐怖分子已经劫持了飞机。”

“有没有备用方案？”

“有，飞机上还有我们的几个特战队员。”

“好，随时汇报，一定要确保奥马尔部长的安全。”

“明白。”沈林第一次感到失控，能否完成解救奥马尔部长的任务，只能交给飞机上的特战队员了。

四

飞机穿过云层，已经越飞越远。

皮斯特朝李小晖方向走了过来：“李记者，看来这趟飞机，你是下不去了。”

“别高兴得太早，飞机还没出国界呢！”

皮斯特顺手撕掉了方钢和吕鹏的假胡子。“都是老熟人了，干吗还来这一套啊！”

“老大，密码箱打开了。”拉布杜走过来汇报。

皮斯特走到奥马尔旁边，打开密码箱的文件翻看着，邪魅一笑，说：“真没想到，原来你们制订了这么多计划来对付我们，不过，中国政府会同意吗？他们出兵出力，帮你们政府军消灭 DTS，对他们有什么好处？”

“无可奉告。”

“既然你不想谈这个，那咱们换个话题，我想请你打个电话。”

“什么电话？”

“让中国政府放了琼汉斯，我就饶你一命。”

拉布杜说：“老大，国王不是这么交代的，我们要的是钱。”

“我做事需要你同意吗？”

奥马尔说：“哈哈哈，我没有听错吧，DTS 的二当家劫持飞机，居然会为了一个黑寡妇。我们收到情报，琼汉斯已经不受哈里待见了，你回去怎么跟哈里交代？”

“这就不需要你操心了。”

奥马尔说：“你未免太高估我了，我只是个送文件、传递消息的人，再说，中方不会为了我向恐怖分子妥协，你别痴心妄想了。”

皮斯特胸有成竹地笑了笑，一边把手机上的画面拿给他看，一边道：“我相信你会改变主意的。”

奥马尔一见手机上的画面顿时愣住了，他的妻儿正被皮斯特的手下用枪指着。

“你这个恶魔一定会下地狱的！”

五

阿富汗境内多山，高原和山地占全国面积的 4/5，北部和西南部多为平原，西南部有沙漠，平均海拔一千米，境内最大的库什山脉自东北斜贯西南。

库什山脉的东北部地形更加崎岖，易守难攻，不过这里现在并没有成为阿富汗的边防屏障，而是变成了 DTS 的大本营，政府几次进攻都无功而返，只能等到 DTS 下山行动后再想它法，政府军为此很是头疼，这也让 DTS 一直猖獗不减。

皮斯特趁着哈里打盹之际，悄悄走出了总部，顺着一条可以躲开守卫的小道，走到了一个偏僻的亭子。

皮斯特狐疑地看了看四周，拿起手机拨通了几分钟前刚振动就被他挂掉的电话。

“长老大人。”皮斯特毕恭毕敬地说着。

“上次我提醒你注意的那个人，已经查清楚了，他就是特战队的卧底。”电话那头传来一个苍老而沉稳的声音。

“可他的资料，没什么破绽，而且他为 DTS 也做了很多事儿，杀警察和特战队从不含糊。”

“你亲眼看见的？”

皮斯特仔细回想，“没有，但……他一直让我很放心。”

“你还是太年轻了，大伪似真，大奸似忠，他要是不能得到你们的信任，还怎么做卧底。”

“嗯，我马上处理。”

“先别急，奸细也有独特的用处，看你怎么用了。”

“嗯。”

皮斯特微微沉吟了片刻。

“你在 DTS 做的事情，我们五位长老都很满意，这次中阿的联合缉毒行动，对你和我们 PT 集团都是考验，你要想办法利用好，借机控制哈里的力量，不能让他超出了我们控制。”

“我明白。”

“我老了，PT 集团需要新的领袖，我希望你也能明白。”

电话挂断，皮斯特仍旧沉浸在兴奋中。

“我早就看你来者不善，原来是有 PT 集团撑腰啊！”

皮斯特惊觉，转身看到了琼汉斯正在嚼一个苹果，审视着皮斯特。

“你都听到了？”

皮斯特朝琼汉斯走去，放在后腰的手缓缓地拔出一把匕首。

“杀了我很难向哈里交代的。”琼汉斯看穿了皮斯特的动作，得意地白了对方一眼。

皮斯特收回了手，一把将琼汉斯推到墙上。

“你想干吗？”

皮斯特突然双手握住琼汉斯的脸，朝琼汉斯的唇边一阵猛吻下去。

琼汉斯使劲闭着嘴，挣扎了片刻后，抽出手，狠狠地扇了皮斯特一个巴掌。

两人互相喘息着看着对方，片刻后皮斯特又发起了攻势，一把抱住琼汉斯，使劲地亲吻着琼汉斯的嘴。琼汉斯挣不开手，使劲地咬破了皮斯特的嘴。

“啊！”皮斯特大叫一声，抹了抹唇边的血迹。

“这是给你的教训，你要是再敢，我就要了你的命！”

皮斯特邪魅一笑，说：“我就喜欢火辣的女人。”

皮斯特又一次发动攻势，琼汉斯使劲想要错开自己的嘴，但皮斯特一手搂住了她的手臂，一手握住了她的头，琼汉斯已经动弹不得。

琼汉斯愤怒地直视皮斯特，又开始撕咬皮斯特的嘴唇，但皮斯特丝毫不在乎，反而更加贪婪地地吮吸着琼汉斯的丰唇，眼神中露出一种胜利者的喜悦。

琼汉斯就这样恶狠狠地瞪着皮斯特，渐渐地失去了反抗之力，眼神也失去了锐气，身体也软了下来。

此后，琼汉斯和皮斯特在外界面前，还是装出一副死对头的样子，但两人早已心意相通。在中阿两国的联合反恐中，黑寡妇承担袭击阿富汗军队的任务，又是一次自杀式的袭击，在行动中黑寡妇被哈里摆了一道，琼汉斯意识到她成了哈里的眼中钉，就在她穷途末路的时候，皮斯特带人杀了回来。琼汉斯明白，如果皮斯特放任她不管，那他的秘密也就永远石沉大海，但皮斯特还是来了，冒着琼汉斯会出卖他的风险，救出了她。

从那以后，琼汉斯就被皮斯特彻底征服了，她有过的男人不算少，但没有一个能让她产生这种强烈的顺从感，多年在杀戮中过着刀口舔血的生活，让琼汉斯对爱情早已失去了幻想，但皮斯特的出现彻底改变了她。在皮斯特面前，她变成了一个女人，她的肉体和灵魂都被皮斯特完完全全地征服。

在重刑监狱中，琼汉斯回想着这一切，遇到皮斯特后，她才知道什么是真正的活着。皮斯特对她不离不弃，所以她在掩护皮斯特离开时，没有丝毫的犹豫。

“哐啷”一声，监狱的门打开了。

“琼汉斯！”

琼汉斯被戴上了黑色头套，她以为自己大限将至，但坐在车上行驶了一个多小时后，依然没有到达终点。

琼汉斯根据方位，判断了这是去边界线的方向，她的眼角流下了一行热泪，皮斯特没有忘记对她的诺言。

第七章　生死，命悬一线

一

赵敏和刘兴押解着琼汉斯，到了边界线附近的荒山。

“报告，我们已经到达了指定位置，但并没有看到恐怖分子。”赵敏对沈林汇报。

押解车里，琼汉斯一脸轻狂地看着周围的特战队员。

“我就说会有人救我出去的。”

“你还没有被救走。”赵敏严肃地说道。

赵敏打开平板地图，向队员们安排任务。“你们的任务，走这条小路，翻过这座山，十分钟内到达指定地点，进行埋伏。”

“是。”

“刘兴做好准备，配合另一边的行动，不能让琼汉斯逃出国境。”

“是！”

“记住，没有命令绝对不能开枪，这关系到飞机上一百二十三名乘客的生命，明白了吗？”

“明白。”

沈林在指挥室里来回踱步，对通讯员问道：“联系上A队没有？”

“信号被屏蔽了，我正启用新系统突破屏蔽。”

“现在时间就是生命，要快。”

“是。”

片刻后，指挥室连接到了皮斯特的电话。

“我可以保证琼汉斯的安全，但是你必须要让飞机降落，确保人质安然无恙。”

“我从不跟人讨价还价，必须按照我的想法来。现在飞机被我劫持，如果你十分钟内再不释放琼汉斯，我就一分钟杀一个人质，直到你们同意为止。”

“这是我们的底线。”

“看来不流点血，你们是不会让步的，我数三个数，要是你再不同意的话，我就杀了奥马尔。”

“一。”皮斯特的食指已经放在扳机上，侧面的方钢意识到情况有异。皮斯特数到“二”的时候，迅速朝奥马尔开枪，就在皮斯特扣动扳机的前一刻，方钢迅速扑向了奥马尔，子弹打中了方钢的前胸。

李小晖顿时懵了，脑子里一片空白，陈晓琪和吕鹏也惊呆了。

她扑到方钢身边，喊道：“方钢，你醒醒！你不能死！”李小晖一边哭着，一边使劲捶打着方钢。

“拖走！”

几个恐怖分子推开了李小晖，把方钢拖到飞机仓库。方钢被扔到了几个死去的空乘人员身边。

“十分钟的时间，如果A队还没有消息的话事情就更难办了。”眼下的局势越来越紧张，纵使经历过各种惊天大案的沈林也有些着急。

五分钟后，飞机开始偏离航线倾斜飞行，机舱内乘客顿时惊慌不已。

“什么情况？”皮斯特大惊。

片刻后，飞行员冲了出来。

“发动机出现了故障，必须马上迫降。”

拉布杜凑了过来，说：“你的目标是救琼汉斯，如果飞机坠毁，中国政府一定不会释放她，不如先降下来跟他们谈谈。”

飞机偏离航向不是因为子弹打中了飞机部件，而是来自方钢的助攻。

恐怖分子离开仓库后，方钢缓缓地起身，取下了身上的弹头，他穿着特制的防弹衣。特战队有特殊的训练，就是替目标挡子弹，通过不断对角度和空间的训练，能让子弹射到特定区域，不过在实战中这还是方钢第一次用到。

“指挥长，A队发来信号。”通讯员汇报道。

“接过来。”

“总部呼叫 A 队，总部呼叫 A 队！”

“A 队收到。”方钢回答。

“汇报你的情况。”

“我已经找到了电子舱。”

“很好，给他们制造点麻烦，迫使他们降落。”

“明白。”

方钢收起暗藏的迷你通讯器，打开了电子舱的信号源，一番操作后拔掉了飞机右翼的连接线，重新调节了操作系统，飞机这才偏离了航向。

皮斯特接通了与沈林的电话，说：“我警告你，别想跟我使什么手段，实话告诉你，飞机上有炸弹，如果你想玩阴的，我立刻炸掉飞机。”

皮斯特愤怒地挂掉了电话，沈林迅速对通讯员说：“查找最近的机场，联络他们引导飞机降落。”

“是。”

“总部呼叫 A 队，总部呼叫 A 队。”

“A 队收到。”

“机上有炸弹，必须立刻拆除。”

“是！”

方钢擦了一把头上的冷汗，看向面前杂乱的运输舱。

二

长山机场的监控中心内，王主任双眼紧紧盯着显示屏，上面显示着机场的每个角落画面，飞机起飞和降落正有条不紊地进行着。

“王主任，特战旅发来了紧急通话请求。”一名接线员对王主任说道。

“特战旅？接进来。”

“您好，我是西部战区某部特战旅旅长沈林，一架被恐怖分子劫持的飞机会在十五分钟后紧急降落到长山机场，情况紧急，希望你们做好对接工作。”

“好的，我们一定配合行动。”

特战队的冲锋车继续往前开，到了一块边界线的石碑处，二十多个恐怖分子和十个黑寡妇已经在此等候。

此处的地形平坦空旷，很难找到合适的埋伏位置，赵敏之前的安排也就没有派上用场。

“呼叫刘兴，恐怖分子已经出现，汇报你们的情况。”

“预定的狙击位置离目标太远，我们正在前往新的位置。”刘兴和队友正在奔跑着。

队友一直在平板上搜索着，说：“刘兴，赶快确定位置。”

刘兴接过平板看了看，说：“就这个地方吧。”

“报告赵队长，我们找到了隐蔽位置，五分钟可以到达。”

赵敏和队友下了车，把琼汉斯押了下来，朝恐怖分子走去。

“老大，特战队已经把琼汉斯押过来了。”边界处的恐怖分子汇报。

“东西都准备好了吧？”皮斯特在飞机上问答。

“放心。”

赵敏带队已经走到恐怖分子五十米处。

“大家待会儿机灵点，这个临时的交易地点肯定不是皮斯特突然想到的，他在这里很可能有埋伏。”

“明白！”

“头儿，交易地点怎么突然变了，那我之前做的准备岂不是白费了？”拉布杜对皮斯特说道。

“你做得很好，我只是做了两手准备。”

皮斯特装作不在意地看了一眼拉布杜。

“不到最后一刻千万不能掉以轻心，要想和特战队斗，就得牵着他们的鼻子走。”

“老大，人不见了。”一个手下急匆匆冲进机舱，对皮斯特说道。

“谁不见了。”

“刚才被打死的那个特战队。”

“妈的，差点被他给骗了。把那三个特战队都带过来。”

片刻后，李小晖等三人被带到了皮斯特面前。

“好啊，在我面前演双簧！你不去当演员可惜了。说，方钢躲到哪儿去了？”

“啊？”李小晖吃了一惊，扭头看吕鹏和陈晓琪的时候，他们并没有表现得很惊讶，李小晖这才意识到只有自己被蒙在鼓里。

“他能躲到哪去啊？肯定还在飞机上呗。”

皮斯特用枪顶着李小晖的头，说：“妈的，要是我把你杀了，你说他会不会出来？”

“你搞错了，我们是死对头，你杀了我也没用。”

“我倒想试试。”

“方队长有手有脚的，我们怎么知道他在哪？”陈晓琪说道。

“飞机上噪音这么大，你杀了她，方队长也听不到。”吕鹏说道。

李小晖紧紧地闭着眼，这已经是皮斯特第二次要杀他。第一次被方钢所救，这次却是被他所连累，难道说，出来混真的迟早都要还吗？

皮斯特刚准备扣动扳机，沈林的来电响起。

李小晖几乎以为自己要死了，谁知皮斯特沉思了片刻，接起电话：“沈旅长，你的电话来得真是时候啊。”

“我要和你谈一谈飞机降落之后释放人质的事儿，我希望飞机降落后，你们先放了老人、妇女和小孩。”

“少绕圈子，方钢假死潜伏到电子舱，让飞机发生故障，你一直在耍我！”

“只要飞机安全降落，你依然可以达到目的。”

“你以为我会信你吗？现在你的三个手下都在我这里，你要是不让另外一个出现，我立刻毙了他们。”

“你要是敢动手，琼汉斯就死定了，你也跑不了！”

皮斯特紧咬着牙，眼角不停地抽动着，牙齿缝里挤出一句话。

“那就马上放了琼汉斯，立刻！”

三

“B 队，释放琼汉斯。”边境处，赵敏收到了沈林的电话。

赵敏一挥手，队员解开了琼汉斯的手铐和脚铐。琼汉斯朝对面走了过去，十几个黑寡妇迎面走了过来。

刘兴藏到山丘处，迅速架起狙击枪，调整好姿势瞄准了琼汉斯。

“射程一千三百米，风速四分之三强，偏右一分。”刘兴的观察员用望远镜盯着琼汉斯，对刘兴汇报道。

刘兴说：“报告，狙击手已经就位，随时可以射击。”

“待命。”

黑寡妇遇到琼汉斯时，迅速给她披上了同样的衣服。

“B 队，是否执行射击。”

“再等等。”

琼汉斯混入黑寡妇组织，朝恐怖分子阵营走去，黑寡妇在行进过程中迅速改变队形，刘兴失去了琼汉斯的位置。对面的恐怖分子为了掩护琼汉斯开始朝特战队方向进行射击，赵敏等人迅速隐蔽。

“指挥长，琼汉斯已经逃回恐怖分子的阵营，即将上车离开，请求开火！”

“同意开火！”

刘兴快速朝越野车射了几枪，一枪射中了越野车的油箱，接着就是一声巨响，车子在巨大的火光中爆炸了。

几个黑寡妇冲下车，与其他存活的几个恐怖分子不断朝前狂奔。刘兴接连射了几枪，跑在最后的几个恐怖分子应声倒地，只剩下几个黑寡妇。

“报告，有三个目标已经脱离了射击范围。”

“知道了。”坐在冲锋车里追击的赵敏回答道，“加快速度，别让琼汉斯跑了。”

琼汉斯逃过了一劫，她回头看了一眼，特战队的冲锋车已到距离两百米处。

“他们走到位置了。”恐怖分子对琼汉斯汇报。

“放烟花吧。”

恐怖分子按响了手中的遥控器，接着就是几声巨响。冲锋车队周围接连发生了爆炸，一辆冲锋车被炸毁，一辆冒着浓烟，赵敏所在车辆被掀翻在地。

恐怖分子又按下了一个键，刘兴和队友周围的炸弹迅速爆炸，两人还来不及躲避，山丘上已经冒出了几股烟尘。

琼汉斯处，恐怖分子驾驶着汽车迎面赶来接应。

赵敏敲开了玻璃，挣扎着爬出冲锋车，另外几个幸存的队员也不同程度受了伤。

“赶紧抢救其他人。”

“我已经顺利回到阿富汗境内，特战队这次损失惨重，接下来就看你的了。”琼汉斯在DTS的车上喝着啤酒，用电话对皮斯特说道。

“那就好。”

“机场已经帮你协调好了，随时可以降落。”

“机场？什么机场？”

“你什么意思？琼汉斯已经回到阿富汗，按照协议，你必须释放人质。”

“我改主意了，我们需要一次伟大的祭祀来告慰圣战以来牺牲的战士，这些人质是最好的祭品！”

皮斯特挂掉了电话，对飞行员说：“调头，把飞机对准一座山，撞上去，这是你为圣战献身的机会。”

“是。”飞行员坚决地说道。

拉布杜闻讯冲了过来：“老大，那人质怎么办？”

“你这么有同情心，干吗不加入特战队？圣战需要的是牺牲！”皮斯特用手指戳了戳拉布杜的胸口，“这是一次伟大的祭祀！”

皮斯特斜睨了一眼机舱方向。

“你，去把那几个特战队杀了。”

拉布杜把枪上了膛，朝特战队走了过去，把枪口对准了吕鹏。死神的步伐一下一下敲击在旁边李小晖的心脏上，她却无能为力，只能心里祈祷着不要发生。

拉布杜扣动了扳机，吕鹏胸部中弹当场昏死过去。李小晖大叫一声，瞅准机会迅速蹿上去抱住了拉布杜，陈晓琪眼疾手快反手夺下了拉布杜的枪，射中了拉布杜的腹部。几个恐怖分子听到声响，迅速冲了过来，陈晓琪和李小晖朝仓库方向跑去。

恐怖分子不断朝李小晖方向射击，陈晓琪在挡板处隐藏着。“舱里有炸弹，我来应付他们，你去帮方队长。”

皮斯特走到了奥马尔面前，说：“奥马尔先生，感谢你的帮忙！”

“就算你杀了我，还有千千万万个阿富汗民众，他们不会放过你的。”

“下辈子见吧！”

皮斯特按下了手中定时炸弹的遥控器。

四

李小晖在仓库中小心翼翼前行着，正走过一个拐角的时候，突然一只手从后面伸出来勒住她的脖子。李小晖想到了方钢平时教过她的几招军体拳，正准备使用反手暴摔时，却发现自己的力气根本拽不动后面的男子。

恐怖分子使劲地勒着李小晖，情急之下，李小晖一个马踢腿，正中恐怖分子裆部。

“哎呀！”

恐怖分子捂住裆部，李小晖机敏地去抢恐怖分子的手枪，但争斗中手枪弹到了地上。还没等李小晖转过身，对方已一脚将她踢倒在地。

李小晖头部着地，只觉得一阵眩晕，恍恍惚惚中看到了风机口处几个红绿相间的指示灯。

“妈的，我废了你！”恐怖分子一脚朝李小晖踢来。李小晖蹿出去躲开，拿起手枪朝恐怖分子胸口开了一枪。

“砰！”子弹正中对方的额头，恐怖分子应声倒地。李小晖不可思议地看了看冒烟的枪口。

方钢拿着枪走了过来，他的枪口也在冒着烟。李小晖脸红了一下，知道刚才不是自己枪法神准，而是方钢救了她。

“你没事吧？”

方钢伸出手想拉李小晖起来，她没有接，反而一转身趴在地上指着通风口。

“刚才发现了一个东西。”

李小晖爬到了风机口，挪开杂物看到了有红绿指示灯的装置，这才发现是一个炸弹，时间还剩三分多钟。

“你找了半天，还不如我几十秒。”李小晖得意地说道。

“这应该就是第二个炸弹。”方钢说道。

“第二个？”

“我在电子舱里找到了一颗，这个起爆装置很奇怪，如果我没猜错的话，这应该就是传说中的双子锁起爆装置，所以我们必须同时拆除两个炸弹。”

“如果只拆除一个呢。”

“两个都会炸。”

“如果拆错了呢？”

“当然也是两个都会爆炸了！”

“啊，那怎么办？”

“我回去电子舱，你听我的命令，我数到三，咱们同时剪断红线。”

“啊？我不会拆弹的！”

“剪刀会用吗？”

“会！”

“红线蓝线会分清吗？”

“会！”

“那不就行了，直接把红线剪了，小学生都会！”

“你……”

方钢回到了电子舱，走到了母炸弹旁边。

“准备好了没有。”方钢对衣领处的话筒说道。

“好了。”李小晖拿着剪刀的手抖动着，额角流着虚汗。

“一、二！”方钢的剪刀扣着红线，“三……”

“慢着。”方钢的“三”还没有说完，李小晖迅速抢话，方钢及时收手，幸亏没剪断红线。

“你到底什么情况？”方钢呵斥道。

“对不起啊，队长，我刚才太紧张了。”

方刚强吸一口气，说：“不要想太多，想得越多就越紧张，放松点。”

“我也不想这样啊，这不是第一次拆炸弹嘛。”

方钢调整了情绪，说：“那这样吧，你来数数。”

“那准备好了，一、二！”李小晖这回斩钉截铁地说。

“三！”两人同时剪下了红线，接着呆呆地看着炸弹的数字屏，一分三十秒的数字停住了。几秒钟后，数字屏熄灭了，炸弹也没有爆炸。

“这是拆弹成功了吗？”

“对啊！”

“Yeah!”

方钢摇了摇头，没有理会李小晖。

“报告指挥长，炸弹已成功拆除。”方钢汇报。

“驾驶舱舱门被锁死，无法进入，你赶快去支援。”

“收到。”

五

方钢和李小晖走进机舱，突然两声枪响，方钢的手臂中弹。

“方队长，你果然还没死。”皮斯特背着降落伞，在后舱门处说道。

“我不会比你先死的，还有，你的子母炸弹已经被我拆除了。”

皮斯特眉头一皱，接着狂笑几声，说：“就算拆了又能怎么样？我给你准备的大礼还在后头。”

皮斯特举枪又对方钢射击，方钢抱住李小晖朝一侧的座位处卧倒。而皮斯特的枪一发未中之后也没子弹了。方钢和李小晖爬起来后，发现皮斯特已经跳下了万丈高空。

“别管他了，快去驾驶室。”

方钢把从仓库带来的炸弹安装到了驾驶室的门上，退后几步后朝炸弹开了一枪，舱门轰然打开。飞行员闻声后迅速掏枪准备射击，方钢立刻开枪将其击毙，接着迅速坐上了驾驶室。

“呼叫总部，我们已经进入驾驶室。”

“好的，我让长山机场的王主任也参与指挥。”

王主任连接上了信号，对着对讲机说道：“方队长，以飞机现在的飞行速度，飞机将在十分钟后撞击耳苍山坠毁，需要马上减速调头。”

“我知道，但是油表显示燃料已经快被排空了，现在来不及飞去机场了，附近有可以迫降的地方吗？”

指挥室顿时一则慌乱，查探一番后，王主任无奈地说道：“没有，周围只有高山丛林，还有就是观镜湖了。”

方钢沉思片刻，说：“观镜湖？我请求把飞机降落到观镜湖上。”

他身后的李小晖瞪大了眼睛。

“王主任，有没有这种可能？”沈林问道。

“危险很大，不过眼下也没有其他办法了，只能冒险一试。”

沈林说：“那好，同意降落。”

王主任说：“飞机高度不够，需要立即调整姿态。”

方钢伸手去拉操纵杆，但手臂突然一阵剧痛，没能拉动。方钢忍着剧痛，继续伸手去拉，但还是使不上劲。

李小晖毫不犹豫伸出手去，和方钢一起拉动了操纵杆，飞机在云层中迅速改变航向，接着朝观镜湖飞去。

机舱里的乘客顿时从一侧撞到另一侧，各种尖叫声不绝于耳，祈祷的、痛苦的，场面混乱不堪。

“大家好，我是反恐特战队的方钢，现在飞机已经被控制，大家是安全的，请不要惊慌。请大家系好安全带，我们会设法在观镜湖上降落。”

飞机上乘客的惊呼此起彼伏。

“现在飞机已经无法返航，在观镜湖上降落是我们唯一的选择。”

哭叫声消失了，转而是一阵阵无奈的叹息。

“请大家保持镇定，特战队已经和当地救援队紧急赶往观镜湖，对大家进行紧急救援，我们不会放弃任何一个人。”

乘客们顿时鸦雀无声，没有了尖叫，也没有了骂声，似乎都在祈祷着命运的垂青。

“塔台呼叫方队长，飞机高度过低，必须控制姿态，才能勉强抵达观镜湖。”

李小晖在方钢的指挥下，操作了空气刹车和机轮刹车，飞机再一次稳住姿态。

驾驶舱的仪表盘上，指针都开始往左降落。

“一号发动机熄火……两侧发动机都已经熄火。”方钢汇报着，伸过左手重新起火，但飞机还是没有动静。

不断有鸟群撞击到飞机，飞机处在强烈的震动中。

“可以尝试启动辅助动力系统。”王主任说道。

李小晖在王主任的指挥下，按下了右上方的按钮，没有动静。

“推力手柄，确认空转。”方钢继续汇报着驾驶室内情况，“紧急电力、紧急发电机没有接上。”

“障碍物，障碍物！……高度过低，请拉高，拉高！”飞机语音系统的提示音不断响起。

方钢拿起话筒，对机舱内乘客说道：“各位乘客，我是方钢，请大家做好紧急撞击准备。”方钢和李小晖也加紧了安全带。

方钢说：“速度 100 公里，高度 3000 米。”

F33 已经进入超低空飞行，飞机越来越低，眼看观镜湖就在前方几公里处，但从驾驶舱的视角看去，飞机可能飞不到观镜湖就坠毁。

王主任说：“高度过低，必须再做一次爬升。”

“飞机已经彻底失去了动力。”

“再启动紧急动力辅助系统试一下。”

李小晖又一次按下了辅助动力系统，飞机产生了短暂的动力。

“赶快把机头拔高！”

李小晖使劲地操作着控制杆，但飞机刚产生短暂动力又熄火了。但也正因为这短暂的操作，飞机爬升了一段高度，继续往前飞。

“100 英尺，50 英尺，30 英尺……”

飞机开始撞击到树梢的顶端，机身强烈地震动着。

飞机终于越过了陆地，朝观镜湖飞去。

漫天的水花激荡着，飞机重重地撞击在了湖面上，飞机靠着惯性继续飞行了一公里后，漂浮在了湖面上。

“迅速抢救伤员，组织人员撤离飞机，清理现场，甄别审查。”

“是！”沈林一声令下，各部门开始了紧张的救援工作。

特战队和各路救援人力迅速开着快艇，朝飞机行进。航管单位，渡轮组员，潜水警察，超过一千多名一线救援人员加入营救。

六

李小晖坐在岸边，正用毛巾擦着头发，几个特战队员抬着奥马尔和内阁大臣的尸体走了过来，李小晖见状赶紧跑了过去。

“等一等！”

奥马尔的尸体已经泛白，李小晖伸手给他合上了眼睛。奥马尔是一个坚毅的政客，也是一个顾家的男人，或许他临死还在惦记着自己的家人，李小晖不禁感觉有些愧疚。

李小晖和方钢对视了一眼，两人不约而同地转身，看向了飞机坠毁的湖面。

救援快要结束，在飞机坠湖事故中，没有一人伤亡。在短短二十三分钟内，超过一千多名救援人员救下了飞机上的一百二十三名乘客。

“队长，你说咱们这次行动算成功吗？”

“成功？你脑子在想什么呢？”方钢愧疚地说：“阿富汗部长和大臣被杀，琼汉斯逃逸，这是一次彻彻底底的失败行动。”

“至少这些人质被救下了。”

“你还真会安慰自己！”方钢叹了口气，“DTS经过这次行动，达成的目标已经远远超过了他们预期，以后只会更加的猖獗，接纳全球各地的恐怖分子，越来越不好对付了！”

第八章　爱恨，扑朔迷离

一

皮斯特了解琼汉斯的过去后，顿时有了一种同病相怜的感觉，用中国人的话说就是“同是天涯沦落人”。琼汉斯眼见着父亲的地盘被哈里霸占却又无可奈何，还得俯首帖耳听从哈里的命令，皮斯特又何尝没有这样类似的遭遇。

皮斯特的外祖父是国民党高官，后来逃到台湾。在八十年代大陆改革开放后，母亲李香卿以新加坡商人的身份来到大陆，同时带着秘密任务，刺探大陆情报，但任务失败，台湾也回不去了，外祖父也受到连累。李香卿逃离到 M 国，在朋友的引荐下加入国外最大的反华势力组织 PT 集团。

在历史上，这个神秘的组织曾多次破坏中国新疆的建设。M 国资助他们充裕的资金，渗透于全球的各种经济体系中，一直是最有神秘气息的恐怖组织。

李香卿在组织里结识了迈克 · 皮斯特，当时 PT 集团的首领，也就是她后来的丈夫。迈克是阿富汗人，一直致力于推翻哈里的统治，同时按照组织的要求在北疆制造混乱。不过，他们都没等到哈里被推翻的那一天，倒是在北疆的一次行动中被中国特战队员李建国击毙。十五岁的皮斯特从此成了孤儿，看着父母的遗体，他发誓要让李建国血债血偿。终于，皮斯特五年后如愿以偿，设下圈套引诱特战队上当，亲手杀了李建国。从此，他在 PT 集团获得了认可。皮斯特一年前当选首领，他的父母为集团立下了汗马功劳，他不甘心，立誓要成为五大长老之一。如今长老罗伯特对他器重有加，他越发觉得胜利在望。

皮斯特听从罗伯特的建议，潜伏在 DTS，成为恐怖分子哈里的手下，帮助哈里统一了阿富汗的毒品市场，但换来的却是哈里的不断猜忌。同时，他还要面对PT集团各路人马的虎视眈眈，这种身处黑暗中的挣扎痛苦，只有琼汉斯能够理解。

皮斯特想着往事，已经走到了丛林边界。他取出一个哨子，吹响了DTS的联络暗号，按照原定计划，会有人在此处接应。

片刻后，一阵急切的脚步声朝皮斯特靠近，步伐整齐统一，训练有素。皮斯特意识到，这不是DTS恐怖分子，行动已经暴露，几个手下恐怕凶多吉少。

“举起手来！”一个特战队员叫道。

皮斯特举起了手，缓缓转过身去，五个画着丛林妆的特战队员荷枪实弹地对着他。

特战队员朝皮斯特凑了过来，不过刚走几步脚下就碰到了绊雷，皮斯特迅速卧倒。轰隆一声，皮斯特趁乱拔枪，这才想起来子弹早就在飞机上用光了。

两个特战队员迅速朝皮斯特围了上来，皮斯塞特心想这回恐怕是在劫难逃。突然之间，暗处的两声枪响后，两个特战队员应声倒地。

提前埋伏的绊雷，此处的暗枪，皮斯特想不到此处会有谁在帮他。

片刻后，一个人影从树后走了出来，他蒙着面纱，但皮斯特已经意识到他是谁。

“长老，怎么是你？”

“你撤离的时候，原本不会引起别人的注意，但你意气用事想趁机杀掉方钢和李小晖，这才导致他们知道你的降落时间，找到这个地方不是什么难事。”

“我知道了。”

“你的那几个手下我会去处理，哈里不会知道我们见过面。”

“谢谢长老。”

“你先别急着回阿富汗，哈里来北疆了。”

“他怎么会来？”

“他原本就不信任你，几天前只是知道他有集团的其他任务，连我也不知详情。”

皮斯特半晌没有说话，眼下他在 DTS 的处境越发艰难，不能再坐以待毙任人宰割了。

“长老，我觉得是时候了！”

“你确定可以搞定吗？”

“我想试试！”

又一个恐怖计划开始了……

二

阿富汗总统意识到反恐斗争形势刻不容缓，乘坐专机前往中国，双方正式签订了国际联合反恐协议。

阿富汗和中国一起发布了联合公报，痛斥了 DTS 的恐怖行为，两国进行了反恐领域的深度合作。为了打击 DTS，总统赋予中国特战队可以随时进入阿富汗追击恐怖分子的权限。

李小晖放假回到家，整个人就跟蔫了一样，一觉睡到第二天中午。直到一阵烦人的电话声将她吵醒。

“找我有什么事儿吗？”

“晚上我过生日，蓝郁酒吧七点，穿漂亮点。”

“我在特战队，哪有时间参加这种聚会。”

“我信你个鬼，你昨天就放假了。”

“你听谁说的？”

“还要听谁说啊，你不知道这个世界上有种东西叫朋友圈吗？”

昨天还没离开宿舍，李小晖就发了一条朋友圈，想趁着休假舒缓一下低迷的情绪，没想到忘记屏蔽张春了。

李小晖挂了电话，又开始梦起了周公，但还没享受几秒，就是一阵猛烈的敲门声。

“啊！”李小晖顿时朝天大吼，“你听谁瞎说的，没有的事儿。”

门外的老妈追问李小晖和方钢之间的事情，一下子让她头大起来。

“那你现在这么大反应干吗？”

“这，那个，不是……”

“不是啥啊，喜欢就喜欢呗，方钢这小伙子不是挺好的吗？”姜还是老的辣，为了逼自己找男朋友，老妈简直无所不用其极，让李小晖头皮直发麻。

三

昨天是放假的头一天，李小晖就去医院看望了方钢，他胸部和手臂上都中了枪伤，浑身裹满了绷带。

李小晖一见到方钢就笑了出来，“方大队长，都快成木乃伊了。”

“怎么，幸灾乐祸啊！”

“你说，DTS 接下来会不会还有行动？”李小晖问道。

“放假了，还是好好休息吧，毛主席教育我们，要劳逸结合。”

“哦！”李小晖假装不经意地，瞟了一眼方钢的身体，“你身上怎么这么多伤疤，受过很多伤吧！”

“已经算少的。”方钢指着腹部，“你看这个，是被一个精神失常的妇女捅的，那次是我大意了。”

“可怜的腹肌啊。”

方钢拉了拉裤子，示意人鱼线处，说：“这是在国外参加撤侨任务被叛军射伤的，还有大腿上！”方钢说着又准备拉裤子。

“好了好了，已经够多了！”

李小晖怎么也没有想到，这一幕居然被躲在门口的母亲看到。

“所以说，你老早就到病房了？”李小晖对母亲问道。

“就和你前后脚，我听说你们在劫机事件中出了事儿，专门跑到特战队去看你，问了你的同事才找到医院的！”

“妈，我希望你能够明白，我和方钢只是战友之间的纯洁友情。”

“纯洁的友情也可以是爱情的基础啊。”

“我对方钢真的没什么感觉。”

“不是人家对你没感觉吧？”

“妈！”

“女追男隔层纱，小晖，你要多争取争取啊。”李母说着，满眼希冀地望着李小晖，一时间让她说不出话来了。

晚上六点多，李小晖来到了蓝郁酒吧。

这家酒吧环境优雅，装修古典，是约会的好场所，以往张春过生日都会去重金属酒吧，李小晖受不了嘈杂的喧嚣声，每次都是提前离场，看来张春转性了。

张春果然叫来了几个李小晖要好的大学同学，离开学校大家都变了很多，有的当了特警，有的考了公务员，有的离开了本行去做生意，大学的一个舍友刚毕业就结了婚，现在已在老家养胎。

“小晖，还是你最有出息，前两天我还在新闻里见到你呢，做特战队员很光荣吧？”一个女同学问道。

“哪有，我其实就是个战地记者，都是沾别人的光。”

“我们家小晖啊，在哪都是最闪亮的星！”张春说道。

“什么叫你家小晖？人家嫁给你了吗？”一个同学呛道。

“那是早晚的事儿。”

众人一阵寒暄后，大家开始喝酒庆祝。

一个跟班凑到张春的耳边，私语了几句。

“今天我没空，让他改天再来。”

“他已经在里面等着了，要不，您还是去打个招呼吧。”

“烦死了！”张春起身，对众人道，“大家吃好喝好啊，我去上个厕所。”

张春说完，和跟班离开。

“果然是生意人啊，过生日都不放弃赚钱的机会。”一个刚才坐在张春旁边的同学说道。

“别瞎说，弄不好人家真的是上厕所。”

“什么瞎说，我都听见了，是个国外的商人想和他合作，好像是叫哈瑞，还是拉里的。”

“该不会是哈里吧？”李小晖开玩笑道。

“对对对，就是哈里！”

李小晖顿时紧张起来，不知道此哈里是不是彼哈里。

同学们有一搭没一搭地尬聊着，李小晖听得晕头转向，找个借口出去透气。

“我是个合法的生意人，就算是再缺钱，也不会做这种掉脑袋的事情。”酒吧包间内，张春对着对面的一个络腮胡的中东人说道。

“我们给的价钱是你没法拒绝的。”络腮胡用普什图语说道，旁边的翻译解释给张春听。

“麻烦你翻译给他听，在中国有句老话，瘦死的骆驼比马大，我们张家虽不是什么名门望族，但在省里的富豪榜上都是排的上号的，我们不屑于做这种下三烂的勾当，我没有什么不敬的意思啊，反正就是怎么个意思。”张春对翻译说道。

“哦，太可惜了。”络腮胡无奈道。

“我还约了人，就不奉陪了，你们想喝什么随便点，算到我的账上。”

李小晖不经意间看到张春和络腮胡走出包间，迅速跟了上去。

李小晖走到包间转角的时候，络腮胡和张春突然失去了踪影。

“喂，干吗呢！”张春从李小晖后面突然蹿出来，吓了李小晖一跳。

“开这种玩笑不幼稚吗？”李小晖白了张春一眼。

“用得着生这么大气吗？”

李小晖把头扭到一边，不言语。

“好好好，是我错了，看在我今天是寿星的份上，给个面子吧。”

张春摇了摇李小晖的手臂，李小晖余怒未消。

“刚才那个人是谁？”

“哪个？”

“就是那个络腮胡！”

“就是一个客户，想找我做生意。”

“做生意，什么生意？”

“哟，怎么突然关心起我来了。”张春又恢复了吊儿郎当的模样。

“赶快回答我的问题！”

“好好好，是个阿富汗的掮客，想找我弄点雷管和炸药。”

李小晖顿时惊呆了下巴，瞬间暴走，说：“张春，你怎么搞的！这种生意你也做啊，你也不用脑子想想，炸药是管制物品，要炸药的会是什么人，他们想干吗，你是想钱想疯了吧。”

“所以我拒绝了啊！”

“在你的眼中我就是那种投机倒把，为了利益不择手段的人吗？”张春也顿时火大了，呵斥着李小晖。从他们认识的那一天起，张春从来没有用这种口气和李小晖说过话。

“不对，你要是奉公守法，怎么会有人找你买炸药。”

张春不言语，似乎也懒得和李小晖说话。

“你说啊你！要不然我就公事公办了！”

“好好好，怕了你了！上个星期，我和几个朋友在酒吧喝酒，我说最近弄了几把枪，准心特别好，只要我想，就算是手榴弹和炸药都能弄到。”

“所以呢？”

“我当时是喝大了，随便瞎吹，没想到就有人当真了，这个络腮胡刚好想买炸药，就找到我了。”

“就算炸药的事儿你是胡乱吹牛，那枪的事儿呢，那也是犯法的，你从哪搞来的，赶紧交出来。”

李小晖伸出手，张春伸手打掉了她的手。“大姐，我有M国绿卡，而且有持枪证的啊。我又没跟他们说我是在国内买，在国内玩，谁让他们这样以为的！至少我没骗他们！”

张春把头扭到一边，模仿李小晖刚才对他的神色对待李小晖。

“你！……你！你就不能一口气说完吗？”

张春急了，说：“谁让你不相信我，再说，你是特战队的，我怎么敢在你眼皮子底下犯法啊，一点常识都没有，亏你还在特战队待了几个月。”

李小晖这才意识到自己理亏，也许真的是在特战队待的时间长了，她都有些神经过敏。“好吧，刚才是我误会你了，我给你道歉，但是你必须告诉我刚才那个人是谁，他肯定在策划什么阴谋。”

“别人都叫他阿马尔，我也是第一次见。”

“那你帮我盯着阿马尔，有什么奇怪的事情第一时间告诉我。”李小晖本想多问两句，但转念一想，还是不让张春知道太多比较好。

四

酒吧的门口处，廖洁儿留着披肩的长发，化着淡妆，穿着一件白色的格子大衣，在服务员的引导下，朝酒吧的一个卡座走去，相亲的人早已在此等候。

“等很久了吧。”

“我也刚到。喝点什么？”

“都行。”

“那就两杯奶昔吧。”

服务员拿走菜单离开。

“不好意思啊，这个点周围像样的餐厅都约满了，就只有这家环境不错，还麻烦你专门跑过来。”

“没事儿。”

两人互相看着对方，不禁“扑哧”一笑。“真没想到，我们会以这样的方式重逢。”廖洁儿感慨道。

“对啊，我一直以为你在国外，要不是王阿姨给我看你的照片，我都快认不出你来了。”

“哪有，我就刚毕业的时候去英国深造了一年，后来就回国发展了，是你平时都不关注我。”廖洁儿有些撒娇地说道。

“不好意思啊，因为平时工作比较忙。”

“我不知道你受了伤，要不然应该去看你的。”

“没事儿，就是点皮外伤，好得差不多了吧。”

廖洁儿学的是服装设计，留学归来后顺利进入一家国内一流的服装公司工作，因为出众的能力在国内外屡获大奖，现在已成为分公司的合伙人。然而一直忙于工作的她，在感情上却一片空白，周围不是油腔滑调的浪荡子，就是不学无术的富二代，这些她一个都看不上。二十五六的她风华正茂，一直拒绝父母安排的各种相亲和联谊，直到他看到眼前男人的照片，埋藏的情愫又一次被点燃。

他们是在大学的一次联谊上认识的，廖洁儿一直暗恋着他，几次想要表白都退缩了，后来好不容易鼓足了勇气，约在咖啡厅见面，但他却因为队友在训练中受伤没有赶来，总之就是天不遂人愿。

大学毕业后，他进入部队，廖洁儿听说他和队友恋爱了，一气之下就出了国，不再去想他，刻意回避关于他的一切消息。直到前段时间才在一次同学聚会上听说他的女友在一次任务中牺牲了，廖洁儿想送上自己的安慰，但一番查探后都没有找到对方的线索。部队的管制比较严格，他也渐渐地和外界失去了联系。直到王阿姨给廖洁儿看到他的照片，让她激动得彻夜难眠，也许是上天给了她第二次机会，廖洁儿告诉自己，这一次无论如何都不会再放弃。

“其实，我一直都很喜欢你。”

在感情中有个普遍法则，谁先表白就输在起跑线上了，但廖洁儿就怕再一次错过，既然两人是在这么一个相亲的场合见面的，那么他最近应该也会和别人相亲，廖洁儿必须把自己的底牌全部亮出来，她也彻底想明白了，与其像以前一样唯唯诺诺错过机会，不如放手一搏。

廖洁儿一口气说出了她一直藏在心里的情愫，听得对方目瞪口呆。

“不好意思，是我太木讷了，害你伤心这么久。”

“不是你的问题，是我以前没有勇气。”

“我的情况你也都了解了，那要不……”他忐忑地说道，“咱们……”

“方钢，你怎么在这？”

一个熟悉的声音突然炸响，他回过头一看，是李小晖。

“那你怎么在这儿？”

“我先问你的，你不是刚做完手术吗？不好好在医院养伤，跑这里鬼混来了！”

“鬼混？我们是同学，就约在这里见个面，你想什么呢！倒是你，一个女孩子家家的，不也来这儿吗？”方钢反问。

气氛顿时尴尬万分，张春出来打圆场，说：“看来大家都是认识的，那我就先自我介绍一下，我叫张春，是李小晖的男朋友！”

“我叫方钢，是李小晖的战友。”这回惊讶的又轮到张春和廖洁儿了。

“我叫廖洁儿，是个服装设计师，和方钢很早之前就认识了，今天是因为相亲才又见到面的。”

李小晖这才又定睛看了看廖洁儿，她的整体气质和穿着打扮都胜了自己一筹。

“方钢，看来你们的感情很深啊！”李小晖说。

“你误会了，我们的关系不像你想象的那样。”廖洁儿好心解释。

“方钢是个好人，一直都是我在喜欢他。”廖洁儿也不知道怎么今天如此坦白，也许只是不想让方钢难堪。

看着方钢和廖洁儿一起离开的身影，李小晖总觉得心里有些不舒服，却又说不出是怎么了。

“小晖，我感觉你和方钢的关系不一般啊！”

“瞎说什么！我只是不想看到一朵鲜花插在牛粪上。”李小晖指着方钢和廖洁儿远去的背影，说：“你看他俩，多不搭啊！”

“明明很搭啊，郎才女貌。”

五

北疆矿山有限公司的仓库处，几个“工业重地，禁止入内”的红色大字印在围墙上，往上还架着两米多高的铁丝网。时间已过十二点，院子里静悄悄地，隐约传来几个人的喧嚣声。几辆黑色的车子趁着夜色，缓缓地开了过来。

“JQKA 四对，要不要？报双！”作为地主的小王，紧紧握着手里的两张牌，等待着最后一击。

“炸了！”小张出了四个二，顿时意气风发，“飞机带翅膀，要不要？”

“再来一炸，四个五！”小李说道。

“再来一炸！”小张又出了四个十。

“小王，今天裤衩都输掉了吧！哈哈哈！”

“嘿！”小王放下大小王，小张和小李顿时面色苍白，笑声也停止了。

“就等你们的炸弹呢，生怕你们不来，加上之前的两个，一共六个炸，六十四倍，给钱给钱！”

“你没拿王啊，我以为在你手上啊。”

“我还以为你拿着呢。”

“那你没王还放这么多炸弹干吗？不找死呢嘛！”

“你不也炸了嘛！”

小张和小李吵了起来，小王扬眉吐气地说：“快给钱，再来一局。”

“汪汪汪！”院子里传来几声突兀的犬吠。

“旺财是怎么了，你们晚上喂的是什么？”小王问道。

“就一些剩菜剩饭呗！你去看看！”小李对小王问道。

“凭什么是我，你干吗不去。”

“唧唧唧！”旺财又传来了几声尖利的呜呜，接着就没有声响，三人这才意识到情况不对。

“这么晚了，应该不会出什么问题吧！”

“还是去看看吧，毕竟仓库里装的是炸药，要是真出了什么三长两短，咱们三个小保安可吃不了兜着走！”

三人拿起了手电筒，小王率先出了门，朝四周照了照，没有人影，只在角落处看到了旺财的尸体，狗嘴里流着血。

“旺财！”爱狗之人小张抱着旺财哭了起来。

“妈的，谁干的，还有没有人性啊，一条狗都不放过！”小李顿时怒不可遏，只听见“砰”的一声，小李被打倒在地。接着，小王也被制伏。

一个穿着夹克衫的男子从小王身上取了钥匙，从里打开了门，十多个男子冲了进来，朝仓库走去。为首的是一个八字胡的男人，他带着手下朝仓库走去。

一行人打开了仓库的门，里面放着几十个大箱子，打开一看，都是些雷管。

八字胡走到一个一米多高的保险柜前，上面安装着密码锁。八字胡给了手下一个眼色，片刻后手下把小王和小张拖了进来。

“你们要干吗，这里都是炸药。”小王说道。

八字胡拔出了枪，对准了小张。

“别杀我，我家里还有老婆孩子！”

“砰”的一声，小张额头中弹倒地，一丝血雾飞溅到小王的脸上，小王顿时浑身打起了哆嗦。

“到底说不说？”

小王惊恐之余，告诉了八字胡密码，但最终也没能活命。

北疆矿山炸药库的劫案中，一共丢失了三千支雷管，一千三百公斤TNT炸药，两个看守小王和小张被杀害，小李下落不明。

警方认定这不是普通的刑事案件，便把案件移交给了特战旅。反恐指挥部立即启动了应急方案，队员休假取消，特战队进入应战和侦察工作。

第九章　炸药，烽火迷城

一

特战队的指挥室内，李小晖异常尴尬，因为方钢就坐在她的旁边，两个小时前他们还在酒吧龃龉，现在必须同仇敌忾一起战斗。经过这几个月的磨砺，她已经懂得要控制自己的情绪，但面对方钢的时候，李小晖总有些不是滋味。

沈林一脸冷峻，在大屏幕前回溯案情。“案发现场有三个看守，王某和张某当场殒命，李某下落不明，这也成了本案的一个疑点。李某原名李二勇，刚到矿山仓库工作三个月。李小晖，你有什么想说的！”沈林看到了举手的李小晖。

“指挥长，我让吕鹏黑了李二勇的微信和QQ，发现他经常在网上钓鱼，勾搭陌生女人骗钱骗色，我想这个人现在可能不是失踪，而是逃逸，也许就是他伙同恐怖分子抢走了炸药，李二勇有重大嫌疑。”

“有这种可能，继续说！”

“现在到底是谁抢走了炸药还不清楚，他们会用来干什么也不清楚，我想李二勇是重要线索，我们可以通过社交软件先取得他的信任，再挖出背后的恐怖分子！”

“分析的有道理，还有一个重要的线索，据可靠情报，此次行动是DTS在幕后指使，不过到底是什么组织抢走的炸药还不清楚，DTS正在幕后策划一个惊天阴谋！因此，我们要不惜一切代价，尽快找到失窃的炸药，把恐怖的威胁消灭在萌芽状态。”沈林说。

一听到“可靠情报”，李小晖不禁陷入沉思。每一次案情进入关键阶段，指挥长总是能够找到可靠情报，接着就是扭转局势，而这些都不是特战旅的侦察兵能够查到的线索，所以李小晖猜测 DTS 中肯定存在一个中方的卧底，一直和指挥长单线联系，每天都在上演无间道的生死谍战。她知道就算追问指挥长也不会有线索，不过却总是难掩自己的好奇心。

“李小晖！”

“在！”

“这件事儿你配合好方钢，务必迅速查到这个李二勇的下落！”

“是！”方钢迅速回答道，李小晖却呆坐在那发愣。

特战小组查找了李二勇最近的通讯记录，那些曾经被他骗过的女人都不知道他的下落，想来这也在预料之中。当地警方调查过李二勇的住址和老家，也没有查到有用线索，而且李二勇已经二十四小时没有使用社交软件和电话，特战队仅存的一丝线索也断了。

“他会不会已经被恐怖分子杀了？恐怖分子到达目的，为什么要留下他这个隐患。”陈晓琪问道。

“我看不见得，恐怖分子要想杀人灭口的话，在矿山仓库的时候是最好的时机，为什么要放他走呢！”方钢说道。

“会不会是在矿山已经杀了李二勇，再把他的尸体带走。”

“恐怖分子为什么要多此一举，引来警方的怀疑，而且现场并没有第三个受害者遇难的痕迹，你是悬疑片看多了吧！”

刘兴看着仓库内外拍摄的照片，说：“仓库的监控就在案发当天被损坏，唯一的可能就是李二勇做的，他既然串通恐怖分子抢劫炸药库，肯定会得到一笔不错的酬金，他会不会拿着钱跑了。”

方钢分析：“也不是没有这种可能！不过，我们把李二勇的信息发到了交通部，机场、火车站、长途客运站都实行了监控，他不可能逃走，就算逃走，也不可能一点线索都没有。”

“也许他压根就没有逃！”李小晖喃喃自语。

“何以见得？”

“他意识到事情败露，警方和特战队肯定会找上门来，有可能他只是找了个地方先藏起来了，想着等风声过了再想办法逃走。”李小晖认真地说道。

特战队又查询了李二勇的银行卡信息，发现他上个月接连五次刷爆了信用卡，一共二十多万。他为什么要这么大一笔钱？特战队存疑，又去到矿山仓库，一一查问和李二勇有接触的人。

据一个矿工介绍，李二勇一个多月前花钱大手大脚，但几天后就又开始找周围人借钱，李小晖越听越迷糊。

“他有说钱是哪里来的吗？”

“好像是买什么币赚的？”

众人听得一脸懵。“炒货币？”陈晓琪问道。

“从背景调查得到的信息来看，他不太可能具备操作这种金融投资的能力！”刘兴回答。

“会是比特币吗？”李小晖问道。

“对对对，就是这个币，他好像是找的什么代理。”

李小晖继续分析道：“那我们现在可以这样推算，李二勇在朋友的唆使下，刷了二十多万的信用卡去炒比特币，没想到被套住了，所以他特别需要一笔钱来偿还债务，就接受了恐怖分子的安排，在矿区做内应帮他们劫走炸药。”

“有道理，不过，这些信息对我们现在的侦破没什么实际作用，当务之急是找到他到底藏在哪？”方钢说道。

李小晖说道：“如果他还在城里的话，我们应该缩小排查范围，可以去一些娱乐场所找找看。”

“娱乐场所？”

“没错，像李二勇这种人，手上突然多了这么一笔钱，肯定是要花天酒地一番的！”

说到花天酒地，李小晖不自觉地想到张春，便打了个电话。

“喂，张春，有个事情想找你帮忙。”

“帮啥忙，你直接说，我愿意为你赴汤蹈火，鞍前马后！”

“少耍嘴皮子，你帮我在城里查一个人，信息我待会发给你，不过你要记住，此人是个危险分子，应该是在这一两天出入一些中低档的娱乐场所。”

“遵命！”

清晨的阳光透过窗前的薄纱，撒到洁白的床单上。琼汉斯感到一丝暖意，半梦半醒之际缓缓地翻了个身，皮斯特正躺在她的身边。皮斯特留着稀疏的胡子茬，因为多日的操劳，眼角有些发黑，不过这在琼汉斯的眼中却显得更加性感。回想昨晚的欢爱，琼汉斯还感觉意犹未尽，皮斯特给了她从未有过的满足，无论是身体的，还是心理的。

琼汉斯脱险后，又迅速潜回到了北疆，没有等到皮斯特，她断然不会一个人离开，要是以前的她，绝对不会为了一个男人做出这样冒险的决定，不过她觉得一切都是值得的，她也很庆幸终于等到了皮斯特。

皮斯特脱险后，第一时间来到了这家旅馆，琼汉斯早已在此等候，这是他们固定的幽会场所，每一次到北疆出任务都会在此小聚。老板是阿富汗人，皮斯特曾经救过他一命，并帮助买下了这家旅馆。老板人也机灵，开始帮着皮斯特打探一些消息，渐渐地，这里就成了皮斯特的一个固定情报站。

皮斯特一进门，琼汉斯就扑进他的怀里，两人紧紧地抱在一起，没有多余的话语。皮斯特捋了捋琼汉斯耳边的头发，接着就把她按到了墙上，贪婪地吮吸着琼汉斯丰满的嘴唇。皮斯特换气之时，仔细端详着琼汉斯，一滴热泪已经滑到了她的脸颊，而她也没有想好说什么，只是这样呆呆地看着皮斯特。皮斯特又朝琼汉斯亲吻上去，抱着琼汉斯，朝床边走去。

琼汉斯醒来时，已经早晨十点多了，隐约间闻到了一阵香味，皮斯特端着早餐走了过来。

“吃点东西吧！”

琼汉斯起了床，披着床单走到餐桌前，和皮斯特一起吃早餐。

“哈里也到北疆来了。”琼汉斯说道。

“我知道，长老告诉我的。”

“那个长老靠得住吗？我看你好像很信任他。”

“放心吧，他是看着我长大的，爸妈死后就是他一直在照顾我，绝对靠得住。”

“还是多留心吧，我总觉得他是在利用你。”

“我会的。”

“还有，听哈里身边的人说，他好像已经知道我们的关系了。”

“他现在还离不开我，知道了又能怎样。”皮斯特反问。

“我只是怕……”

还没等琼汉斯说完，皮斯特已经拉住了她的手，说：“什么都不用担心，我已经在准备了！”

二

一家歌舞厅的地下室仓库内，李二勇穿着背心裤衩蹲在角落里，整个人遍体鳞伤的。

地下室的大门突然打开，歌舞厅老板彪哥带着特战队走了进来。“就在这，是你们要找的人吗？”满是文身的彪哥喝道。

李二勇一见到特战队就呜呜哭起来，又是惊恐又是激动。

“李二勇，你可让我们好找啊，原来是躲在这儿享清闲了！”

李二勇欲哭无泪，嘴里只是呜呜地叫唤着。

“他犯了什么事儿你把他打成这样，这是滥用私刑。”

“没打他啊，不信你问。”彪哥给了手下一个眼色，手下扯掉了李二勇嘴里的内裤，“是他不小心摔的！”

“欠钱不还，我们找到他的时候他跑来着，就把自己摔了。”

“是是是，都是我自己不小心。”

李小晖蹲在李二勇的跟前，说：“李二勇我问你，你刷信用卡加上借彪哥的钱，是不是都去买比特币了。”

李二勇点了点头，“我也没想到会被套那么狠！”

李小晖追问：“到底是谁串通你劫走炸药的。”

“我不能说，说了肯定是个死。”

“那可是一吨多的TNT炸药，要是落到恐怖分子手里，你知道会是有什么后果吗？”李小晖严肃地说。

“这不关我的事儿，我又不是恐怖分子。”

李小晖起身，对特战队员说：“我看他是无可救药了，咱们走吧，彪哥，他欠你的钱你只能自己想办法了。”

“我说，我说！是李华干的，好像是阿富汗来的一个人找到了他，想在国内找一批炸药，其他的我就不知道了。”

“这个李华是什么人？”

“这个人我听过一些消息，留着八字胡，一直干些投机倒把的买卖，手下有三十多个兄弟，这种败类你们要是能早些缉拿归案，也是造福社会啊。”彪哥突然接口说道。

“彪哥，你跟他也应该有过节吧？”

彪哥呵呵一笑：“过节倒是不敢当，只不过他经常带人来我这儿捣乱，还欠账不还，你说我这是小本经营，哪经得住他这么折腾啊！”

“你要是有他的线索，请第一时间通知我们。”方钢严肃地说道。

“好哩！”

特战队带走了李二勇，暂时关押在安全屋，以防走漏消息。回到特战队，方钢将查到的线索汇报给沈林，询问要不要马上缉拿李华。指挥长觉得目前还不清楚那批炸药是不是已经转移给 DTS，贸然通缉只会打草惊蛇，最终决定先协同警方，秘密查找李华的线索。

晚上八点多，特战队接到了彪哥的电话，一个叫刀仔的人来到了他的歌舞厅，此人是李华的手下。

“指挥长，我建议特战队迅速潜伏到歌舞厅，尽快和这个叫刀仔的人接触，抓住第一线索。”李小晖说道。

沈林点了点头：“计划可行，不过这个人选非常重要，他既要有过硬的身手，遇到险情能够全身而退，机智勇敢，沉着冷静，还要能够随机应变，解决各种突发状况，千万不能出任何差错，确保顺利潜伏、套出线索。”

沈林说一句，李小晖点一下头，心想指挥长真的是太会夸人了，这个人选说的不就是我本人嘛，终于有一个可以当卧底上演无间道的机会了，想想都觉得刺激过瘾。李小晖上前迈出一步，准备毛遂自荐。

“指挥长，让我去试试吧！”

“你有把握吗？你以前可没出过这样的任务！”

“事情不就是要做了才知道吗？早就是特战队一名战士了，而且我觉得自己是特战队最合适的人选。”

“嗯，不过，要记住，实战中要胆大心细，特战队会是你强大的后援，不要辜负了大家的信任啊，赵敏。”

“是，保证完成任务！”

李小晖刚踏出一步，还没来得及说话就被赵敏捷足先登了。

“指挥长，我有话要说。”

“保留意见，积极配合赵敏的行动。”

“不行，我还是要说，我觉得自己才是最合适的人选。”

所有人的目光都看向了李小晖。

沈林有些不耐烦地说：“说说看吧。”

“我的身材好，更容易吸引恐怖分子的注意！”

特战队的男队员顿时侧目，从没见过这么自恋的人，而且还是在特战队开这么严肃的会议之时说这种话。

“我经常去这种场合，比较有经验，对应付各种复杂场面，比赵队长更加合适。”李小晖强调一句，“我是记者，自然要接触社会每个角落。”

特战队的男队员又朝她看去，这到底是个什么物种降落到特战队。

三

艾拉玛依市，位于北疆西北部盆地地区，是欧亚大陆的中心区域，面积虽然不大，只有七千多平方公里，却是北疆地区的四个地级市之一。这座以石油命名的城市是国家重要的石油石化基地，这里有新中国成立后勘探开发的第一个大油田——101 油田，几十年的建设下来，该地区的石油产业成了国民经济建设的重要支柱。

艾拉玛依市的南部有一条叫作喀什的步行街，这里鱼龙混杂，中东各国的商贩汇集到此，三教九流各种派系的人马层出不穷，一直以来这里也是治安较为混乱的地区。

皮斯特走进步行街两百米后，往左转到了一间羊肉铺，接着又拐了好几个弯，走进一栋商住两用的破旧大楼，皮斯特顺着楼梯来到六楼，走到 608 房间，三长两短地敲了敲门。屋里的门卫通过摄像头看清来人后，打开了门。

十几个手下在房间里擦拭着枪支武器，门卫带着皮斯特一直往前，走到了一个品茶间。琼汉斯已经提早来到这里，正在给哈里沏茶。

“国王！”

“来了，坐吧！”哈里也没回头看皮斯特，伸手示意他坐下。

“您怎么突然到北疆来了，有什么任务交给我就行。”

“现在特战队越来越难对付，咱们凡事都要有两手准备。”

一听到两手准备，皮斯特的心情瞬间低落了下来，自己在劫机事件中九死一生，但这却是哈里的障眼法，他借着特战队对付皮斯特的时候，已经带着一百多个手下悄悄潜伏到北疆。皮斯特不断控制着心中的怒火，眼下他必须表现得很顺从，他必须等。

琼汉斯趁背着哈里的时候，给了皮斯特一个眼色，皮斯特用余光瞟到后，立刻会意，接过哈里递上的茶喝了起来。

“你是不是想问我为什么没有提前告诉你？”

“没有，您怎么安排我就怎么做。”

哈里似笑非笑，那张饱经沧桑的脸上透露出的神色，总能给人不寒而栗的感受。皮斯特有时很佩服哈里的老道阴险，但是命运让他们站在了对立面。

“那咱们接下来有什么计划？”皮斯特虽然已经从哈里身边人处知道了接下来的计划，但还是假装不知情地问了一句。

“不急，到时候会告诉你的，这次我之所以亲自到北疆，是有一个更大的计划。这将是 9·11 之后针对政府的最大的一次袭击。”

哈里脸上充满了成功在望的喜悦，端起茶杯又喝了一口。皮斯特心里有些发怵，哈里真的是什么都敢想，也都敢做，是个彻头彻尾的疯子。

四

星仔叼着一根雪茄，来了一把门清自摸，几个小弟只能乖乖给钱。星仔数着钱，刚弹完烟灰准备再嘬一口的时候，一个响亮的巴掌已经打到了他的脸上。

“他妈的！”

星仔刚回头一看，迅速站起了身，站在身边的人竟然是李华。

“老大！”

李华取掉了星仔的烟头，使劲地摁在了星仔的手臂上，剧烈的灼痛让星仔失声大叫，但他还是只能原地站在那接受惩罚。

“我他妈的跟你说了多少次了，不许抽烟！你炸死不要紧，要废了我的炸药，我就杀了你全家！”

“是是是！下次再也不敢了！”

李华稍稍平缓了怒气，随意地扫视了一圈，问：“怎么少了一个人，刀仔呢？”

“他……他去酒吧了。”

“去酒吧？”

“他说闲了好几天憋不住了，要去钓妹子。”

“啪！”又一个响亮的耳光打到了星仔脸上。“妈的，这个时候去泡妞，你怎么带人的！”

星仔这个巴掌挨得有些冤枉，虽说他在帮派里名义上是二把手，但架不住刀仔是李华的小舅子啊，谁能拿他怎么样，再说，又不是星仔去泡妞，凭啥打他。

“万一被人盯上了怎么办？赶紧去给我弄回来！”

“是是是，我这就带人去！”

李小晖穿着黑色紧身包臀裙，踩着红底高跟鞋，拿着手包，扭着曼妙的腰肢朝彪哥的歌舞厅走去。为了化妆和凑齐这身行头，她足足花了两个小时，但看到整体效果后，还是觉得物有所值。

李小晖进了门，彪哥早已在此等候，把李小晖带到了刀仔卡座前的舞池里。在劲爆的音乐下，李小晖动情热舞，刀仔看到李小晖后，起身朝舞池走了过去，本来坐在他旁边的女郎发嗲撒娇也无济于事。

在酒吧外的指挥车内，方钢带队正在监视着酒吧内的一切，看到李小晖和刀仔在一起跳舞，他不由得想发无名火。

沈林走进车内，问道："方钢，警察局那边有没有新进展。"

"没有。这个李华现在戒备心很强，一直都没有出现。"

"越是这个时候，越是要有耐心。"

视频画面中，刀仔想趁着跳舞时揩油，被李小晖一把推开。

方钢下令："各小组注意，目标出现，提高警惕。"

酒吧内的几个便衣听到消息后，立马朝刀仔的方向凑上去。刀仔上前拉住李小晖。

"你想干什么？"

"哥哥带你去一个好玩的地方。"

李小晖跟着刀仔，绕过几个拐角后，走进一个包间。

刀仔进门后，迅速反锁了门。特战队便衣也围了上去，队员问道："队长，要不要行动。"

"先分开隐藏，等我命令。"

刀仔开始脱掉了外套。"现在呢，就是我们的二人世界啦。"刀仔说着，就朝坐在沙发上的李小晖扑了过去，李小晖迅速躲开。

"你想干什么？"

"别装傻白甜了，孤男寡女同处一室，当然是要做点正经事儿了。"刀仔又朝李小晖扑了过去，李小晖伸脚一勾，刀仔摔了个狗吃屎，李小晖大笑了起来。

刀仔转怒为喜，说："妹子，把哥哥摔疼了哟！"

"谁让你不规矩啊！"

李小晖起身拿上包，刀仔从后背偷袭，把李小晖又按到了沙发上。

"各小组注意，准备实施抓捕！"沈林刚下完命令，方钢就看到几个打手模样的人朝房间走去，紧接着说："慢着，有情况，便衣先躲开。"

星仔敲了敲门没反应后，一脚踹开了门，几个兄弟进门后，迅速掏枪指向了两人。

"星仔，干吗啊这是？"

"刀哥，老大让你赶紧回去，你要是抗命，就别怪兄弟们不客气了。"

"你是不是搞错了，姐夫怎么会这样对我？"

"现在是关键时期，赶紧走。"

李小晖意识到情况有异，在耳边用摩斯密码敲了“等”的信号。

“要走也行，把她带上。”

“行行行，赶紧走吧！”星仔也是真服了刀仔。

“你们要带我去哪？不关我的事儿，求求你们放了我吧！”李小晖做出求饶状，两个手下已经掳走了她。

方钢说：“李小晖要求暂缓行动，她想将计就计继续潜伏，我猜洪天帮应该会在今晚交易，跟上他们一定就能找到交易地点。”

“可这样做，李小晖的处境就会很危险！方钢，你去，盯住刀仔！”

“是！”方钢迅速离开了指挥车。

“总部呼叫，抓捕取消！”几个隐藏的便衣迅速撤离，跟随着星仔一伙人走出歌舞厅。

李小晖被押上了一辆轻型商务车，车子刚开走，两辆特战队的车也跟了上去。

特战队一路跟踪了十几公里，洪天帮的车辆刚过一处火车铁轨后，铁路工作人员迅速拦到了道路中间，拦下了特战队的车，接着道路中间的栅栏缓缓拉开，必须要等到火车通过才能穿行。方钢使劲地捶打着车内的方向盘。

“指挥长，我们这里出了点突发状况，被火车拦住了。”

“知道了，附近没有其他路口，你们先等一等。”

沈林在大屏幕上通过天眼系统注视着犯罪分子的车辆，十五分钟后，特战队才得以前行，而恐怖分子的车子已经行驶出了十几公里远，特战队失去了跟踪目标，而李小晖还在车上。

五

“你说姐夫也真是的，大半夜的，搞什么交易啊？”

星仔咳了咳，示意刀仔有陌生人在场，刀仔却一点都不介意，伸手搂住了李小晖，说：“妹子，待会带你玩点刺激的！让你开开眼！”

“好啊，什么事这么刺激啊！”

“刀哥，我还是觉得别把她带上，要不把她放下车！”星仔做了一个抹脖子的动作，李小晖吓得惊叫一声。

“妹子别怕，有哥在，没人能拿你怎么样的！”刀仔转身朝星仔说道：“不是我说你啊，知不知道什么叫怜香惜玉啊！姑娘貌美如花，人见人怜！你怎么下得去手啊你！禽兽，禽兽都不如！”

星仔一脸无奈，无话可说。

“总部呼叫A队，目标前往老造纸厂方向去了，你往前方两公里处左拐，直接插进去比较近。”沈林给出指令。

“收到！”方钢迅速调头。

星仔接到了李华的电话。“喂，老大，我们正在往回赶，十分钟就到了。我们不仅抓了刀仔，还有一个女的，一起带回去。”

“什么女的？”

“就刀仔泡的那个妞，长得还不错，我们就留着想让您……”星仔讨好地说。

“混蛋，谁让你带来的？”

“对不起啊，老大。”

“赶紧把她干掉，今天的任务不能让任何人知道，我不是一早就告诉你了吗？”

“是是是，我马上去办。”

车子迅速停下，刀仔对星仔说：“人是我带来的，我自己解决！”

“算了吧，刀哥，现在由不得你了！”星仔给了两个手下一个眼色，两人把李小晖带下了车，朝小树林走去。

“刀哥，救我啊！”李小晖委屈道。

“星仔，你说这事儿多不讲究啊，怎么说也得让我爽够了再……”

“你闹够了没有！还有完没完！”星仔突然大吼起来。

刀仔抹了抹被喷到脸上的吐沫星子，说：“行吧。”

恐怖分子的车子刚开走不久，李小晖独自一人走出了小树林，跟着恐怖分子的车往前奔跑，没跑几步就只感觉脚下拌蒜，李小晖走到一块石头前，索性踹掉了后跟，继续追赶车子。

她倒是没那个能耐打倒两个彪形大汉，只不过随身携带的防狼喷雾起了大作用。

星仔等人来到一座废旧的工厂，几个装炸药的大箱子摆在大厅，刀仔的十多个手下早已在此等候。

“姐夫呢，他怎么没来？”

“老大说了，今晚的交易交给星哥全权负责，让我们在这里等候。”

刀仔瞥了星仔一眼，有些不屑地说：“这么大的行动，姐夫不可能不到场，你们搞什么名堂。”刀仔意识到情况不妙，迅速拔出枪指向了星仔，两人的手下见状，迅速拔枪相向。

“阿星，枉我当你是兄弟，你居然这么阴我！”

“刀仔，你到底在说什么？”

“今天晚上我怎么想都觉得不对，肯定是你先抓了姐夫，又想在这里干掉我。你是想篡位对不对？”

“刀仔，你也不想想，要是我想下手的话，刚才在路上才是最好的机会，我为什么要带你到这儿，你不还有十几个手下在这里吗？”

刀仔想了想，说：“那你怎么解释现在的情形。”

“这我哪知道啊？我也是刚到。”

“刀哥，老大的电话。”一个手下把电话递给了刀仔，刀仔接起了电话：“姐夫，你到底在哪？”

“你什么都别问，听星仔的，一会儿见到皮斯特，你们只管拖住他就行，要是出了什么意外，你们就赶紧撤退，路线已经帮你规划好了。”

“你有安排为什么不早说，行行行，我知道了。”刀仔放下了手机。

星仔扭过头去，没理会刀仔。

与此同时，李小晖也已经潜伏到了工厂。片刻后，两辆车子开进了工厂，为首的皮斯特下了车，几个手下拎着两个大皮箱，跟着他走了进来。

“报告总部，皮斯特已经出现。”

“你别轻举妄动，支援五分钟后赶到。”

“收到！”

星仔带上手下出去迎接。“是皮斯特吗，华哥叫我们在这儿等着您。”

“李华呢，他怎么没有到场。”

“华哥突然有事儿，让我们跟您交易。”

皮斯特朝工厂里面扫了一眼，感觉有些异常，说：“李华没到场，我是不会交易的，咱们换个时间吧。”

皮斯特转身就要走，刀仔赶紧凑上去，说：“皮斯特先生，哈里不是也没到场嘛，我们不也没说什么啊。”

皮斯特暴怒：“你什么货色，还想见我们国王。”

星仔凑上去，一个劲儿地赔笑：“皮斯特先生，现在特战队和警方盯得紧，我们这批货都是分别藏在好几个地方，今天才专门运到这里的，未免夜长梦多，咱们还是先把正事儿办了吧。”

皮斯特想了想，说：“这话听着还算中听。”

皮斯特手下把两个大皮箱放在桌上，打开后里面全是美金。“五百万美金！”

刀仔见钱眼开，伸手想去取钱。皮斯特迅速合上皮箱，问：“货呢？”

星仔：“都给您准备好了，跟我来！”

星仔把皮斯特引到木箱前，手下撬开了箱子，皮斯特拿起一包方形的炸药，打开羊皮纸一看，里面包的是方砖。

“妈的，敢耍我！”皮斯特说着，枪口已经对准了星仔。剑拔弩张之时，双方早已拔枪相向。

“皮斯特先生，这里肯定有什么误会！”

“黑吃黑，你还嫩着点！”一声枪响，星仔受伤倒地。

双方迅速陷入混战，刀仔吓得浑身直打哆嗦。

“刀哥，这里！”两个手下搀着刀仔，朝仓库外走去。

皮斯特看到后朝着刀仔就是一枪，刀仔迅速捂着屁股，大叫着：“妈的，谁干的？”

“刀哥，咱们还是赶紧走吧！”

两个手下搀着刀仔，朝仓库外的一处隐蔽出口逃去。

皮斯特在手下的掩护下，躲到了仓库的一角，一个手下冲过来汇报：“老大，特战队的人来了。”

“妈的，他们这是成心让我送死啊！兄弟们，跟我杀出去！”

沈林正在指挥着前线作战，一个陌生号码发来短信：交易地点有异。

第十章　石油，十万火急

一

在一束顶光的照射下，特战队的审讯室内安静异常，只有“滴答滴答”的声响回荡着，那是一滴滴鲜血滴到地面上的声音。刀仔此时被五花大绑在一把椅子上，他的屁股正在滴血。

“赶紧把他弄醒！”方钢厉声说道。

醒来的刀仔使劲挣扎了几下，发现浑身动弹不得，这才看到李小晖和方钢坐在对面。

刀仔仔细环顾四周一圈，看到墙上几个“特战”的字眼后，顿时惊慌不已。

“你们是特战队的！原来你是卧底！”

“少废话，赶紧交代！”李小晖对刀仔问道。

“不是我要杀你的，都是星仔干的，你们去找他啊！”

“少打岔，我们都知道他已经死了！赶紧说说吧，那批炸药现在在哪？”

“不知道！你们凭啥抓我啊？就算怀疑我走私贩卖炸药，也要有真凭实据才行啊？”

方钢听得有些不耐烦，说：“不跟你废话了，你的手下已经把你供出来了，而且我们在矿山仓库提取到你的指纹，你赖不了的。”

“坦白从宽，抗拒从严。”

刀仔正想着，屁股已经隐隐作痛，说：“其实，我知道的也不多，我们这次盗走炸药，是受了 DTS 的指使，我也是偷听姐夫打电话才知道的。不过，今天的情况我事先并不知情，姐夫他这是把我往火坑里推啊！”

“他用你和星仔吸引特战队的注意，哈里借机除掉皮斯特，这是他们早就商量好的。”方钢说。

“要是你们没有抓到我姐夫和DTS的话，那炸药肯定已经转移给哈里了，你们扑了个空，一点收获都没有，所以才想从我这里套出点线索对吧？我现在是你们唯一的突破口！”

李小晖和方钢对视了一眼，这个刀仔看着吊儿郎当的，心思却是很细腻，看来之前是小看他了。

李小晖使出了杀手锏，咳了咳说道：“你猜得没错，我们赶到交易地点的时候，他们已经运走了炸药。不过，李华并没有收到钱，这是我们在现场拍到的他的照片！”

李小晖把照片递给了刀仔，李华血肉模糊地躺在地上。

“姐夫，到底是哪个王八羔子干的？我出去一定替你报仇！”刀仔顿时痛哭流涕。

“还想着出去呢！当这里是哪儿了？”方钢严肃地说道。

“我们赶到现场的时候只发现了几具尸体，炸药也被运走了，肯定是哈里黑吃黑！你还想袒护他们吗？”

刀仔犹豫了片刻，说了句“101油田”。

“什么？”方钢反问。

刀仔交代：“他们准备炸掉101油田。”

李小晖和方钢顿时瞪大了眼睛，问：“他们什么时候行动？”

刀仔摇了摇头，说：“这我就不知道了。”

正说着，一个队员拿着刀仔的手机走了进来：“队长，这是李华打过来的。”

“姐夫？他还没死？那刚才的照片是？”

“你不知道这个世界上有一种技术叫作PS吗？”李小晖说道。

“我们现在需要知道李华的藏匿地址，你要是积极配合的话，我们会为你争取宽大处理，知道怎么说吗？”方钢说道。

“放心，我人在你们手上。”

“尽量拖延时间，明白吗？”

方钢划下接听键，把手机凑到刀仔的耳边，吕鹏等人迅速展开监听。

“怎么现在才接电话？”

“我受伤了，姐夫，你在哪？”

“这个你别管，我问你，皮斯特是不是真的死了？”

“没错，我亲眼看到他被炸弹炸死的，好像是他的手下干的！姐夫，你还是多当心他们的计划，弄不好也是拿你当炮灰！”刀仔小声提醒。

“这个你别管，你现在情况怎么样了？”

刀仔呜呜地哭了起来。“我差点就被炸成碎片了，屁股还被皮斯特那个王八羔子打了一枪，疼死我了，都是你害的，我回去一定要告诉我姐，看她怎么收拾你。”

片刻的安静后，李华继续说道：“哭，就知道哭，不是安排人带你撤离了吗？你现在怎么样，安全吗？”

刀仔瞟了方钢一眼，继续说道：“我现在躲在一个手下这里，他去找医生了，准备给我取子弹。”

“那我就放心了，我会再联系你的。”李华说着挂断了电话。

“58 秒，差点就追踪到他的地址了。”吕鹏说道。

李小晖和方钢走出审讯室，方钢立马向沈林汇报了结果，特战队准备开赴 101 油田。

“怎么了？至少现在我们知道 DTS 的攻击目标！”走廊上，方钢看到李小晖一脸愁眉不展。

“我总感觉这个刀仔有些奇怪，他居然知道这么多关键信息，怎么会这么快就全部吐了出来。”

“他已经是落网之鱼，不可能垂死挣扎，少蹲几年牢对他来讲才是最大的实惠！”

李小晖突然顿住了脚步，说：“不对，你还记得刚才他说要找自己姐姐告状吗？”

“记得，估计是李华怕老婆吧。”

“我在车里的时候，他们还寻思着给李华找女人，要是换作其他人的话应该可以理解，但刀仔当时也在场，怎么会容忍这种事儿？”

“这种三教九流的人，哪还有什么礼义廉耻，什么事儿干不出来啊！”

李小晖拨打了指挥中心的电话，让他们帮忙查找李华妻子的线索。五分钟后指挥中心回话，李华的妻子已经在五年前死了，李小晖和方钢顿时面面相觑。

方钢说：“刚才刀仔提到他姐的时候，电话那头的李华突然停顿了几秒，有些奇怪。”

“应该是李华意识到刀仔的暗示，他已经被暴露！而且他在电话中还提到那个计划，是为了提醒李华，炸毁油田的计划也已经被特战队掌握。”

就在这时，沈林急匆匆地赶了过来，传达命令：“刚接到线报，DTS会在今晚行动，迅速整队出发。”

二

数小时之前，沈林在收到“交易地点有误”那条短信后，卧底直到现在才发来新的线索，这让沈林松了口气，只要一直有消息过来，那卧底就没有暴露。在围攻工厂的时候，沈林还是决定将计就计端掉李华这帮人，假意帮哈里除掉皮斯特，希望可以迷惑哈里。

“指挥长，现场的炸药是假的，这是他们的调虎离山之计，李华可能已经在其他地方和哈里交易。”

李小晖刚汇报完，两个DTS恐怖分子已经朝她走了过来。“每次都有你，干脆改名叫小强得了吧！”

恐怖分子拔出枪，正要对准李小晖。而此时的她手无寸铁，情急之下将没跟的高跟鞋朝恐怖分子甩去，要是能一下打掉恐怖分子手里的枪，肯定是个可以成为谈资的画面。

“呀！”李小晖大叫一声。

“哐”的一声，高跟鞋从距离恐怖分子几米外的地方斜飞出去，弹到墙上又掉了下来。

恐怖分子把手枪上了膛。李小晖没办法，又把另一只鞋甩了出去。这次用力过猛，鞋子朝正上方飞去，她也因为重心失衡，整个人重重地摔到了地上。

恐怖分子大笑着，怎料鞋子往上触到顶墙上，又反弹打掉了吊灯，整个灯砸在了恐怖分子的头上。

李小晖趁机蹿上去扑倒恐怖分子，拉过旁边的一条铁链，使劲缠绕到恐怖分子的脖子上，再往两头用劲拉扯。片刻后，恐怖分子口吐白沫晕了过去。

李小晖喘着粗气，刚站起身，另一个恐怖分子出现在她跟前，并用枪顶着她的头。

“看，你后面有特战队！”李小晖指着恐怖分子的后面喊道。

恐怖分子纹丝不动。“哼，小孩子的把戏！”

“砰”的一声枪响，恐怖分子中枪倒地。

“管用就行。”

李小晖心有余悸地看向恐怖分子身后的方钢，他很无奈地摇摇头，把手枪收起来。

工厂大堂处，DTS 恐怖分子和李华的人战斗正酣。皮斯特取出了一捆炸药，点火后朝李华的人扔去。片刻后，房间内硝烟四起，火光冲天。

“妈的，想阴我！”皮斯特恶狠狠地说道：“那个刀仔呢？”

“好像从那边跑了。”一个手下指着仓库的一个角落说道。

“你们几个负责掩护，引开特战队，你们几个跟我追！”

皮斯特安排好任务后，起身准备朝刀仔方向跑去，就在这时，两个手下一对眼，接着朝皮斯特射了一枪，击中皮斯特的后背。

皮斯特惨叫一声后倒地，扭过身子后，一脸愤怒地看着手下，说：“你们……”

“对不起啊，老大，我们也是奉命行事。”手下说着上前，又朝皮斯特身上补了一枪。

皮斯特用尽最后一口气力，喃喃自语道：“想不到，你这么快就下手了！”

几个手下把几捆炸药放到了皮斯特旁边，点燃后跑出了屋子。特战队从一角杀出来，和恐怖分子展开了激战。

随着一声巨响，工厂在巨大的爆炸中化为灰烬，火光照亮了夜空。

“这个皮斯特也算是一方枭雄，没想到死在自己人手里。”李小晖自语道。接着，李小晖突然想到了刀仔。“队长，要是 DTS 和洪天帮没在此处交易的话，眼下只有刀仔可能会知道情况了。”

“赵敏，你带人清剿剩下的恐怖分子，我带人去追捕刀仔。”

“是！”

方钢和刘兴顺着刀仔逃跑的路线追去，十五分钟后抓到了刀仔。

三

在 DTS 恐怖分子艾拉玛依市的大本营内，李华将刀仔在电话中的暗示告诉了哈里。

“就算特战队知道，也对我的计划没什么影响。”哈里不以为然地说。

“不过，好在皮斯特死了，国王先生，DTS 现在就是您一个人的天下了。”李华恭恭敬敬地说道。

“DTS 从来都是我一个人的！”

“是是是，不过有一点我没想明白，皮斯特这么一个得力助手，您为什么这么急着要做掉他。”

哈里没回话，继续把玩着手中的短刀。

“我觉得您完全可以利用他再帮您做一些事儿，再来个斩草除根！”李华伸手比画着。

“这是你们这些愚蠢人的想法，钩心斗角，互相算计，对于我，不值得信任的人，多留一天都是祸害！我需要的是绝对忠诚。”哈里抽出了手中的短刀，指到了李华的脖子上，说：“你也是一样！”

“是是是，不过我和皮斯特不一样，我并不是 DTS 的人！”李华搓了搓手继续说道：“我只是个拿钱办事的小喽啰。”

哈里嘴角微微一笑，用毛巾擦拭着短刀，说：“这次任务要是能够顺利完成，我再多给你一千万美金，这可比你做任何勾当都来钱快！”

“谢谢国王，谢谢国王！”

“我喜欢你这样的真小人。”

拉布杜急匆匆地走了进来：“报告国王，没找到琼汉斯！”

“啪！”的一声，哈里把短刀插在了桌上。

“我带的都是可靠的人，绝对不可能走漏风声，该找的地方都找了。”

哈里沉默了片刻，说道：“继续找，一旦发现这个臭婊子，格杀勿论！”

“是！”

哈里看时间已是晚上十二点多，说道：“通知所有人，马上出发！”

拉布杜离开茶厅，和几个手下一起离开了。

特战队联系了北疆101油田公司的董事长，说明原委后，大部队开到了油田。在油田工作人员配合下，特战队开始仔细搜查每一个可能埋藏炸药的角落，包括机房、油井管道等，但几个小时过去了还没有任何发现。

“指挥长，是不是你们的情报出错了？”油田安全处苟处长问道。

“应该不会！”

方钢说：“如果哈里今晚刚拿到炸药，应该不会这么快就展开行动。加派人手，再仔细搜一遍，注意任何一个可能疏忽的地方！全面包围，地毯式推进！”

“是！”

就在五号油库里，十几个穿着工作服的员工走了进来，并找到了车间主任。

“您好，我们是来换班的。”

“麻烦登记一下。”主任把签字表递给了来人，来人开始签字。

“不对，三班的人我都认识，从没见过你啊？”

来人邪魅一笑，说：“现在不就认识了吗？”来人掏出一把匕首，顷刻间割断了主任的喉咙。

十几个来人片刻间制伏了仓库内的二十多个值班人员，接着走到门口，把几辆油田公司的运输车放进门。

李华走下运输车，开始指挥手下搬运炸药。

吕鹏带领侦察队的队友，操作无人机飞到了五号炼油厂的制高点。

“报告指挥长，五号油库有异常动静！”

“继续监视，放大画面。”沈林从画面中看到了李华的面部，并下令，“迅速包围五号油库。”

五号油库内，李华的五十多个手下正搬弄着炸药和雷管。

“所有的管道都给我埋上炸药，手脚麻利点，没吃饭啊！”

一个手下疾步走来：“报告老大，特战队来了。”

李华顿时急躁起来：“让兄弟们继续监视。”

“是！”

小弟走开后，李华拨通了哈里的电话：“国王先生，我们已经准备好了，随时可以动手。”

“先等等，再拖延一点时间！”

李华顿时急躁起来：“国王先生，我们实在是耗不住了，等特战队把我们包围了，我们到时候往哪里逃啊！”

“逃不了就跟他们拼啊，我不是白给你那些钱的吧。”

“这不是钱的问题！”李华还没说完，电话已经挂了。

沈林正在临时指挥室内，通过监视器查看李华等人的动静，就在这时，李华打来了电话。

“你们特战队必须马上退到五百米外，派一个人过来谈判！否则的话，我立刻引爆油管。至于后果，你们应该很清楚。”

“李华，你应该很清楚，DTS现在已经成了全球公认的恐怖组织，你这么卖命，到底图什么？如果是钱的话，当心有钱没命花！”

“沈旅长，这就不用你操心了！赶紧叫人过来谈判！”

“你的目的是什么？”

“我会告诉谈判的人！”李华说着就挂断了电话。

李小晖眼神犹疑，总觉得事情不该是这么简单。

“指挥长，让我去吧？”这种场合，冲在第一的当然是方钢方大队长。

“指挥长，这个李华只是拿钱办事，断然不会和我们鱼死网破，而且DTS到现在还没有出现，我觉得这里面肯定有问题。”李小晖说道。

“就是因为敌暗我明，所以我才更应该去探探他们的底。”

“我觉得这里面有诈，如果他们只是想炸掉炼油厂，早就可以行动，为什么还要谈判呢？”

“这正是我所怀疑的，所以我更要进去查清楚。”

“你……”

李小晖不断分析情况，但久经沙场的方钢明白，在这种情况下作为一个特战队员其实只有一个选择，不管结果会如何。

沈林分析认为，恐怖分子直接占领关键位置，如果采取空中打击，很可能会引爆油罐，过于冒险，便同意了方钢的请求。同时，下令包围的队员停止进攻，侦察小队继续前进，摸清楚恐怖分子的情况。

李小晖看着方钢坐上直升机朝五号油库飞去，她从没变得像现在这样魂不守舍，她总觉得李华的所作所为只是 DTS 的障眼法，但 DTS 一直没有现身，所有的怀疑都显得没有说服力。李小晖开始自责起来，平时鬼主意这么多，关键时刻居然一点用场都派不上。

吕鹏看出了李小晖的担心，凑上前说道：“你放心吧，队长和恐怖分子打过多年交道，这样的事情他有经验。”

“这次跟以前的任务不一样，他这样做实在太危险了。”

“在特战队哪有不危险的！眼下还有其他办法吗？”

李小晖顿时无言以对。

“关心则乱，战场上就是要不断克制自己的私人感情，一切以任务为重。”吕鹏说。

李小晖定了定神，意识到刚才自己的确太情绪化了。

“呼叫总部，我们已经进入恐怖分子区域。”赵敏带特战队潜入五号油库。

“原地待命，随时准备突击！”

“收到！”

直升机开到五号油库，方钢顺着绳索爬到了地上，几个恐怖分子把他押到了油库旁边的保卫室。

“喂，我可是来谈判的，你这么一搞，弄得我好像是俘虏一样！”方钢摆出一副随意的样子。

“有胆识啊，方队长，早就听说你神勇无比，看来不是别人瞎吹的。我明确地告诉你，你现在已经是俘虏了。”

“你这么做可不大地道啊！”

李华给了手下一个眼色，手下开始搜方钢的身，一番搜索后，只找到一根电棍。

“我可是诚心来谈判的，没带什么武器！”

“少废话！”李华拿起检测器，继续在方钢身上搜查，检测器接触到方钢的腰带时，发出警示的声音。李华从方钢的腰带上取下一个小物件。

“微型传送器？这就是你说的诚意？赶紧撤！”

特战队冲进了仓库，现场只有方钢的腰带。

“报告总部，未发现方队长和恐怖分子的踪迹，请指示！”

“B 队注意，方钢已被恐怖分子转移并失去联系，恐怖分子很狡猾，躲避了无人机的侦察，你们必须尽快找到方钢的下落。”

五号仓库的一间设备室，方钢被绑在了一根铁柱上。

“方队长，既然你是来谈判的，我可要提条件了。第一，马上放了刀仔。第二，写份投降声明，证明你们特战队输给了我李华。第三，让你们特战队的人迅速撤退。第四，让你们的指挥长派一架飞机过来，不用太大，波音 747 就够了。”

方钢冷笑一声，说：“你提的条件太可笑了吧，你觉得我会答应吗？”

李华打开了电棍，朝方钢的腰部伸去，方钢失声大叫。

指挥室的显示屏上出现了一个闪烁的红点，沈林立刻拿起对讲机：“呼叫 B 队，方钢出现，在油库后面的设备室。”

“队长的传送器不是被恐怖分子发现了吗？怎么还能找到。”赵敏看着吕鹏问道。

“方队把定位装置放在了电棍里头，不过这么一来，他就得接受电棍的折磨。”

特战队朝设备间方向行进，这一幕刚好被一个洪天帮的哨子用望远镜看到。

“报告老大，发现一支侦察队，正朝你们的方向走去。”

“你们的要求特战队是不会答应的，你认清现实吧！”

“是你应该认清现实吧！”李华拔出了枪，一口气杀了五个人质，直到把枪里的子弹射光。

“你干什么，你这样做，特战队更不会同意你的要求。”方钢转念一想，说：“不对，你压根就没准备和我们谈判，这只是一个幌子。我刚才进入五号油库的时候看了一眼，你们带的炸药顶多两百公斤，而盗走的却有一吨多。DTS 一直没有出现，你们故意挟持人质，佯装要炸毁五号油库，其实只是为了配合 DTS 的行动。”

“你分析的有道理，不过已经晚了！”

四

101 油田从开采到现在的四十多年时间里，已经找到了 19 个油气田，建成 792 万吨原油配套生产能力，还建成了 3.93 亿立方米天然气生产能力。

李小晖在指挥室里，看着沟壑纵横的油田建筑分布图，各条公路看得眼花缭乱，而李小晖发现铁路的条数相对较少。

“苟处长，问您个事儿，我看 101 油田区的公路和管道较为繁多，而铁路却很少。”

“是这样的，绝大多数油田都是通过输油管道把原油输送到就近的炼油厂、储备库或码头。而边远地区和产量低的地区则是用油罐车运输，运输到处理站后，再通过铁路或者公路运送到炼油厂，所以铁路的建设有这么几条就够了，都比较集中。”

“那其实就是说，铁路也是经过油田区的，对吧？”

“是这样的。”

李小晖仔细看了铁路分布。“咦？这些铁路都经过三号油库啊！”

“是的，三号油库也是艾拉玛油田最大的油库。”

“这个三号油库在西北方向，和东南方向的五号油库距离最远。那今晚还有没有经过三号油库的火车会到站？”

“这个时候应该没有了吧，我查一下。”

“谢谢！”

李小晖转身对沈林说道：“指挥长，您看有没有这种情况，哈里让李华带人在五号油库作乱，吸引我们的注意力，他其实是想通过火车直接把炸药运到三号油库引爆，他这样就解决了需要提前潜入三号油库进行策划的麻烦，因为三号油库是主油库，守卫肯定特别森严。”

“继续说！”

“就像 9・11 一样，恐怖分子的飞机载着燃油直接冲向双子座大楼，让军方来不及做出反应。”

“你分析得有道理，不过这都只是猜测，哈里老奸巨猾，我们现在也没有情报说他一定会参加这次活动。”

片刻后，苟处长走了过来，说：“李记者，今晚往外运原油的火车已经没有了，不过还有一趟送完原油的空火车会返回。”

李小晖和沈林对视一眼，沈林立即让苟处长联系火车的列车长。

“您好，我是 101 油田安全处的苟处长，现在是例行抽查，请问是 355 次列车的黄天华列车长吗？”

“您好，我是黄天华！”

“列车是否一切正常？”

“报告处长，一切正常，我们将在十五分钟后到达三号油库停车站。”

沈林给了苟处长一个眼色，苟处长继续问道：“是这样的，三号油库停车站临时出了点问题，正在检修，请列车原路返回。”

“能透露一下是什么问题吗？我记得前天刚检修过，好像是张桥科长负责的。”

苟处长朝沈林点了点头，沈林示意继续。

“是这样的，三号停车站的电路出现了系统故障，事发原因正在调查中，现在不能停靠。”这是沈林设计的套话，为了避免节外生枝，让列车返回暂避风险是出于安全考虑，若列车员执意要进站，则有可能是受到恐怖分子的劫持。

“明白，355 次列车马上返回。”

苟处长放下了电话，说：“情况属实，他刚才透露的信息，外人不可能知道。”

李小晖和沈林顿时面面相觑。

五号油库的设备间，李华看了看表，说：“时间也不多了，我们撤。”

“老大，他怎么办？”

“他对我们已经没有价值，干掉他！其他人跟我走，炸掉五号油库。”

“是！”

方钢突然大叫起来：“他骗你们的，外面都是特战队的人，你们炸掉油库也逃不出去，哈里是让你们去送死。”

一个手下听到这话，蹑手蹑脚道：“老大，待会儿咱们怎么撤退啊！”

“别听他瞎掰，哈里会带人来接应我们的！”

李华手下依然愣在原地。

“你们别再信他，他早就把你们给卖了，DTS的真正袭击地点不在这儿，不会来救你们的！”

“砰，砰，砰！”几声枪响，李华朝方钢开了几枪，方钢嘴角流着血，片刻后晕死过去。

“就你他妈的话多！”李华转身对身边人说道：“还有谁有不同意见的？那就跟我走。”

“报告指挥长，方队长中枪，已经失去了知觉。”侦察员站在塔楼高处，通过望远镜看到了刚才的一幕。

“赵敏，立刻展开强攻！”沈林下令。

“是！”

赵敏带着队员解决了外围的几个恐怖分子，慢慢向五号油库推进。

“刘兴，你带人去占领狙击位置，你们几个从后面包抄，其余的人跟我走。”特战队分散开来，从三个方向进入五号油库。

刘兴在恐怖分子的哨子对面找到位置后，一枪结束了哨子。

李华带着手下，快步朝一条小路返回。一个手下急匆匆地跑来：“老大，哨子没了！”

李华拿起望远镜看向高台上的铁栅栏，说：“呼叫哨子，呼叫哨子！”

刘兴已经潜伏到哨子位置，举起小红旗摇了摇。

“妈的，那不是人吗，可能是对讲机没电了，以后看清楚点。”

李华说着，带上手下继续往前跑。

“报告指挥长，李华正在朝五号仓库方向跑去。”

“收到。B队，引诱恐怖分子进入作战区，到达指定地点后再施行联合剿灭，尽量减少在储油区开火。”

“收到！”

李华等人行进的方向，不断有特战队员围追堵截。李华带手下交火几下后，开始改变路径前行。

李华等人来到距离五号油库三百米的空地上，特战队迅速围了过来。

“老大，我们被包围了。”

“这还要你说？妈的，跟他们拼了！”

恐怖分子朝着特战队疯狂射击，一番交火后，恐怖分子所剩无几。

“妈的，阿富汗人果然靠不住。”李华捡起了一把冲锋枪，朝着特战队一阵射击。特战队掩护攻击，几次交火后，李华已经身中数弹。

李华射光了枪里的子弹，用冲锋枪朝临近的陈晓琪砸去。陈晓琪躲避时，李华从地上捡起一把短枪，劫持了陈晓琪。

“都退下，别过来。”

“赵队长，别管我。”

赵敏放下枪，让队员们往后撤。

“妈的，赶紧给我叫一辆直升机过来……”

“砰”的一声枪响，李华还没说完，一颗子弹已经穿过了他的头颅。

陈晓琪惊魂未定，朝子弹方向望去，刘兴埋伏在一百米外的铁楼处。

方钢的脸色苍白，嘴唇干裂，两个队员抬着他正往直升机处走去。李小晖跑了过来，看到方钢的样子，顿时愣住了，明白这次受的不是轻伤。

“方钢，你练过躲子弹，一定不会被打中要害部位，对吧？”

“当然了，能打中我的子弹还没生产出来呢。”方钢强行装出一副淡然的样子，但所有人都知道，上次挡子弹是提前判断了皮斯特开枪的方位和角度，而这次却根本没有机会准备。

方钢挣扎着还想说什么，但突然眼神恍惚，晕了过去。

李小晖看着直升机腾空飞起，渐渐消失在夜色中。

苟处长急匆匆地凑到沈林面前，说：“指挥长，355次列车根本没有原路返回，直接开了过来。”

“再联系列车长试试看。”

“联系过了，信号中断。我还让张桥科长听了刚才我和列车长通话的音频，他说那个人不是黄天华。”

“看来是DTS假冒的，列车还有多长时间进站？”

“三分钟！”

第十一章　行动，兵贵神速

一

三号油库位于101油田的西北角，再往西500米就是当地的咖布村住宅区，中间隔着一道铁丝网墙。住宅区的一间民房中，哈里正通过监视器观看着现场的实时画面，他手中转动着两个铁球嘎吱作响。

拉布杜凑到哈里面前，说："报告国王，刚才探子发现了琼汉斯的下落，她带着十多个黑寡妇，好像正朝我们这边赶来。"

哈里嘴角微微一笑，停下了手中的铁球，说："加紧探查，确定位置后就地处决！"

"是。还有，355次列车发来消息，他们恐怕已经被特战队发现。"

"知道了！"

哈里在监视器中，看到李华被特战队击毙后，当即下令让355次列车全速前进。

三号油库的站台处，为首的头恐怖分子看了看表，时间已经快到了。他们早已制伏并替代了三号油库站台的守卫，提前调整了道岔。火车在进入站台前，就会变轨直接冲到三号油库的储油区。正当几人焦急等待的时候，火车的汽笛声已经传来，接着就看到火车前灯的远光。

特战队这边，沈林从荀处长处得知恐怖分子劫持火车后，当即下令让特战队全速赶往三号油库。

"各分队注意，恐怖分子的目标，是想通过装有炸药的355次列车，袭击三号油库，从而引起连环爆炸。火车将在三分钟后到站，所以我们必须提前控制住列车，不能让列车进入站台。"

"明白！"

特战队员迅速坐上直升机，全速飞往三号油库，但也用了两分多钟，才飞到了十公里外的三号油库。由于时间紧迫，直升机保持和列车的同向飞行，队员们必须在飞行的直升机中顺着绳索滑到火车上。赵敏带队敲碎了窗子，进到了车厢。

一个手下急匆匆地冲到了火车头报告：“头儿，特战队来了。”

“怕什么，马上去把炸药点了。”

列车上，几个DTS恐怖分子正准备朝炸药库冲去，早已进入车厢的特战队员迎面冲了过来，双方展开了激烈的交火。

“炸药车即将进站，马上采取B计划。”

“收到。”刘兴答道。

刘兴带一小支队，降落到列车的前方，接到沈林的命令后，刘兴等人迅速冲进了站台，围攻守候的恐怖分子。快速地交火后，支队全歼了恐怖分子。

列车尾节车厢的五个DTS恐怖分子接到命令后，点燃了车厢内炸药，接着又不断往前面车厢行进，依次点燃了后面几节车厢的炸药。

赵敏支队解决完恐怖分子后，安排两个队员到火车头去制动列车。她则带人朝车厢后面前行。“报告指挥长，恐怖分子已经点燃了后面几节车厢的炸药。”

“停止交火，车厢内的队员迅速撤离！快！”

赵敏和队员立刻砸开车窗，朝车外陆续跳了出去。

列车头的两个队员把刹车拉到最大，但由于列车高速行驶的惯性，减速效果并不明显。

“报告指挥长，列车距离站台只有五百多米，已经没法完全减速。”

“迅速撤离！”

两个队员砸窗跳出。

“呼叫刘兴，呼叫刘兴！情况怎么样？”

“炸药已经安装完毕！”刘兴支队按照沈林的命令，在距离站台三百米处安装了炸药，准备破釜沉舟，就算炸毁这段铁路，也不能让355次列车开进三号油库。

刘兴正汇报情况的时候，列车已经到了百米开外。

“迅速撤离！到达安全地点后马上炸掉铁路。”

“收到。”

载满炸药的355次列车朝站台急速驶来，因为时间仓促，沈林的安排也存在一个不确定因素，如果铁轨上的炸药没有在列车经过前爆炸，那所有的设想也就落空了。作为指挥长，他又要保证刘兴等人的安全撤离。

刘兴和队友飞奔着朝铁路两侧奔袭，在跑出十几米后，列车已经到达了埋藏炸药的铁轨处。

刘兴等人此时还没有逃出危险距离，千钧一发之际，刘兴瞬间按下了开关，伴随着冲天的火光，几道铁轨被炸飞到了空中。刘兴支队则被巨大的气浪冲到了半空，他们只看到一片漫天的火光，接着就什么也听不到了。

火车脱离轨道后，迅速朝一侧偏离，接着在下坡处翻了几个圈，车头撞到了侧翼的阻拦墙，由于惯性作用，整个车身渐渐地飞到了空中，仿佛一条巨龙腾空而起，场面竟有些壮观。

列车在空中翻滚着，伴随着一阵惊天动地的轰隆声，整个巨龙在空中炸开，耀眼的火光照亮了整个天空，如白昼一般，却又是那样的刺眼。

二

显示着355次列车在空中爆炸画面的监视器，接着就被哈里摔碎在了地上。

“老大，现在怎么办？”拉布杜问道。

“撤！”

哈里带上手下，正准备往外撤离时，楼下传来了一阵厮杀惨叫的声音，琼汉斯带着黑寡妇正杀到楼下，与她同行的还有一个穿着黑色斗篷的男子。

“还愣着干吗？赶紧上！”

屋内的几个手下拿上冲锋枪，朝门外冲去。

“不是让你干掉她吗？怎么办事儿的？”哈里怒斥着拉布杜。

拉布杜迅速取出手机，拨出去却都关机了。

“咱们先撤吧，回头再跟她算账。”

哈里太了解琼汉斯了，一直被压制的她早就心生反意，或者说她从来没有真正归顺过哈里。哈里早就发现琼汉斯和皮斯特在设法拉拢其他恐怖势力，如今敢于带人前来逼宫，恐怕是一切都已准备妥当。生性嗜血的哈里在这种时候，断然不会撤离。

不断有手下的惨叫声传来，哈里和几个护卫荷枪实弹，等在门口。惨叫声越来越大，接着大门就被一个死去手下的尸体撞开，琼汉斯带人走了进来。

“你是怎么找到这儿的？”

“待会儿你就知道了，我今天来，还特意给你带来了一个惊喜！”

“惊喜？我倒有些好奇？”

就在这时，站在琼汉斯旁边的那人放下了帽子，一张熟悉又陌生的脸出现在哈里面前。

“别来无恙啊，国王先生。”

哈里顿时惊讶万分，旁边的拉布杜和其他几个手下也是面面相觑。

“你，你怎么会在这儿，你不是被炸死了吗？不可能，不可能！”

“您就没听过一句话吗？就算亲眼见到的事儿也会有假！”皮斯特淡淡地说道。

哈里仔细反思事情的过往，还是心生疑窦，说：“就算你收买了我的人，但那个刀仔不可能替你说谎，他亲眼见到你被炸死了。”

皮斯特微微一笑，说：“想制造一起假死案，没你想象的那么困难，何况还不需要留下尸体。我早就收买了你的人，而那家废旧工厂的爆炸，只不过是一个障眼法。工厂大堂的一角有一个地道，在爆炸发生前我早就已经走了。”

皮斯特拔出了枪，指向哈里，哈里现在的反应完全在他的预料之中。“要放在以前，这样的小把戏绝对骗不了你，是你的自负害了你，你觉得一切都在自己的掌握之中，殊不知我只是在配合你演戏。”

“我今天倒要看看，到底是谁能笑到最后！”哈里说着就准备朝皮斯特开枪，只听见“砰”的一声，哈里的右肩膀中弹，手上的枪也掉了下来。

哈里回头，朝他开枪的是自己贴身随从索罗，拉布杜顿时也惊呆了。

“没想到吧，国王殿下！”索罗不屑地说道。

哈里只是一个劲儿地冷笑，说：“我从来没想过会被你出卖，我还一直把你当成最亲近的人，是我从军阀手中把你救出来的，到底是为了什么？皮斯特给了你多少钱？”

“这不是钱的问题，我本来就是 PT 集团安插到 DTS 的，我一直都只效力一个人，就是集团的皮斯特先生！”

哈里扭头看向皮斯特，一个劲儿地狂笑不止。

“原来你一直深藏不露！”

皮斯特、琼汉斯、索罗同时朝哈里开枪，一阵耀眼的闪光中，哈里身中数十枪，颤颤巍巍地倒在了地上。

哈里垂死之际，只觉得天地旋转，大脑里一阵眩晕，前尘往事历历在目，他嘴角露出一些异样的微笑，没人知道他是在嘲笑自己，还是在嘲笑这个世界。哈里眼中的世界开始灰暗，片刻后，一切都消失在他的眼前。

“咱们赶紧撤吧，特战队的人来了。”

皮斯特用枪指向了拉布杜。

“皮斯特，你没必要杀我，DTS 的很多毒品生意，你还要靠我呢！”

“是吗？”

“我其实也早就不想跟着哈里干了，反正都是为了钱，跟着谁还不都一样。”

“这种吃里爬外的东西，背上长着反骨，早晚把你给卖了。”琼汉斯对皮斯特说道。

“琼汉斯首领，我早就知道您跟皮斯特的事儿了，要是我真想害你，为什么一直不对哈里提起？”

琼汉斯听到这话，顿时恼羞成怒，正准备朝拉布杜开枪，皮斯特伸手拦下，说：“慢着，我留着他还有用。”

沈林在下令让特战队开赴三号油库的时候，收到了线人的消息，得知了哈里的下落。特战队粉碎了 DTS 炸油库的计划后，迅速赶到咖布村。不过，此时皮斯特等人已经逃逸，只有几个 DTS 恐怖分子和哈里的尸体。

“一代枭雄就这么惨死了。”李小晖有些不敢相信自己的眼睛。

“怎么？你同情他啊！”

“不是，我觉得这一切太突然了。”

“也不算很突然，DTS 一直就有内斗，我刚接到消息，哈里就是死在皮斯特的手里。”

“皮斯特？他还活着？”

“没错！他上次应该是意识到哈里给他下了套，所以才演了这出金蝉脱壳。”

李小晖蹲下身子，仔细审视着哈里，要是他还活着的话，李小晖真的很想对他做一个采访。

特战队因为在北疆反恐和摧毁了袭击油库案中的卓越表现，受到了战区嘉奖，特战队荣膺集体一等功，李小晖的军衔升到了少校。

三

手术后喝什么汤最补？李小晖在网上搜索着，看着眼花缭乱的各种滋补气血的汤药，只觉得图片上的食材好像都吃过，但名称和食材却很难对上号。

参芪红枣生鱼汤不行，李小晖不会做鱼。猪肚石斛汤倒是不错，30 克石斛和半个鲜猪肚就行，做法也很简单，猪肚洗净，再把石斛装进去，加水煮至烂熟后去掉石斛，饮汤或者吃猪肚。不过，这道菜滋阴健脾胃，适于胃、十二指肠术后调补，而方钢是伤筋动骨，没有对症下药。

猪排碎补汤倒是合适，作用于补骨生髓，用于骨折、骨科手术后恢复期滋补，不过做法太过简单，把骨碎补和猪排骨一起加水煮就行，没法显示自己亲手下厨的诚意和水平。

李小晖又排除了大黄绿茶槐花汤、菱薏藤汤、鲫鱼汤、柴鱼汤。做法太难不行！太简单不行！没对症下汤也不行！要搁在平时，李小晖肯定会做一道肉桂芝麻煲猪大肠，好好熏一熏方钢，可现在毕竟人家是伤病员，作为队友，她不敢再开这样的玩笑。

一番搜索后，时间已经过去了一个多小时，对于从小衣来伸手饭来张口的李小晖，做菜比作战还难。

管它的，就选乌鸡汤吧，是滋补的就行，反正方钢的伤也不指望着这一两碗药汤就能治好，李大才女亲自下厨，已经是给他天大的面子了。

这道汤需要乌骨鸡、料酒、精盐、味精、葱段、姜片、胡椒粉，李小晖是从特战队直接到的菜市场，也不清楚家里到底有哪些材料，索性就全部买了。母亲今天不在家，李小晖正好可以偷偷地使用厨房。

李小晖回到家，立马按照网上的步骤，把乌骨鸡放入沸水中，焯去血水，煮了大概半个小时后，整只乌骨鸡已经没有任何杂质。李小晖捞出洗净，准备将鸡肉斩成块，到底什么大小合适呢？母亲平时做的鸡汤大概方寸大小，但方钢是病人，为了能够充分熬出乌骨鸡的精华做成的十全大补汤，李小晖把鸡块切成了丁状大小，确保每一点营养成分都要被方钢消化吸收才行。

万事俱备，只差最后一步的烹煮，李小晖往锅中放入半瓶料酒，撒了几勺盐，切了一把葱末，一把姜片，胡椒粉应该三勺够了，接着放入乌鸡丁，注入半锅清水。按照步骤上说，煮至鸡块熟烂，拣出葱、姜，撒上味精，装汤盆即成。

李小晖一刻也不敢离开，站在灶台前死死盯着汤锅，仿佛正在炼制灵丹妙药的修仙童子一样虔诚。

“什么味儿啊？”李母快步走到厨房，“你在干什么？”

“妈，你不是去文化馆了吗？什么时候回来的？怎么也不提前说一声。”

“文化馆的活动早就结束了，再说了，这是我家，我要通知谁啊？”

李小晖的眼神有些闪烁。

李母看到灶台上的汤锅，顿时惊喜不已。“哎哟，不错啊，都学会煲汤了，什么时候变得这么孝顺？”李母说着就朝汤锅走去。

李小晖见状赶紧拦住。“妈，陈晓琪这次出任务的时候受了伤，这汤是准备送给她的。”

“啊？不是煲给我的啊，哎，白高兴一场。”

“下次吧，下次专门煲给您喝！”

“我帮你看看，你妈我可是煲汤专家。”

李小晖赶紧拉住母亲。“妈，还是算了吧，这汤都快煲好了。我知道肯定是不如您弄的，您就别打击我的自信心了。”

李小晖撒娇地摇了摇母亲的手，母亲只能回答道：“行吧，乌鸡汤有养阴退热、补肝肾、益气血之功效，女人喝了最补了。”

“女人最补？那男人喝了呢？”

“男人喝啥乌鸡汤啊！不过，至少没啥坏处。”

李小晖这才想明白，自己选择乌鸡汤完全是因为记忆惯性，她不知道喝了多少母亲做的乌鸡汤，所以看到网上菜谱后下意识地挑了这道菜。

“哦，对了，那个方钢也刚做完手术，你也顺便送点给他吧。”

“你听谁说的？”

“我要是想知道，这世界上就没有瞒得住我的事儿。”

李小晖心想，难道母亲真的有未卜先知的能力，她不去做卧底，真的是太可惜了。

“再说吧，要是有剩余的话，还是可以施舍一点给他的，我不是那种小气的人！”

四

“来，尝尝我熬的乌鸡汤。”

“太麻烦了，我就是取了几颗子弹，又不是什么严重的大伤。”

“这还不严重啊，医生都说了，胸部的那颗子弹要是再偏过半厘米，我就再也见不到你了。”

方钢听着对方的声音有些哭腔，不由得伤感，说：“不好意思，让你担心了，你放心，算命的说我可以活到一百岁呢！”

“少贫嘴，来，赶紧喝！”

方钢尝了一口，顿时感觉仿佛人间美味。“嗯，不错，看不出你还有这等手艺啊。”

“你要是喜欢，我明天再给你换一道别的，这个乌鸡汤对伤筋动骨的滋补效果不是最好的，今天来得匆忙，厨房里就只有这些食材，明天给你做排骨汤吧。”

“太麻烦了吧。”

“这句话你都说两遍了，以后别这么见外！”

“那好吧，洁儿！”

廖洁儿继续给方钢喂药汤。

李小晖拎着保温壶，走在医院的走廊上，几个从旁路过的医生纷纷耸了耸鼻子，小声地窃窃私语。李小晖只当是他们被自己精湛的厨艺折服了，不由得喜上眉梢。

李小晖走到病房外，正准备敲门，听到里面传来的交谈声，顿时停下了，凑到门上的小玻璃窗往里看。

“洁儿，这个乌鸡汤跟我以前喝过的都不一样。我怎么觉得这个乌鸡汤里有些甜味啊！”

“我怕你觉得这个鸡汤太油腻，我加了枸杞和大枣，出锅的时候取出去了。”

“你太细心了！”

“哎呀，小晖，你也在这里啊，也是来看方队长的吧。”赵敏问道。

李小晖听到声音突然回头，赵敏、刘兴、吕鹏、陈晓琪已经站在了他的身后，她慌忙说：“不不不，我就是路过！”

吕鹏说：“骗谁了，你都在这看半天了，还亲手熬了汤吧！”

哪壶不开提哪壶，果然是嘴上不把门的直男程序员。

“咱们一起进去吧！”赵敏打开门，李小晖跟在最后走了进去。

一阵寒暄后，方钢向众人引荐廖洁儿。“给大家介绍一下，这位是廖洁儿，服装设计师，我们以前是校友！”

“果然是郎才女貌啊！方队长，什么时候请我们喝喜酒啊？”吕鹏说。廖洁儿害羞地低下头，方钢解释道：“大家误会了，我和洁儿还只是朋友。”

“我们直接从特战队赶过来的，来得匆忙，也没带什么东西，不过小晖倒是给你带了汤。”赵敏说道。

李小晖顿时手足无措。“呃，那个，本来是来医院看望一个叔叔的，但他好像出院了，这个汤就便宜你了！”李小晖递上了保温壶。

方钢打开保温壶，漫天的酒气飘散开来。

“好大的酒味啊！”

“我加了点儿料酒去腥的嘛。”

“方钢刚做完手术，应该不能喝带酒精的东西吧！”廖洁儿体贴地说道。李小晖听到这话却有些炸毛，反击道：“酒精有麻醉的效果，可以减缓病人的疼痛！”

病房内的人都感觉好像有些不太对劲。

“这是汤吗？黏糊糊的，看着有些像粥。”方钢仔细分辨着保温壶里的东西，要说是粥都有些勉强，黑不溜秋的黏稠状液体，方钢不禁张大了嘴愣住了。

“这是乌……乌拉圭进口食材熬制的十全大补汤，延年益寿，强筋壮骨，滋阴补阳，怎么，口水都流出来了吧。”

方钢赶紧闭上嘴。

“赶紧趁热喝啊！”李小晖严肃地说道。

方钢喝了一口“汤”，顿时感到冲鼻难咽，粘嘴粘牙，勉强咽下去后只觉肠胃翻滚。

方钢使劲控制着自己的表情，挤出怪异的笑容。

“我就说味道很好吧，是不是把你的味蕾彻底打开了？”

方钢生无所恋地点了点头，接着嚼到一个丁状的大小的东西。他感觉应该是肉类，使劲嚼了几口，那个东西只是在嘴里滑来滑去，根本没法嚼碎。“嗯，还有些Q弹。”

“我多煮了一会儿，为了更好地出味嘛！”

去血水煮了半个小时，熬汤又煮了半个小时，再鲜嫩的肉也被煮老了。

“怎么样？味道还不错吧！和乌鸡汤比起来，哪个更好喝啊？”李小晖冷冷地说，故意给方钢出难题。

“应该说各有千秋啊！”正直刚毅的方钢也变得圆滑起来。

“那就赶紧趁热，多喝几口！”

在李小晖的强烈“鼓励”下，方钢一共喝了三口，上吐下泻了三天，此后好长一段时间，他都不再吃鸡肉。

第十二章　黑客，混乱棋局

一

在 M 国金山湾上的渔人码头往东五海里，有一座四面皆是悬崖峭壁的小岛。这座风景优美、面积不到一平方公里的小岛，十八世纪被西班牙人发现，后来并入 M 国版图。

小岛对外交通不易，四周被奇冷的海水环绕，特殊的地理环境让它于 1934 年被联邦政府设置为重刑监狱，这和小岛旖旎绮丽的风景并不相搭。

精神分裂的连环杀手，凶神恶煞的变态食人魔，还有来自世界各地的极端恐怖分子，都是这里的座上客，“魔刹岛”的名声就此传开。

监狱共有三层，两边的铁栏分隔出一间间囚室。这条牢狱走廊还有个动听的名字叫“百老汇大街”，任何一个刚入狱的新犯人，都要赤条条地走过这里，就像一个按时上演的节目，惹得两边铁笼里的老囚犯们发出恶声恶气地狂呼乱叫。

每间囚室都有单独的自来水洗手盆和坐式马桶。牢房戒备森严，除了钢筋就是水泥，对待越狱或者企图越狱的犯人，监狱只有一条规定，那就是立即处决。

一个刚经过“百老汇大街”洗礼的年轻人，在警察的带领下走进一间牢房，他的脚上戴着的电子脚铐，能随时监测犯人的体征系数和位置，一旦脱离指定区域，脚铐就会触发巨大的电流，足以电晕一头大象，这是“魔刹岛”犯人的标配。

狱卒打开牢门，带进了年轻人，已在牢里的班德瑞拉问道：“嘿，什么情况？”

“给你增加个伴儿。”狱卒说道。

“我不需要任何人！”

“这可由不得你！”

狱卒给年轻人打开手铐，关上了门。

班德瑞拉瞥了年轻人一眼，他对新来的室友明显不是很欢迎。

“班德瑞拉先生，有人让我给您带个信，三天后你转移去联邦监狱的路上，会有人来救你！”

班德瑞拉是M国和欧洲各国通缉的电脑黑客，他只是暂时关在此处，一周后会接受M国最高法院的审判。

“我要是想走，没人可以困得住我？”班德瑞拉把手伸到屁股中间部位抠了抠，年轻人看着有些作呕。

片刻后，班德瑞拉取出一块指甲大小的芯片，插入脚铐的一个电子孔后，脚铐迅速打开。

“一千万美金，他们想请你升级一个电脑系统，能屏蔽各国攻击的那种。”

班德瑞拉不屑地笑了笑，说：“白痴，没有绝对安全的系统，再严密的防火墙也要不断地升级。”

“他们有几个针对性的国家，相信这难不倒你！”

班德瑞拉只是微微一笑，不言语。

“如果你去接受审判，恐怕要吃几辈子的牢饭。除了美金，他们还给你制造了新的身份，再安排你到日本去整容、换指纹，你以后想去哪就去哪。”

“想得倒挺周到，不过，用不着这么麻烦，我是黑客，什么系统黑不进去，什么地方去不了，那些步骤都是多余的。”

“那这么说，你是同意了。”

“两千万美金！三天内打到我指定的账户。”

年轻人沉思片刻，说：“我想应该不会有什么问题。”

“他们是什么人？”

“DTS。”

二

“罗伯特长老，一切进行得很顺利，DTS 内部那些挡路的人，都清理干净了。”皮斯特在电话中说道。

“恭喜了，大展身手的时候到了。”

“是时候让他们吃点苦头了！”

沈林在指挥室监听着，皮斯特挂断电话后，他也放下了耳机。皮斯特的手机上安装了反窃听装置。不过，沈林从卧底处得到了皮斯特的手机序列号，反窃听装置也就不管用了。除非皮斯特关机或取出电池，要不然他的通话和地址信息都会被特战队掌握。这对粉碎 DTS 是一个巨大的突破。

通过几天的监听，沈林已经弄清楚了皮斯特和 PT 集团千丝万缕的关系，还不经意间查到了队友李建国当年被残忍杀害的信息。这宗尘封十年的无头案件终于真相大白，沈林没有感到丝毫欣喜，只有无尽的惆怅。

“这个罗伯特应该就是 PT 集团的五大长老之一，有这个恐怖集团的支持，难怪皮斯特能在这么短的时间内肃清 DTS，还和其他国际恐怖组织有了关联。”一旁监听的方钢说道。

吕鹏根据调查数据汇报道：“这个罗伯特的信号源来自国内，他应该是很早就潜伏入境了。”

“能查到具体地址吗？”

“不能，他每次都使用一次性电话，我们只能通过皮斯特的信号追踪到他的，而且每次他们通话的时间都很短。”

“能通过皮斯特的手机黑到 DTS 内网吗？”

“可以，前提是他必须用手机进入 DTS 系统，不过这一个多星期下来，他都没有这种操作。”

“继续监听，保不齐他什么时候就用了。”

“是。”

生性机警的皮斯特从不用手机登录内网，但事情总有意外，三天后的中午，在使用电脑的时候，WINDOW 系统突然崩溃，因为身处阿富汗，他也没想到会被中方远程监听，便用手机登录了 DTS 内网。吕鹏把握机会顺利进入 DTS 内网，一番操作后，电脑开始回传 DTS 的数据，吕鹏还在

DTS 内网上埋下了超级病毒。

“赵队长，这下我可要立大功了！”吕鹏对和他一起监视的赵敏说道。

“先别高兴得太早，彻底铲除 DTS 再说！”

数据已经回传到 98%，吕鹏正感慨皇天不负苦心人的时候，进度条突然停住了，接着画面上就是一阵乱码。

“怎么回事儿？”

吕鹏迅速敲击键盘，说：“我们的主机遭到黑客的攻击。”

“不是我们攻击别人吗？”

“这个黑客是突然冒出来的，从服务器的域名分析，不可能是 DTS 的，他怎么会知道我们正在攻击 DTS 内网？”

吕鹏的操作没能阻止黑客，反倒是黑客靠着反病毒系统，接连黑掉了特战队的几个服务器，还不断回传军方的数据。

“赶紧关掉主机！”吕鹏对赵敏说道。

赵敏迅速联系数据部的队员，十秒内关掉了主机和服务器。

赵敏对吕鹏投去了一个鄙视的眼神，吕鹏顿时感到心如死灰，本想在赵敏面前秀一波操作，没想到搬起石头砸了自己的脚。

沈林闻讯后，带着方钢和李小晖迅速赶到了指挥室，问：“到底怎么回事？是不是被皮斯特察觉了。”

“不可能，皮斯特用手机登录内网应该是突发操作，在我们完全黑掉他们系统之前，他不可能意识到才对。现在最大的问题是刚才攻击我们的那个黑客，他应该也在监视皮斯特的系统，所以才会反击。”

李小晖似乎想到了什么，说道：“这个第三方黑客既然攻击我们，那他绝不会是反恐阵营的。不过，如果他也在监听 DTS 的话，断然不是 DTS 阵营，所以我猜测这个人应该是皮斯特的合作方，或者其他恐怖组织，想和 DTS 合作但又提防着对方。”

“有情报显示，这个皮斯特最近正在和世界各地的恐怖组织打得火热，有可能就是其中某个组织躲在背后。”沈林警惕道，“马上通报给国家安全局，并通报国际刑警组织。”

特战队在反恐前线的信息，都在第一时间传至国家相关部门。

沈林他们不间断地分析：“有这种可能，但是我们特战队拥有这么强大的数据支持，还花费了这么多时间精力，才迂回攻击到 DTS 内网，那些恐怖组织这么快就能够监听 DTS 内网，未免有些蹊跷。”

“那你的意思是？”

“PT 集团内部派系复杂，会不会有可能是某个权利和职位比皮斯特还大的人做的。毕竟他们只是把 DTS 当成一个工具，不会放任皮斯特一人独大的。”

“有道理，不过经过这件事，皮斯特一定会有所动作，所有特战队员加紧戒备，信息组迅速修复主机和系统。”特战队加强了网络部署。

DTS 系统被攻击五分钟后，皮斯特接到了罗伯特的电话。

“皮斯特，你也太不小心了，要不是我及时发现，整个 DTS 系统都被特战队攻陷了，还会连累到 PT 集团。你知道集团内部现在很多人都想把你拉下台，现在这个时候不能有任何差池，要不然谁也就救不了你。”

“对不起，长老，这种错误我以后绝不会再犯。”

“我刚给你发了一份文件，上面的人叫班德瑞拉，是个国际顶级黑客，正关押在魔刹岛监狱，他能帮上你的忙。我已经联系了在 M 国的成员，他们会协助你救走这个人。”

“是，我一定完成任务！”

三

牢门打开，两个狱卒走到班德瑞拉的身边，说：“是时候了，走吧！”

狱卒给班德瑞拉戴上手铐，年轻人给了班德瑞拉一个眼色，班德瑞拉点头示意。

班德瑞拉坐上警车，车厢内六个警察端着冲锋枪，荷枪实弹地坐在班德瑞拉的旁边。

警车行驶到一处盘山公路时，前方突然发生爆炸，警车迅速停下。

“你们三个，在车里看好嫌犯，你们两个跟我下车。”警察队长对车内的警员说道。

三个警察下了车，朝着爆炸的方向走去，同时机警地朝四周巡视着。

“砰，砰，砰！”几声枪响，山腰上冲下几个手持冲锋枪的男子，不顾一切地朝警察射击，三个警察击中其中几个恐怖分子后，也命丧当场。

恐怖分子迅速朝警车冲去，前座的司机和警员首先被射杀，司机临死前按下了车内的紧急求援按钮，但最终没有派上用场。

后座的三个警员靠着车后门，朝恐怖分子开枪，怎奈寡不敌众，三名警员片刻后也命丧当场。

“班德瑞拉先生，跟我们走吧！”一个为首的恐怖分子说道。

“去哪儿？”

“我们会到太平洋的马蹄岛上加油转机，再直飞阿富汗！”

恐怖分子向警车里投递了几个手榴弹，片刻后警车被炸毁。

恐怖分子带着班德瑞拉朝前方的公路奔袭，走了几百米后，一架改装过的军用直升机已经在此等候。

几人迅速上了直升机，片刻后消失在半空中。

阿富汗常年处于战乱之中，这也导致他们的兵力不足，并没有特战部队，不过战乱也让他们的军队有着超强的实战性和临机应变的能力。在这次即将进行的中阿联合反恐中，阿富汗派出了一百人的精锐野战部队，提早埋伏到喀布尔地区，中方的情报显示，皮斯特会在此处接应班德瑞拉。

喀布尔地区是阿富汗少有的丛林地带，距离阿富汗东北角的库什山脉也只有一百多公里，这里其实是 DTS 的势力范围。野战军潜伏隐藏到丛林中，中国特战队员会乘坐直升机而来，双方展开陆空联合作战。

入夜时分，DTS 的改装直升机缓缓降落到一块空地上，班德瑞拉在几个 DTS 恐怖分子的掩护下，朝着一角走去。

皮斯特下了车，朝着班德瑞拉走来。

“班德瑞拉先生，咱们终于见面了，我是……”

“你是谁我不在乎，钱不到位，我不会给任何人办事。”

皮斯特微微一笑，打了个手势，手下拿过了电脑。在一个瑞士银行的界面上，皮斯特输入一连串密码后，屏幕显示转出两千万美金。

“班德瑞拉先生，现在您可以放心了吧？”

手下把电脑递给班德瑞拉，班德瑞拉一番查询后，顿时喜上眉梢。

“好，咱们走吧。”

一行人坐上了车，直升机开走。

“报告指挥长，DTS 恐怖分子已经落地，班德瑞拉也已经出现，是否发起进攻。”阿富汗部队的队长托尼汇报道。

“先等一等中方的信号。”阿富汗指挥长哈米德说道。

“哈米德部长，我方已经做好了战斗准备。”沈林说道。

“好，托尼队长，出击！”

托尼带着队员朝 DTS 发起冲击，皮斯特闻讯后，下令回击，双方展开了混战。

中方的武装直升机朝 DTS 飞走的直升机追击。

“一号机已经瞄准恐怖分子直升机，是否攻击？”

“攻击！”

飞行员按下了按钮，一发导弹朝直升机飞去。片刻后，一阵巨大的火光照耀了整个天空。

皮斯特看到直升机被炸后，顿时怒发冲冠，吼道：“拉布杜，带上接应的队员，马上过来！”

三公里外负责接应的拉布杜听到命令后，迅速带上一百多个人手奔赴作战区。

“见鬼，什么玩意儿！我又不是恐怖分子！干吗跟着你们一起逃命！”班德瑞拉愤怒至极。

“班德瑞拉先生，在他们的眼中，我们本质上是一类人，和政府不友好的人！”皮斯特抽出一把枪递给班德瑞拉，“你是 M 国人，应该会用枪吧！一起杀出去，要不然你有钱也没命花！”

班德瑞一边骂着，一边拉把枪上膛，和皮斯特一起朝中阿部队射击。

托尼带队对 DTS 围追堵截，把恐怖分子逼到了一块空地上，接着无人机小队开启了超低空飞行模式，朝着 DTS 恐怖分子一阵扫射。片刻后，几十个恐怖分子就命丧当场。

“妈的，上当了，往丛林方向撤。”一个 DTS 小头目对手下喊道。

拉布杜带队离开临时驻地后，中方的直升机便把特战队送到了该驻地。赵敏带队从后方追击 DTS。

交火区，一个恐怖分子向皮斯特问道：“老大，我们顶不住了，怎么办？”

“往东南方向撤，和拉布杜的兄弟会合。”

皮斯特和拉布杜会合后，中阿双方部队前后夹击，DTS 节节败退，一番交火后，皮斯特的人马就剩下了十多个，开始改变方向逃窜。

“报告指挥长，DTS 恐怖分子正往西方逃窜。”方钢汇报道。

沈林当机立断，“乘胜追击！”

“老大，要不咱们投降吧！”

一个手下刚对皮斯特说完，额头上就出现了一个弹孔。

班德瑞拉浑身打着哆嗦，说：“妈的，我不干了！”说着转身就要走，拉布杜等几人立刻用枪凑了上去。

“现在由不得你了，跟着我，穿过西边的丛林，或许还有一线生机。”

“怎么走？我什么都看不见。”

就在这时，丛林间出现了一群黑影，端着冲锋枪朝中阿部队射击，在暗夜中很难分清面目，只看到一阵阵火光。

黑影走近，皮斯特等人才看清是黑寡妇。她们掩护着琼汉斯，凑到了皮斯特身边。

“你怎么样了？”

“我就知道是你！”皮斯特一把拽过了琼汉斯，猛亲了一口。“不是让你别参加这次行动吗？”

“我不放心你，就跟了过来，走吧！”

几个黑寡妇垫后，皮斯特等人闯进了丛林，奔袭了几百米后，几辆山地摩托车出现在眼前。

皮斯特等人跳上摩托车，片刻后消失在黑压压的丛林中。

四

特战队坐上了直升机，和地面的托尼队长联合追击皮斯特的摩托车车队。直升机上用聚光灯照耀着摩托车，给托尼部队指引方向。

李小晖和赵敏乘坐的直升机率先开到丛林公路交界处，队员顺着绳索着陆，埋伏在附近，在道路两侧拉好了隐形干扰绳。

几分钟后，一阵疾驰的摩托车声传来。伴随着连续的尖叫声和撞击声，摩托车车队被干扰绳绊住，纷纷砸在了前方的公路上。特战队迅速围攻了上去。

“妈的，跟他们拼了！”皮斯特拔出枪，带领手下和特战队在丛林间展开了交火。

李小晖看到班德瑞拉总是躲在 DTS 队伍的后方，畏畏缩缩，她便从侧路迂回，绕到了班德瑞拉的后面。李小晖放慢脚步朝班德瑞拉身后走去，班德瑞拉好像听到了声响，扭头往后看，李小晖见状迅速一个箭步蹿了上去，跳起身一个手刀朝班德瑞拉的脖颈处砍去。

“什么情况？”以前看方钢在作战中使用这一招，恐怖分子不是晕倒就是垂死，眼前的班德瑞拉却纹丝不动，不知道是李小晖的气力太小，还是这些高鼻子蓝眼睛的外国人骨骼新奇，是钢筋变异人。

班德瑞拉一肘子把李小晖砸到了几米开外。李小晖强忍着剧痛，仿佛肋骨被碾压一样。班德瑞拉朝李小晖连扣扳机，却发现枪里早已没有了子弹。李小晖迅速拔出枪，劫持了班德瑞拉。

“都别动，班德瑞拉在我的手上，赶紧往后退。”

双方暂时停止了交火，皮斯特示意手下往后退，局面搞得好像李小晖才是恐怖分子一样。

“都给我放下枪！”李小晖这回底气十足，以为自己完全镇住了如此复杂、惊险、危急、险恶的场面。

皮斯特等人一动不动，似乎并没有被李小晖的威严镇住。

“怎么？不见棺材不掉泪啊！”李小晖仿佛戏精上身，继续着她的表演，还佯装出要开枪的样子。

“你杀了他吧，世界上又不止他一个黑客，我可以重新找！”

皮斯特言之有理，李小晖这才明白和恐怖分子谈判要是没抓住对方软肋，会变得不尴不尬，现在不就进退两难了嘛。哎，早知道就劫持琼汉斯了！诶？琼汉斯呢？李小晖往人群中扫视一圈，并没有琼汉斯的身影。

“哎呀！”李小晖惨叫一声，琼汉斯以迅雷之势从李小晖身后蹿出，夺走了李小晖的枪，并把她劫持了。

李小晖就在琼汉斯立足未稳的时候，迅速伸手从后腰处拔出了匕首，朝琼汉斯的腰部捅去。

“哎哟！”李小晖的一声惨叫，一旁的皮斯特冲上来截住了李小晖的手腕。

“就你这点三脚猫的功夫，还想跟我耍心眼！”琼汉斯接着对特战队说道：“都别动，李小晖在我的手上，赶紧往后退。怎么？不见棺材不掉泪啊！”

赵敏等人开始往后退。

“琼汉斯，你没有开保险！”李小晖说道。

“少蒙我，这是你刚才的枪！”

这回轮到硬核恐怖分子秀操作了。皮斯特带人拦下了路边的一辆四排座的小型客运车，DTS 准备上车撤离。

“赵敏，别让他们跑了，赶紧开枪！刘兴，你不是狙击手吗？赶紧开枪啊！”李小晖喊道。但是，没有人敢在这样的时候开枪，于是 DTS 劫持了李小晖，驾驶车子疾驰而去。

晨光熹微，客运车已经开到了城区。赵敏支队和方钢队会合后，对客运车展开了追捕。

“这样不行，我们跑不了多远。”班德瑞拉看到车后穷追猛打的特战队，第一个认怂。

“别硬撑了，你们跑不了的，还是赶快投降吧。”李小晖强硬地说。

“现在最好的办法就是开进市区，我知道这些特战部队，在民众多的地方他们不会随便开枪的！”班德瑞拉想要指挥 DTS 的逃跑方案，但皮斯特等人不为所动。

“赶快啊！”班德瑞拉一边说着，一边使劲拽着司机，后座的皮斯特被激怒，朝着班德瑞拉就是一枪，击中对方的手臂。司机被这一幕惊到，一时惊恐没控制好方向，车子撞到了路边的一根电杆上。

“你打伤了我的手，我还怎么用电脑？”

“我只是想让你明白，这里是我的地盘，你给我老实听话！”

李小晖看到这一幕也有些不知所措，皮斯特虽然暴戾，但并不是个做事冲动的人，他千方百计救下班德瑞拉就是修复升级 DTS 的系统，为什么在这么关键的时候射伤了班德瑞拉的手臂。

特战队冲击到 DTS 的车辆，下车查看后发现早已人去车空。

“他们应该跑不远！”赵敏说道。

“赵敏！立刻带队进行地毯式搜索。”

“是！”

“通讯员马上和托尼队长联系，尽快通知当地警方。”

“是。”

“刘兴，马上联系指挥部，必须要找到李小晖的下落。”

“是！”

五

喀布尔城区往西二十公里的地方，有一座中等规模的清真寺，寺内加上教长也就十来人，不过打扫得却异常干净。

上午九点多，教长打开了寺门。以往这个时候，寺庙外很少能见到行人，今天却有十多个人冲了进来，教长一眼就看出他们不是来做礼拜的。

“把门关上。”皮斯特用枪指着教长说道。

指挥室内，通讯员报告：“报告指挥长，是皮斯特的来电！”

“接过来！”

“沈大旅长，别试图追踪我的信号，我们还是谈谈条件吧。让你们的人马上撤退到边界线，我就把这个女人还给你们。”

“我们可以答应你们的要求，但必须听到李小晖的声音，以确保她的安全。”

“你们没有讨价还价的条件。”

电话突然被挂断。“追踪到信号源了吗？”沈林问道。

“没有，时间太短。”

片刻后，皮斯特的电话又打了过来，说：“你们休想用这种诡计拖延时间，我不能让她和你们说话，她要是透露我们的地址怎么办？”

“我们问她一个只有她才会知道的问题，她回答后你再转述我。”

“问吧。”

“她办公室的电话是多少？”

“这个问题不错。”

皮斯特挂断电话，问了李小晖。李小晖仔细想了想沈林的问题，说：“7464943674。”

皮斯特写下号码，把电话号码告诉沈林后，又迅速挂断了电话。

“这不是李小晖的电话号码，而且位数不对。”指挥室内的通讯员说。

在作战车内的方钢也同步听着指挥长和皮斯特的通话，他知道李小晖从来古灵精怪，不会随便说一串数字。方钢似乎想到了什么，打开手机的九宫格拼音输入法，输入那串数字，检索出来是汉字“清真寺”。

“指挥长，那串数字对应的汉字是清真寺，应该是李小晖被劫持的地点。”方钢汇报道。

“查一查，DTS的车辆肇事地点附近有多少清真寺？”沈林问道。

“报告指挥长，只有一座，就在肇事地点东北方向五公里处。”

沈林拿起了对讲机：“特战队AB组，迅速前往清真寺，包围整个区域，不要惊动恐怖分子，务必救出李小晖，剿灭DTS残余部队。”

“收到！”

清真寺内，李小晖和皮斯特大眼瞪小眼。

“李大记者，咱们还真是有缘分啊！”

“这样的缘分不需要多久，就会结束了！”在李小晖的眼中，DTS倒行逆施，在当前国际反恐形势下，被剿灭只是早晚的事儿。

“不光和你，和你们家都有缘分！前两天听到一个消息，李建国是你的父亲，对吧？”

“不是。”李小晖很意外皮斯特会提到父亲的名字。

“哦！”

李小晖转念一想，皮斯特突然这么一问，肯定是知道父亲的情况。

“你想说什么？”

“中国有句老话，冤冤相报何时了，这和咱们之间现在的关系倒是挺吻合的！”

“你到底什么意思？”李小晖问道。

“你应该不会有机会知道了！”皮斯特把枪上了膛，指向了李小晖。

李小晖面对这种处境也有些麻木了，方钢和特战队要是破译了她的暗号，这个时候也应该快到了，只要特战队一到，皮斯特就会拿她做人质。人一旦有了作用，就不会死。

李小晖觉得自己对方钢有了一种莫名的依赖，不过这次她没有等到方钢，是皮斯特的电话先响了起来。

皮斯特犹豫之间，接起了电话。李小晖只是隐约听到电话那头的人说了句“事情都办妥了”。

“那就好！”皮斯特喜上眉梢，接着就挂掉了电话。

什么事情都办好了？看皮斯特的那个得意表情，是 DTS 又用什么下三烂的手段阻止了特战队吗？

“没人会来救你的！”

皮斯特又把枪指向了李小晖。就在这时，一个手下急匆匆地冲了进来，说：“报告老大，特战队已经围上来了。”

“那就好！”李小晖顿时欣喜若狂！不过转念一想，既然皮斯特没有阻止特战队，那刚才那通电话到底是得知了什么消息。

“来了多少人？”

“一百多个吧！”

“妈的，他们怎么知道这里的？”

“哈哈哈哈！”班德瑞拉狂笑不止，拿着纸上的号码大笑道，“中国的座机都是八位数，你连这个都没弄明白啊，白痴！还做什么恐怖分子。”

“砰，砰，砰！”班德瑞拉的脸上多了三个枪眼，倒在了血泊里。

特战队听到枪声后，迅速冲进了清真寺展开强攻，穿过大厅仔细搜查每一个房间，没有找到李小晖和 DTS 的踪迹，整个清真寺空无一人，只有班德瑞拉的尸体。

六

M 国的普林顿街区，是当地警方的三不管地带。这里鱼龙混杂，治安较差，枪击频发，毒品泛滥。

索罗带着几个手下轻装简行，走进了一家“门德斯修理行”的电脑维修铺子。他没有参加皮斯特营救班德瑞拉的行动，而是到这里完成另一个任务。

老板门德斯戴着一副老花镜，正在柜台前焊接着一个线路板。索罗朝店内瞟了一眼，迅速抓住一个朝他旁边经过的、留着脏辫的黑人男孩。

“你干吗？”男孩问道。

索罗把手伸到了男孩的衣服里，男孩想要闪躲，但被索罗一把拽回。索罗微微一笑，从男孩的怀里摸出两个崭新的硬盘。索罗手下迅速制伏了男孩，从他身上搜出了一些新包装的耳机、随身听等电子设备。

“下次要是再来这里撒野，我就剁了你的手。”索罗对男孩说道。

手下放走男孩后，索罗把店铺被偷的设备放到了桌上，门德斯放下了工具，说道：“谢谢你了，这一带小偷小摸的比较多，我一忙起来就没注意了。”

“中国有句老话，小隐隐于山，大隐隐于市，您可让我们好找啊！”

门德斯意识到来者不善，悄悄把手伸到柜台下，摸到了一把霰弹枪。

“您别误会，我们并没有恶意！”索罗云淡风轻地说道。

“你们到底想干吗？”

“我们只想想请您出山，帮我们做个系统。”

“我已经不做黑客了，这里不欢迎你们。”门德斯迅速把枪上了膛，对准了索罗。

索罗举起了手，说：“三千万美金够不够？”

“赶紧滚！在这里杀个人很容易摆平的。”

“班德瑞拉是您的徒弟吧，他现在也加入了我们！”

“跟我没关系！”

“艾米亚总跟您有关系吧？”

门德斯顿时眉头紧皱，说：“你们把她怎么了？”

索罗一只手伸到怀里，掏出一张照片，放到了柜台上。艾米亚枯瘦如柴，在昏暗的房间内正在用美金吸食着桌上的白粉。

“她昨天伙同自己的男友，偷了毒品商的一包白粉，后来被打了个半死，不过我们已经帮她摆平了！她现在很安全！”

“赶紧放了她！”门德斯恶狠狠地说道。

“您放心，只要您帮我们的忙，我们一定会照顾好她，您还会得到一大笔钱。”

门德斯缓缓放下了枪，无奈道：“好吧！”

门德斯一直被国际刑警通缉，妻子早已和他离了婚，三年前妻子病危时，让他照顾好 16 岁的女儿，为此他和中情局合作，粉碎了一个国际黑客组织，这才换来了自由之身，隐姓埋名开了一家维修店。一直欠缺父爱的艾米亚正处叛逆期，对门德斯很是排斥，后来辍学染上了毒瘾，这让门德斯一直内疚不已。

索罗走出维修店后，拨通了皮斯特的电话，说：“事情都办妥了！”

“那就好！”皮斯特喜上眉梢，挂掉了电话。

监听事件发生后，皮斯特震惊的并不是特战队，而是罗伯特第一时间发现了 DTS 的系统正在遭到攻击，并对特战队做了反击，这让皮斯特明白自己一直处于罗伯特的监控之下。

大伪似真，大奸似忠，皮斯特一直敬畏罗伯特，甚至把他当父亲一样看待，但琼汉斯的担心也并不是多余的。权力是最好的春药，皮斯特恍然大悟，罗伯特这个处心积虑想控制 PT 集团的人物，不可能让位给自己，自己可能一直都被罗伯特的“善意”麻痹了。

皮斯特告诉自己，想要得到什么，就要自己去取，他想到了一个大胆的计划，用自己做饵引起特战队和罗伯特的注意，让心腹索罗暗中去找“黑客教父”门德斯。他不确定班德瑞拉是否是罗伯特放下的饵，便决定把宝压在门德斯身上。至少，不能全听罗伯特的。

第十三章　回忆，杀父之仇

一

“教长阁下，我们知道您对这里很熟悉，这么大的清真寺，肯定还有其他避难的场所吧。”在得知特战队即将到达前，皮斯特对教长威胁道。

“放下武器吧，真主或许会宽恕你们的罪恶！”教长感慨道。

“我的罪孽，不需要任何人的宽恕！”皮斯特用枪指向了教长旁边的小教徒。

“你应该不想像他一样的下场吧。”皮斯特看着倒地的班德瑞拉。

教长最终妥协，带着皮斯特一群人打开书房的机关，顺着地下幽深的走廊走进地下室。里面装修豪华，一尘不染，有皇室的风范。

“你们还是赶紧走吧，特战队早晚会找到密道。”琼汉斯对皮斯特说。

“皮斯特，我父亲……到底是怎么回事？”李小晖问道，他笃定皮斯特对父亲的死负有责任。

“把她的嘴堵上。”皮斯特不想再和李小晖废话。

“怎么，敢做不敢当啊！懦夫！蠢货！我一定会查清……呜呜呜……”一块毛巾已经塞到了李小晖的嘴里。

特战队在清真寺内搜寻一圈，只找到班德瑞拉的尸体。

“奇怪，难道他们转移了？”托尼队长问道。

“我看不太可能，要是他们转移的话，没必要带上清真寺内的人，我猜他们应该还藏匿在附近，用李小晖要挟中方，用教长要挟阿方。”方钢回答道。

“还有一个疑点，DTS 费了这么大力气，就是为了得到班德瑞拉，怎么会突然杀了他呢？”

方钢似乎想到了什么，问道：“托尼队长，寺里有没有地下室或者其他通道？”

“据我所知，这座清真寺应该是建于十五世纪的战乱时期，当时国家的皇室成员为了躲避叛党追杀躲到了这里，最后奇迹般地从教堂内逃走，所以应该会有其他密道，你稍等一下。”

托尼联系了阿富汗指挥长，几分钟后军方发来了清真寺的建筑图，方钢发现了地下通道就在教长的书房。

“托尼队长，这条通道挺长，最终通往什么地方？我觉得皮斯特不会在里面待太久。”

“出口在距离清真寺八百米处的一处集市，那里行人很多。”

“您看这样行吗？您负责从地下通道中追逐，我先到出口处埋伏，咱们里应外合，或许能够活捉皮斯特。”方钢说。

“可以，就这么办吧！”

阿富汗的集市上，民众穿着朴素的衣服，妇女黑袍遮面。皮斯特等人在集市外五十米处走出了洞口，扫视一圈后，皮斯特下令炸毁了出口。

“轰隆”一声，已经赶到集市不远处的方钢支队听到了爆炸声。

“大家注意隐蔽！”

皮斯特等人偷袭了几个民众，换上了他们的衣服，而此时最显眼的就是李小晖的特战队服，琼汉斯把一套黑色袍子丢给了李小晖。

“穿上！”

枪声在周围不断响起，集市的民众四散逃命，惊魂未定之时，李小晖才发现皮斯特正在朝远方射击，与一个人在街道上展开了对决，那人正是方钢。

又有几个特战队员加入战斗，在阿富汗的街道上，与 DTS 展开了殊死对决！琼汉斯也带着黑寡妇加入战斗。

“她怎么办？”拉布杜对琼汉斯问道。

琼汉斯急着去接应皮斯特，随口说道：“把她做了。”

拉布杜劫持了李小晖，走到了一个幽暗的小巷。

拉布杜把枪对准了李小晖的头顶。“李大记者，你觉得你今天还会那么好运吗？”拉布杜半开玩笑地说道。

话音未落，一枚震爆弹从天而降吸引了两个人的注意，他们立刻向两旁跃去。虽然距离已经足够远，但是随着一声剧烈的爆炸，李小晖还是被冲击波震得几乎晕了过去。她勉力抬起头回看了一眼，距离爆点更近的拉布杜正趴在地上双手捂着脑袋痛苦的晃动着。李小晖顾不得多想，爬起来转身就跑。

方钢和托尼队长会合后，对集市进行了地毯式搜索，但枪战引发了大规模混乱，饱经战乱的阿富汗的民众犹如惊弓之鸟，强大的人流让特战队的搜索举步维艰，搜索也变成了维稳，皮斯特等人消失在人群中。

二

万物总有其源，就像蜿蜒曲折的江河也是从山崖上一口不起眼的小小泉眼来的。毒品也有它的发源地，可是很多人都不知道它们在哪儿，有些吸毒的人甚至都搞不明白。目前，世界上毒品大致集中在四处产地。这四个地方名字还都很特别，金三角、金新月、银三角、贝卡谷地。而阿富汗就是金新月的主要毒品输出地，很大一部分流入中国。

海滨市的五号港口，退去了白天的喧闹繁华，在深夜中显得异常安静，只有零星的渡船在江面上行驶着。

早些年的那一幕场景又出现了。

夜色中，五个轻装简行的队员潜伏到一个集装箱背面，扫视一圈没有行人后，队长李建国对众人说道："就是这里没错，大家赶紧准备。"

"队长，咱们只有五个人，要不要等后援部队到了再行动！"副队长小王问道。

"来不及了，这次情报来得突然，要是等大部队，恐怕毒品早就入境了。"

"要是真的能抓到猫头这个大毒枭，那以后金新月到国内的毒品恐怕会少一大半。"

"对啊，他跟金三角的毒贩前阵子刚闹翻，现在正想从阿富汗找新的合作伙伴。不过，大家要小心，和他接头的人之前没露过面，也没有他的情报，所以待会儿不要贸然行动。”

几分钟后，毒枭还没有出现，李建国给众人散了烟，自己也点了一根。

“李队长，完成任务后，您想去哪休假啊？”

“还能去哪？回家陪女儿呗，小晖下周就十二岁了，我这个当父亲的，还没陪她过过一个生日呢，很惭愧啊！”李建国眼眶有些湿润，微微吐了一口烟气。

“没办法，我媳妇上个月生孩子，我也没到场，谁让最近任务多呢！”一名队员也感叹。

“咱们执行的都是特殊任务，为了家人的安全，我一直都没告诉小晖我的工作，她见我常年不回家，还以为我是出去贩毒混黑道了，你说气不气人？”

“您可是我们特战队的英雄人物。等她长大了，她会理解的！”

“但愿吧！”

一辆轿车从远方驶来，李建国远远看了一眼车牌，说：“大家打起精神，猫头来了。”

轿车在一块空地上停下，车上的人却没有急着下车。五号港口的另一角，一辆有集装箱的卡车也行驶过来，在空地上和轿车碰了头。

卡车上走下几个阿富汗装扮的人，为首的人看着干瘦年轻，却有一股逼人的气质，他就是皮斯特，索罗跟在旁边。这时，猫头和几个手下迎了过来。李建国等人潜伏到交易点附近。

皮斯特朝周围扫视一圈，索罗凑到他耳边说道：“鲤鱼到了。”

“知道了。”

猫头走了过来，问：“你就是皮斯特？”

“没错，就是我。”

“我希望你明白，我从来不跟无名之辈合作。”猫头言语嚣张，似乎并没有把皮斯特放在眼里。

“可你今天还是来了，大家合作图的是钱，干吗在乎那么多？”皮斯特不卑不亢地说道。

“你让人送来的样品我试过了，是好东西，但是你要的价钱却比市场上低了三成？为什么？”

“当然是为了把你吸引过来啊！”皮斯特邪魅地说道。

猫头没听出皮斯特的弦外之音，以为这只是新兴的小毒贩想要巴结他打进中国市场，还有些得意。

“我不信你有十吨货，而且纯度都这么高，要真是那样，傻子才舍得卖，我要验货。”

“你猜得没错，我的确没有这么多货！”

李建国面露狐疑，感觉这个皮斯特不像是个毒贩，随即给手下比画了几个手势，让大家见机行事。

“那你有多少？”猫头面露不悦。

皮斯特伸出手，比画了一个零。

“妈的，没货跟我谈什么？”

“今天约你过来，只不过想找你借一样东西。”

“什么东西？”

“你的命！”皮斯特说着，一枪崩掉了猫头。

猫头手下顿时愣住了，拔枪朝皮斯特射击。皮斯特和手下早有准备，片刻间结束了猫头的手下。

“李队长，要不要行动？”

“情况不对，他们不是来交易的，大家注意安全！”李建国小声说。

李建国和四个队员冲了上去，双方在几个集装箱附近展开了交火。就在此时，索罗打开了卡车的后门，二十多个手下荷枪实弹走了下来，与皮斯特等人前后夹击，朝着李建国等人一阵猛烈射击。

“队长，怎么突然来了这么多人？”

李建国下达指令：“咱们中计了，赶紧撤！”

特战队准备撤退时为时已晚，在恐怖分子的追击下，三个队员当场殒命，小王身受重伤，李建国身上也多处受到枪伤，两人被带到了皮斯特的面前。

“我们终于见面了，李建国队长！”皮斯特恶狠狠地盯着李建国。

“你认识我？”

“何止是认识，我们之间的血海深仇，今天该有个了结了！五年前的今天，你亲手杀了我的父母，这笔账咱们今天要好好算算！”皮斯特目露凶光。

李建国心生疑窦，问：“五年前？我当初应该在北疆参与一个反恐行动，不知道你说的是谁？”

“你还真是贵人多忘事啊！李香卿和迈克·皮斯特，您还记得吗？”

李建国顿时恍然大悟，冷笑一声，说：“他们啊，难道你是他们的儿子？”

“没错！”

小王捂着伤口，咬牙道：“他们屡屡在北疆作乱，扰乱社会安宁，我们只是在尽军人保家卫国的职责，从来没有后悔过。”

“那我就成全你。”皮斯特说着，一枪杀了小王。

李建国顿时怒发冲冠，质问：“你干什么？杀你父母的人是我，跟他没有关系！”

“去跟死神讲道理去吧！”

皮斯特对准了李建国，愤怒地射光枪里的子弹。

多年后，每当沈林想起李建国的牺牲，总是很痛苦。沈林对李小晖说：“当年我们赶到现场的时候，五名队员都牺牲了，毒贩也没有活口，没人知道猫头是和什么人交易。后来我们查到提供线报给李建国的线人，已经死了，所以这也成了一桩无头冤案。现在看来，那件事从一开始就是皮斯特的阴谋。”

“所以说你之前一直在骗我？”李小晖反问。

“骗你什么？”

“我父亲啊，我之前就猜测他是特战队员，你还骗我说是酒驾出了车祸，与烈士英雄一点都不沾边。”

“是特战队对不起你们家，不过对你隐瞒这件事，不仅是出于保密原则，还是为了烈士的家属着想，而且当时还没到该告诉你的时候。”

“那怎么现在就到时候了？”

“因为皮斯特也已经知道你是李建国的女儿了。”

三

父亲在李小晖的眼中，一直是个模糊的记忆，她只记得父亲的样子很和蔼，总喜欢笑，只是从小和她相处的时间不多。父亲每一次都是匆匆回家，几天后就匆匆离去，就算李小晖再怎么哭闹耍赖，都没能阻止父亲离开的脚步。那个高大巍峨的背影，总是一次次离去，不断走远，渐渐消失在儿时所住的老楼巷子中。

突如其来的信息让李小晖错愕不已，她想趁着休假期间好好缓一缓。李小晖刚回到家，本来想找母亲问清楚，这么多年来只有她一个人被蒙在鼓里，让她有一种被骗的感觉。可是没想到母亲也是刚从沈林处得知了李建国真正的死亡原因，一见到李小晖就顿时哭成了一个泪人。

母亲从来没有在李小晖面前流过泪，就算以前下岗，到处搬家，生活一度举步维艰，她也用坚强的身躯扛了过去，从没在李小晖面前流露出半点落魄，抱怨过半句。

“咱们明天就去见你父亲吧！”

入夜，西部的冬季北风刺骨，今年一直还没下雪，气温也忽高忽低，仿佛就像李小晖的心情一样，过山车式的忽而处在高峰的闪光时刻，忽而坠入低谷。北疆平叛、中阿联合反恐，她都有着惊艳的表现，但也有在劫机事件中的无能为力。她的心中似乎一直压抑一团无名火，就像那场迟迟不来的大雪一样，虽然此时的她也经常毛毛躁躁，与成熟更是相距甚远，但经过这段时间的洗礼，她也渐渐成长了不少，至少不会再遇到什么事儿都不知所措，她的生活真的步入正轨了吗？她也不知道。

李小晖此时想找个伴儿说说话，便拨通了方钢的电话。一阵人潮的嘈杂声后，传来方钢急切的声音。“喂，有事儿吗？”

“怎么，没事儿就不能和你说说话啊！”

“哦，那倒没有，只不过现在我有点忙。”

“你是在哪？怎么听着这么吵？”李小晖反问。

“我在车站！”

“谁啊？”李小晖在电话中听到了一个熟悉的女人声音。

“哦，是李小晖。”方钢毫不掩盖地说道。

“咱们赶紧上车吧！”那女人说道。

“晚点我打给你！”方钢对李小晖说完这句就挂了电话。

李小晖躺在床上怎么也睡不着，她从来没有这种情况。方钢不是说要打电话给她吗？李小晖就这样守在手机旁，一直等到十点都没有来电。方钢从来不会食言，他肯定是忙忘了，李小晖就这样安慰了自己一个小时后，再也控制不住内心的愤懑，直接给方钢打了过去。

“对不起，您所拨打的电话已关机，请稍后再拨。”

叹了口气，李小晖努力把自己的思绪转移开，又回到了父亲身上。越想越觉得眼睛涩涩的，但此时也没有机会手刃仇敌，还是想些开心的事儿吧。与特战队他们一起出任务就比较有趣，魔鬼女教官赵敏犀利霸气，身手矫捷，屡建奇功，有巾帼红颜的酷帅风采，也一直是李小晖的偶像。她虽然外表高冷，但却是一个热心肠，对李小晖一直比较严厉。

想到她，李小晖立马就想到了吕鹏，这个网络技术专家，十足的死宅软丧男，外貌秀气，性格温柔，以前还有点直男癌倾向，但遇到赵敏后瞬间变成了乖乖猫。在一次次被赵敏“欺压”后，两人似乎产生了别样的情愫，所有队员都看在眼里，也经常拿他俩开涮，开朗的吕鹏也从没为此生过气。赵敏有许多的追求者，但她却似乎谁都看不上，也许她已经对吕鹏动了心，只是自己一直没有察觉到而已。

与李小晖走得最近的当然是陈晓琪了，一个天真无邪的女军医，还负责李小晖的“情报打探”工作，她业务能力出众，能在各种极端环境中找到急救方法。出身于普通农村家庭的她，性格朴实，吃苦耐劳，温柔善良。在北疆反恐时被刘兴所救后，陈晓琪开始被刘兴深深吸引，开始主动向刘兴靠近。所有人都在质疑陈晓琪，让她知难而退，而这个外表看似柔弱的女孩却完全不在乎外界的看法，只遵照自己的内心去追求想要的幸福，李小晖对此很是羡慕。

作为特战队万人迷的刘兴，长相帅气又具有一身时尚气质，是特战队的颜值担当。刘兴家境优越，父母是成功的企业家，一开始所有人都在好奇为什么他会选择加入特战队，在一次聚餐中，刘兴说自己幼年曾遭到恐怖分子的绑架，被特战队成功救出，此后对军人敬佩至极，并不顾父母的反对报考军校，为此父母曾经一年多不理他，但还是没能阻挡他的人生方向。在李小晖的眼中，他一直是个和蔼可亲的大哥哥，与扑克脸方钢完全是天壤之别。

哎，怎么又想到方钢了？李小晖顿时又回到现实。方钢几次在危难之中救下李小晖，本来怎么看都是李小晖欠着人家、要好好报答人家的，但每次和方钢在一起，两人总是说不到一块，难道真的是没有共同语言吗？

四

隔天早上，李小晖和母亲早早就出了门，一路上李小晖心事重重。

进了烈士墓地，走过绿意葱葱的冬青树林，母女俩来到了父亲的坟前。李小晖看了看周围，打扫得很干净，母亲说她经常过来看他。

休假的第二天，李小晖还是没有接到方钢的电话，她也尝试着打了一个过去，方钢还是没有接。不过，她倒是接到了张春的电话，约她一起出来吃饭。

李小晖穿着一件白色的连衣裙，到了张春预约的餐厅，也许是淡季或者生意不好做吧，餐厅里居然一个人都没有。张春穿着合身的西装，还打上了领带，胸前夹着手巾，早已在此等候。

“用不着这么正式吧！”李小晖说。

“当然要正式一点了。”

“吃不了这么多，你是有多少钱值得这么浪费啊？”

张春认真地说：“这不是钱的问题，最好的东西当然是要留给最珍贵的人。”

“呵呵，还以为你转了性子呢，油嘴滑舌的毛病还是没有变。”

一阵悠扬的钢琴声传来，接着是两个拿着小提琴的演奏者走了过来。

“什么情况？你到底想干吗？”李小晖这才意识到情况不对。

“你猜啊？”

“这个点餐厅不可能没人啊？”李小晖这才反应过来，用餐的这段时间，餐厅的服务员一直不时回头盯着她看。

张春走到了李小晖面前，单膝跪在她面前。

“你这是干吗？赶紧起来！”李小晖顿时方寸大乱，这样的气氛加上张春出格的动作，她似乎已经意识到了什么，但还是不愿意朝这方面想。

张春取出一个方寸大小的盒子，餐厅的灯顿时全关了，只有些微的一丝光亮。张春打开了盒子，一个硕大的钻戒出现在李小晖面前，一道刺眼的光芒差点晃晕了她的双眼。

“小晖，你嫁给我吧！”张春一脸虔诚，郑重地说道。

“嫁给他，嫁给他！”旁边的工作人员也开始起哄。

“张春，你先起来，我一点准备都没有！”

“我知道，所以才叫惊喜啊！”

“咱们好好谈谈吧！”李小晖认真地说。

张春这才意识到李小晖发怒了，朝后面的人摆了摆手，众人退去。

“你说，你闹这么一出，让我如何自处啊？”

“你答应就行了啊，你放心，我以后绝对会对你一心一意的！”张春说着，伸手握住李小晖，李小晖迅速躲开。

“我知道你是个好人！但是咱们一直都只是好朋友，你也应该很清楚，根本没有男女之间的感情啊！”

“感情是可以慢慢培养的嘛。”张春真诚地表示。

“张春，我觉得我有必要和你说清楚，免得你在我身上浪费时间，给你造成更大的痛苦！”

“小晖，我都计划好了，你辞掉特战队记者的工作，咱们马上就结婚！”

“你说什么？”李小晖急了。

“先结婚也行，以后我负责赚钱养家，你负责貌美如花。”

“为什么？”

“我是男人，赚钱的事儿当然我来做了，我只是想好好地照顾你。”

“不，我是说你凭什么要求我辞掉自己的工作？”李小晖反问。

“这还能是为什么？你的工作多危险啊，这几次行动我都打听清楚了，都是因为你运气好，要不然……”张春意识到自己的表述有些不妥，继续说道：“我是说，你一个女孩子家家的，要想工作我以后可以给你安排简单轻松点的，你想做公司的总裁都行，只要不是战地记者。”

“你凭什么决定我的职业！战地记者虽然可能有危险，但是我做得很开心，和战友们并肩作战，我能感受到自己的作用，采访报道可以向大众还原真相，我能感受到自己在工作中实现的价值。我觉得这是一项非常高尚的职业，你凭什么用生意人的那套算计来衡量我的价值！”

李小晖第一次对自己的工作这么慷慨陈词，张春顿时愣住了。

“我不是那个意思，可能刚才我的表述有些问题，我只想让你过上舒适安逸的生活，没必要整天在枪林弹雨中冒险。伯母现在年纪也大了，就你这么一个女儿，你要是有个三长两短，你让她以后怎么办啊？”

李小晖顿时无言以对，她从来没有考虑过这些问题。张春说的都是实情，母亲为了她的安危，在多少个夜里辗转反侧，她一直希望女儿过上安定平和的生活。

“你说得是有些道理，但总有些事情比个人的安危更重要，更值得去做的，今天就先到这里吧。”

“你今天拒绝我是不是因为方钢？”张春反问。

“也是，也不是，我真的一直拿你当朋友。”李小晖强调。

“假设他并不存在，你是不是就会考虑我？”

“我没法回答这种假设。”

李小晖独自走在回家的路上，心想方钢不知道现在在做什么？如果他在，是否也会支持自己今天的决定，为什么女人就只能烧火做饭伺候男人，有自己的职业追求就会变成男人眼中的另类。

人在倒霉的时候，真的喝口凉水都塞牙。隔天回到特战队，李小晖听到的第一件事就是方钢和廖洁儿回家见父母了，李小晖只感觉生无可恋，没想到两人的关系已经发展到这个阶段了，这是要谈婚论嫁的节奏啊。

还没从伤痛中回过神来，李小晖又被沈林叫到办公室，她对于中阿联合反恐的报道被指出了一些问题。

第十四章　卧底，关键人物

一

“这篇报道里面涉及中阿双方的反恐作战细节，在恐怖分子彻底消灭前，还不能披露。”

“好吧。”李小晖无奈地说道：“那我到南苏伊登做采访的事儿，组织上批准了吗？”

沈林有些为难道：“这个事情嘛，我们正在考虑。你也知道，现在南苏伊登的局势还不明朗，治安较差，恐怖分子的活动还很猖獗。再加上我们之前的反恐行动，我们担心恐怖分子会对中国的一些组织机构采取报复，这是我们最担心的。”

“我知道，不过这次我主要采访的对象是维和部队，与他们在一起能避免很大的危险，其次才是难民营。”李小晖反复说明。

“你就别给他们添乱了。”

“这次同行的还有国内的其他代表团和报社，这是发扬军报不畏艰难的战地传统，不能不重视啊，指挥长。”

指挥长这回是吃了秤砣铁了心要拒绝，李小晖便使出了杀手锏，她九十度弯腰鞠躬，说：“请看在我父亲的份上，给我这次机会吧。”

“就是因为考虑到你的父亲，我才要为你的安全着想。”沈林坚持道。

李小晖又一次九十度弯腰鞠躬，说：“请看在我父亲的份上，给我这次机会吧。”

沈林被她软磨硬泡得够呛，说：“好了好了，我再考虑考虑吧！”

隔天，李小晖得到了特战队的审批，获得了去南苏伊登的签证，之前的阴霾顿时烟消云散。此次前往阿富汗的，还有国内的一些企业代表，南苏伊登的经济百废待兴，随着中阿两国合作交流的不断加深，他们也在南苏伊登寻求合作机会。

李小晖不知道如何面对方钢，去了南苏伊登倒是可以躲个清静。此次去南苏伊登除了公事，她心头还浮现了一个计划，父亲的死一直像一把利剑悬在她的心头。

二

飞机经过十几个小时的飞行，到达了南苏伊登，这是中国前几年开通的第一条直飞南苏伊登的航线，现在每天已有多趟航班。

李小晖走进入住的酒店，刚收拾好东西后，就接到了邵教授的电话，邀约她到餐厅用餐。

李小晖走进餐厅，邵教授在餐厅的一个角落对她挥手。李小晖喜出望外，朝邵教授走了过去。

“邵教授，终于见面了，您什么时候到的？”

“我昨天就到了，刚到处转了一圈，今天有什么安排吗？”邵教授问。

“暂时没有。”

“那行，我待会带你到处转一转，了解一下他们的风土人情！”

李小晖兴奋地说：“好啊，能有您的指导，我真是三生有幸。”

用餐过后，南苏伊登军方接待处给邵教授和李小晖派出了一辆车。司机二十多岁，能说一口流利的英语。

车子开出了市区，在一处集市上停了下来，路上的行人脚步匆匆，在集市上买完所需物品后迅速返家。

“他们现在也不能参加什么娱乐活动吗？”

“有安全隐患，再加上 DTS 执政的那几年，实行了高压政策，民众现在也渐渐地习惯了，没什么事不随便乱跑。”邵教授提醒。

李小晖突然想到之前在北疆见到的一幕。那是特战队刚击退 DTS 的几天后，在一条商业街上突然有两三个年轻人亡命般跑了起来，接着身后不断有人惊恐地“狂奔逃命”，最后队伍发展到了几百人。躁动停息后，警方并没有找到恐怖分子，调查才发现，就是两个年轻小伙发生了口角，接着追打起来，而不明真相的行人见到有人狂奔，以为又有恐怖袭击，便也跟着“狂奔逃命”。这个小小的细节让李小晖特别有感触。

“恐怖分子策划的袭击不仅造成了大量的人员伤亡，以及恶劣的社会影响，给民众带来的心理伤痛和恐惧，也不是一时半会儿可以抹平的。”李小晖感触颇深地说道。

“都是 DTS 害的，这一带现在还好一点，三个月前每天都有自杀式袭击。”邵教授说。

“我以前还以为，哈里死后，DTS 对中阿两国的威胁会减少，没想到现在愈演愈烈。”李小晖感叹。

“这里面原因很复杂，像之前的哈里，他是个极端的宗教主义者，一直想建立一个没有异教徒的国家，所以一直对北疆地区骚扰不断。而这个皮斯特呢，他母亲生前就是国际最大的反华势力集团的骨干，他对中国的仇视比哈里更甚。以后中国的反恐形势只会越来越严峻的。”邵教授说。

李小晖一行人继续往前走了几公里，所到之处满目疮痍，很多古建筑和民宅受到了不同程度的破坏，这个几百年前富饶的宗教王国现在俨然成了人间炼狱。

“小晖，你应该知道丝绸之路吧，这里原本叫汉拉古街，就是由丝绸之路得名的，当时的南苏伊登国王就是在这里接待了郑和的特使，还开设这么一条街道让两国商贩开展贸易，后来周边其他国家的商贩闻讯也加入进来，就变得越来越热闹。虽然朝代更替，时境变迁，这条古街也不是以前的样子，但这个贸易的传统却保留了下来。”邵教授介绍道。

李小晖看到集市上的确有不同服装的外国人出现。不时有联合国派出的维和部队巡逻维持秩序，其中就有中国维和警察的身影。

当地购物的居民每个人都随身携带一麻袋钞票，不明真相的人都以为他们是亿万富翁，因为最小面额的钞票都是一千。但是这里最普通的面粉，价格都卖到了几百万一斤，蔬菜和肉类更是天价。

“久经战乱的南苏伊登，一直经历着通货膨胀的危机，人民群众大多在温饱线上挣扎，饥饿和贫穷依然是他们急需解决的头等大事。”邵教授边走边介绍。

李小晖拍摄了几张当地人的照片，街道上的小孩一个个面黄肌瘦，营养严重不良。

入夜，李小晖写完了南苏伊登的民俗见闻，发给了报社。她不禁伸了个懒腰，站在窗前看着南苏伊登的夜景。退去了白天的喧嚣，南苏伊登的夜晚异常安静，谁又能想到这安静只是短暂的，冷不丁就会出现一次自杀式恐怖袭击。

李小晖不经意间，看见了两个熟悉的身影。她立刻意识到两人就是皮斯特和索罗。他们怎么会在这个时候出现在附近？

来不及多想，李小晖穿上外套带上一把匕首，快步走出了旅馆，朝街角走去。她隐约看到两人转过一个街角，冲过去时只看到一辆车远去，皮斯特正坐在那辆车上。

李小晖快步朝前追去，但脚下突然踩到了一处凹坑，重重地摔了一跤。眼看车子已经走远，但她放不下心中的愤怒，踉跄着朝前跑着。突然一个人影从旁蹿了出来，一把抱住李小晖。李小晖本能地挣扎，刚拔出匕首就被对方制伏。

“是我！”一个熟悉的声音顿时惊住了李小晖。

三

方钢把李小晖扶到了房间，让她坐到沙发上。

“我刚才看到皮斯特了。”

“真的？”

李小晖没底气地说道：“虽然没有看到正脸，但是我确信那两个人就是皮斯特和索罗。”

“就是你追的那两个？我是看到正脸了，就是两个普通的南苏伊登青年，你认错了。”

“不可能！”

“我知道你父亲的事儿，也理解你现在的心情，你可能出现幻觉了。”

方钢坐下身，惆怅地说：“杨婉去世那会儿，我也很长时间走不出来，有一段时间看到和她身形相像的人就觉得是她。”

李小晖转念一想，当时的确没有看到两人的正脸，可能真的是自己的臆想吧。

方钢取来了冰块，用毛巾包好后，准备给李小晖敷伤口。

“还是我自己来吧。”

“别动。”方钢认真地说。

李小晖半晌没说话，他乡遇故人本来有一连串问题想要问，但一想到方钢的“所作所为”，她只感觉心里堵得慌，越想越气。

“哈哈哈哈！”李小晖突然大笑了起来。

“你笑什么？”方钢疑惑地问道。

“方钢，你干吗摸我的脚底板？流氓！”

“谁摸你的脚底板，我又不是变态！”

“你就摸了，我感觉好痒。”

“好好好，我小心点。”方钢自知眼前的这尊活菩萨惹不起，便也不再争辩。

“方大队长，您怎么会突然到这儿来了？”李小晖冷冷地说着。

“哦，是指挥长让我来的。”

李小晖有些小高兴，看来是指挥长专门派方钢过来保护她的，顺便增进两人的感情，果然是神助攻。“看来指挥长还是挺关心我的嘛！”

“呵呵，你未免太自恋了吧，我来是有秘密任务的。”

李小晖的心顿时凉了半截，问：“什么秘密任务？”

“既然是秘密任务，当然不能对任何人讲了。”方钢说。

李小晖试探地说：“那你们是真的要结婚了。”

“结婚？结什么婚？”

“少装蒜，你们不是都回老家见家长了吗？”

“哦！”方钢生锈般的嘴皮里只吐出这么一个字眼。

“快说啊！”李小晖急了。

“说什么？”

“你们见家长的情况啊，父母到底同不同意你们在一起？”

方钢说：“关你什么事！”

李小晖强压内心的怒火，说：“咱们怎么说也是一起扛过枪，同甘苦共患难、从生死一线上走过来的战友啊，我关心你当然是应该的了，你怎么能对我说出这样的话，你还有没有良心啊？”说完，李小晖转过了头，气嘟嘟地坐在沙发上。

“我跟她之间有很多的不合适，所以见家长的情况不乐观。”

“不乐观？双方家长不同意吗？”李小晖又追问。

方钢点了点头，说：“对，但是洁儿一直都很坚持，毕竟她喜欢我了这么久，虽然我没给过她什么承诺，但也深深地为她的这种痴情感动。我一直都很欣赏那种为了爱情可以不管不顾、勇往直前的人，就算任何人反对也要坚持自我。”

“对，说的没错，爱情不就是一种冲动吗！父母的反对只是暂时的，只要看到你们以后在一起开心，他们肯定就会放下心结了。”李小晖眼珠一转，这才发现被方钢带偏了，说：“不对，父母毕竟年长，社会经验多，他们的意见还是要听一听的！”

“我也是这么认为，所以现在不知道怎么面对洁儿。”方钢沉顿了片刻，继续说道：“洁儿是个好女孩，我也很欣赏她，感激她为了我做的这一切，可是不知道为什么，我对她的感觉和杨婉完全不一样，没有那种炙热的冲动，就好像是那种好朋友在一起的愉悦和舒心，你能理解吗？”

李小晖点了点头，她对张春又何尝不是这种感觉。

“如果可以的话，我愿意一直和她做好朋友。”

李小晖顿时陷入沉思。她和张春是十多年的朋友，也不知道从什么时候起，张春就暗恋上她了，也恨自己的粗心大意一直都没有察觉，这才导致张春在爱情的泥潭里越陷越深。李小晖现在想来不禁有些自责，要是早和张春说清楚的话，也许就不会闹这么大的误会，不知道以后和张春能不能继续做朋友。

没有男女之情要早些说清楚，要是暗恋的话难道不应该早些表白吗？廖洁儿不就是因为这样错过了一次次机会才这样的嘛。李小晖鼓足了勇气，她决定为了自己的爱情不再畏缩不前。

“方钢，我喜欢你！”李小晖大声说了出来，她不敢回头看方钢。方钢也没有回话，没回话不就代表不拒绝吗？李小晖继续说道：“我也不知道从什么时候起，开始有意无意地悄悄关注你。我知道，你一开始的时候很讨厌，但我也不知道为什么，就是感觉离不开你。你也许会说这就是队友之间的依赖，但这和其他队友之间的感情完全不一样，我心里清楚，我是真的喜欢上你了！”

李小晖深吸了一口气，等着方钢回答，但半晌后还是没有回应。

“你倒是说话啊？你有没有对我有这么一点喜欢，要是有的话，你就来追我，没有的话……我相信你也是喜欢我的对吧！”

李小晖扭头，四周空荡荡的，早已没有了方钢的踪影。李小晖心想，这一顿猛如虎的表白算是白搭了，这家伙也真是无聊，走的时候也不说一声，混蛋！

四

凌晨两点，方钢穿上了一件黑色的斗篷，来到酒店外的一条巷子里。等了半分多钟，方钢突然感觉后腰被一个物件顶住，他意识到是一把枪。

“小兄弟，这里可不比国内，夜间禁止外出。”

方钢听出这是接头的暗号，答道：“心里敞亮，在哪儿都是晴天。”

来人放下了枪，方钢转过身，看到了来人的正脸。

“是你？”

“方队长，好久不见啊！”

方钢有些惊讶，说：“原来你就是我们安插在 DTS 的卧底啊，我早该想到的。”

“我时间不多，是躲着皮斯特出来的，他就在市区。”

“我今晚见到了，我们的一个队员差点打草惊蛇。”方钢说。

“他们这几天会有大行动，你要提醒维和警察多注意。”

“我会通知指挥长的。”

“那你调查到是什么计划吗？”方钢问。

“还没有，我总是感觉皮斯特已经知道了我的身份，指不定哪天……”卧底叹息道。

“那你现在就应该撤离，不能再冒险，指挥长一直担心你，这次就是安排我掩护你安全撤离的。”方钢严肃地说道。

“我知道，不过现在还不是时候，皮斯特留着我肯定还有其他目的，我想再刺探一些情报，争取早日剿灭 DTS。”

“不行，这样太危险了。”

方钢情绪激动地说着，卧底迅速伸手示意：“我会向指挥长解释的，你们不用担心我。”

方钢是收到沈林的命令来和卧底接头的，撤离的一切事宜都已经准备好，但拗不过卧底的坚持。

“那你注意安全！”

“我会的，还有，那个邵剑飞，你们调查得怎么样了？”

“这个老狐狸，我们一直没有找到关键性证据，而且他的酒店安装了反窃听装置。”方钢说。

“他伪装得很深，要不是我意外听到皮斯特和他通话，也想不到他居然就是 PT 集团的罗伯特。还有，你要提醒李小晖，我看他们俩走得很近。”

“指挥长的意思是现在时机还不合适，李小晖又没有潜伏经验，只怕会引起邵剑飞的察觉，只能是我们从旁多加留意。”

“他是个狠角色，千万要当心！”

“我会的，你也多注意安全。”

“要是哪天剿灭 DTS 了，咱们得好好喝一杯。”

“会有这么一天的。”

短暂的交流后，来人就渐渐消失在漫漫的夜色中。

方钢看着他远去的背影，心中肃然起敬。他原本可以和特战队一样，在正面战场和恐怖分子搏杀，享受应得的荣誉，但他却选择了一条艰难的路，在黑夜中穿行，没有战友、没有同伴，只为心中不灭的信念，以及对邪恶势力的愤慨。

隔天一早，李小晖刚出酒店的门，就看到方钢雕塑一般矗立在门口。

“咱们走吧！”

“去哪？”

“你不是要去维和部队吗？我陪你！”

李小晖心中一喜。

“怎么突然这么好心？”

“你现在代表的是特战队的形象，不能给我们丢脸！”

走到大堂，邵剑飞已经在等候区的沙发上，见到两人就迎了上来。

“这不是方队长吗？怎么也到南苏伊登来了？”邵剑飞一脸的和蔼可亲，要不是早有情报，方钢断然也不会想到这样一个温文尔雅的老学者，会是臭名昭著的 PT 集团长老。

“方队长来这里，是有……”

“特战队不放心李小晖一个人到南苏伊登，特意让我过来保护，毕竟新闻工作也是战区的重要部分嘛。”李小晖还没说完，就被方钢粗暴打断。

正当李小晖疑惑之时，方钢转而说道：“小晖，咱们走吧。”

车子驶离酒店，朝着南苏伊登维和总部开去。

“邵教授真是老当益壮，还亲自到南苏伊登考察。”

“见笑了，还是比不过你们这些年轻人。”

“哪里哪里，是我们要多向您学习！”

“后生可畏啊！”

“听李小晖说，邵教授去过很多战乱的地方，您是怎么看待现在的恐怖分子的？”

“恐怖组织、恐怖分子目前的风格和手段愈发的残忍和恶劣，像在中国西北地区面临的恐怖势力，在毫无历史根基缘由的情况下，妄图破坏国家统一和民族团结，所采取的行为往往令人发指。”

“邵教授这个说法真是有见地啊！”

邵剑飞神色严肃地说：“这原本就应当是国际共识。”

方钢和邵剑飞一路有一搭没一搭地交谈着，李小晖几次想要插话都又被两人撇开，仿佛自己成了外来人。

不过，李小晖却觉得气氛有些不对，方钢的言语中充满了试探，而邵教授在回答有些问题时也有些搪塞，不像跟自己在一起时的开诚布公。也许是自己想多了，毕竟两人才是第一次见面，不可能自来熟。

五

车子开进了维和总部，李小晖和邵剑飞在中国维和部队队长的带领下，参观了他们的训练营。

维和部队也叫蓝盔部队，士兵头戴天蓝色钢盔或蓝色贝雷帽，上有联合国英文缩写“UN”，臂章缀有“地球与橄榄枝”图案。凡参加联合国维和部队的人员，必须被送到设于北欧四国的训练中心接受特种训练。

联合国维和部队成立于1956年苏伊士危机之际。近些年，共有数十万名军事人员和数万名联合国警察，以及来自超过120个国家的文职人员，参加了联合国维持和平行动。目前参与维和的国家有18个。

“维和部队由联合国秘书长直接指挥，有两个明显的特征，就是它的非强制性和中立性。它的进驻与活动，需由安理会或大会决定，并征得有关各方同意，其中15个联合国安全理事会成员国中，最少有9个国家赞成，而且中国、美国、英国、俄罗斯、法国这五个常任理事国没有投反对票，然后授权联合国秘书长进行组织。进驻后，一旦该国政府提出撤军要求，必须立即撤出。”

“中立性就是说，其成员必须来自与冲突双方无直接利害关系的国家吧？”李小晖说道。

“没错，它不同于一支真正的军队，它没有战场，是一支政治外交部队。联合国维和部队在执行任务时，除进行自卫外，不得擅自使用武力。必须严守中立，不得卷入冲突任何一方，更不能干涉所在国内政。”

“那维和部队的具体职责有哪些？”

“这个就包括监督停战或停火、撤军；观察、报告冲突地区的局势；执行脱离接触协议；防止非法越界或渗透；联合国决议赋予的其他使命。派遣军事观察组是联合国维持和平行动的临时措施，均有一定的期限，视情况需要由安理会决定可延期。”

“那维和部队携带武器有什么要求吗？”

“维和部队是由武装部队的分遣队组成，士兵可以配备轻型防御性武器，像中国维和部队一般为九五式突击步枪。但联合国有时会派遣军事观察团，人员由联合国成员国提供，在执行任务时，观察员不能携带武器，必须严守中立，不得卷入冲突的任何一方，更不能干涉所在国的内政。”

参观完维和部队的训练场地后，李小晖又采访了几个刚轮班的士兵。他们都是从各地挑选出来的精锐力量，2020 年赶到南苏伊登，一开始也是各种水土不服，而且每天都要面对着各种恐怖袭击、人体炸弹、食物投毒、持械抢劫、种族仇杀、疟疾毒气等，对比他们在国内的工作，危险度极高。接到南苏伊登政府的邀请，很多士兵还参与到对当地政府培训干部和民兵武装的活动中。

除此之外，还有很多从事研究创伤后遗症的青年医生也开赴战场，很多士兵在经历生死存亡的作战后，可能患上各种心理疾病。

在特战队的斡旋沟通下，方钢见到了维和部队在南苏伊登的指挥官，上报了特战队得知的情报。DTS 最近可能会有大规模武装袭击，但并不确定袭击地点。

指挥官答应会加强巡查，但是现在南苏伊登的局势较为复杂，要真有恐怖袭击也只能随机应变。

六

“金新月”位于阿富汗、巴基斯坦和伊朗三国交界的地带，因地形像极了一轮弯弯的新月，又盛产利润极高的毒品鸦片，被称为“金新月”，是世界三大毒品产地之一。

“金新月”地区人口稀少，交通不便，气候干燥，主要居住着以尚武和彪悍著称的帕坦族和俾路支族。他们保持着传统的习俗和族风，比较自由地来往于三国的边界，而三国均未对其进行有效的行政管理，使该地区发展成为世界范围内鸦片的主要产地。

隔天，李小晖随着邵剑飞到了“金新月”地区，这里并没有政府军的保护，一行人只能短暂停留。

从产量上论，该地区大有与金三角平分秋色之感，在八十年代后发展成了一个新的毒品产区，该地区种植鸦片的面积高达六万公顷，三国最少的耕种面积也达到了五千多公顷，目前“金新月”地区始终保持在鸦片和海洛因生产的第二把交椅的位置上。

相对于“金三角”地区，这里的种植时间起步较晚一些，主要种植大麻和罂粟。南苏伊登禁毒者曾透露，在他们那儿毒品的生产、加工、走私都像普通产品一样形成了一条成熟的产业链，要彻底禁止难度特别大。

“邵教授，他们种出大麻后卖给谁？”李小晖问。

“哈哈哈，这条产业链虽然还达不到标准化流程，但买家自然是不愁的。每年春分就会有毒贩到田间给农民支付订金，收获的时候毒贩也会派专人来收购，然后再直接送出境或是运往特定的加工地加工，农民在享受到巨大的利润后，都不愿再老实本分地种植自己的庄稼。”

“那把他们的买主都抓起来，不就能禁毒了吗？”

“哪有你想的这么简单，当地将近有10%的人直接或间接参与毒品的种植、贩运、走私，毒品经济占国民经济60%的份额，想减少毒品面积种植，其实很不现实。”邵教授开始讲述他的一套理论。

李小晖等人所到之处，农户的生活并没有多么富裕。他们住着普通的平房，穿着简朴的衣服。纵然毒品行业有巨大的利润，但身处食物链底端的农户也被盘剥到了极致。

李小晖走进一个农户，正想问两句时，邵剑飞立马阻止了她，说：“他们的防备心理非常强，而且每家都备着武器，要是问错什么话，得罪了他们，弄不好会把你打成马蜂窝的。”

当晚八点多的时候，南苏伊登的难民营发生了自杀式恐怖袭击，几个身背炸药的恐怖分子冲到了维和部队的驻地引爆炸弹，当场造成三死十伤的惨状。维和部队指挥官派出了大部分警力赶往事发地，对附近街道实行了戒严，但暴乱活动还是时有发生，断断续续地持续了两个多小时。维和部队的注意力完全被难民营吸引住了。

李小晖第一时间赶到难民营，实时播报了现场情况，方钢随身保护。

“我感觉今晚的恐怖袭击有些蹊跷。”方钢自语道。

“怎么说？”

“特战队前两天收到情报，这几天DTS有大规模的武装袭击，但是难民营发生的暴乱，不像是皮斯特的作风，这些小动乱远远达不到他的目标。”

李小晖仔细一想，觉得方钢的分析颇有道理，说：“DTS 就算再穷凶极恶，恐怕也不敢和维和部队直接冲突，现在维和部队的主干力量都调派到难民营，市区的城防必然松懈，他们要是想发动大规模的恐怖袭击，现在正是时候。”

“没错，现在敌暗我明，也不知道他们会选在哪里发动袭击？”

十多分钟后，维和部队收到消息，南苏伊登遭到 DTS 的突然袭击，卫队与 DTS 展开了交火。

方钢一走神的工夫，再回头的时候，李小晖已经跳上汽车，扬长而去。方钢满脸怒色，冲着李小晖大吼：“那里正在打仗！你是疯了吗！”

战况远比李小晖想象得严重，因为这是在南苏伊登。DTS 的所有重型武器都派上了用场，几辆直升机不断向政府所在地投掷炸弹，地上的恐怖分子也都装备精良，远强于政府卫队。

皮斯特在登上 DTS 首领的宝座后，有消息说，他靠着 PT 集团强大的财力支持，购买了大量的重型武器，看来是真的。李小晖看着眼前架势，政府所在地真的有可能在今晚沦陷。

艾哈迈德·马苏德的书房内，新任的内阁大臣拉希米部长和幕僚簇拥在他的旁边，一个个心急如焚。

“眼下的情况对我们很不利，我们强烈建议您赶紧撤离。”拉希米说。

“你们不要再说了，我既然是南苏伊登的总统，就不会在这种时刻临阵脱逃，我要和士兵共存亡。”

头发斑白的长老院主席走上前：“总统先生，就算 DTS 一时攻占了政府所在地，我们还是可以争取国际支持，再夺回来。”

“我明白您的意思，但南苏伊登的每一个人都是铮铮铁骨，我不会用士兵的生命去换取我的苟活。”

老者见无法说服艾哈迈德，便给了拉希米一个眼色。几个大臣突然凑上去，挟持了艾哈迈德。

“拉希米，你们干吗？”

“对不住了，我们必须为您的安全着想。”

几人接着反绑了艾哈迈德，带着他从书房的地下室离开了。

李小晖正在政府所在地外的一个角落拍摄照片，半个多小时交战后，街道上横七竖八地躺着卫队士兵和 DTS 恐怖分子的尸首。

围墙偏僻处的一座小亭子处，总统一行人打开地道门，见四周没人后走了出来。一行人刚走出五十多米，就看到一个形迹可疑的人在街道上游荡。拉希米拔出了枪，顶到了此人的头顶。

“你是干什么的？”

“我是中国的记者，只是来做战地报道的。”李小晖用英语说着，递上了自己的证件。“您就是拉希米部长吧，我在电视上见过您！”

拉希米查证李小晖的证件，李小晖扭头看到了艾哈迈德被他们保护在中间，顿时明白了他们的用意。拉希米发现后，更加警觉地盯着李小晖。

“您放心，我不是恐怖分子，前方有辆车，是我开过来的，你们可以用。”

“谢谢了，暴乱过后，我们会向中国政府表示感谢的。”

拉希米一行人朝车子走去，就在这时，几个 DTS 恐怖分子抬着冲锋枪朝这边扫射过来。

“杀了艾哈迈德这个宗教叛徒！”一个 DTS 恐怖分子大声喊道。

“小心啊！”就在这时，李小晖看到艾哈迈德身后出现了一个恐怖分子，准备射击。

李小晖立即扑了过去，一把推开了艾哈迈德，一颗子弹直接射穿了她的胸膛。

第十五章　易手，胜负难料

一

李小晖离开难民营时，开走了唯一可用的车。战火纷飞的时刻，方钢来不及多想，便驾驶了一辆军用摩托车，朝政府所在地开去。

方钢没有李小晖幸运，一路上遭到各种阻拦，和政府卫队激战的DTS已经把战线拉长，不断在附近的住宅区发动袭击。油门已经轰到底，摩托车也已经跑到了一百多迈，在治安混乱的街区，只需路上的随便一个障碍，就会让他车毁人亡。

方钢一个急刹漂移转过街角，继续加大马力朝前飞奔，只感觉摩托车后轮忽然不规则摆尾，接着就连人带车甩了出去。这时一个埋伏在街角的恐怖分子，射穿了摩托车的后轮。

方钢被重重地砸到了墙上，只感觉浑身的骨头都要散了。他隐约听到恐怖分子的脚步走进，便也没有挣扎，假装晕了过去。恐怖分子凑上来后，用冲锋枪翻过方钢的身子准备检查。方钢顿时睁大了眼，一把握住冲锋枪扭转方向，恐怖分子开枪只打到旁边地上。方钢迅速制伏了恐怖分子，夺走他手上的枪。此处距政府所在地只有两公里，方钢便徒步前行。

来到政府所在地外，DTS和卫队的战役正如火如荼地展开，各种冷枪和正面对射充斥在硝烟弥漫的街道。方钢巡视一番，不见李小晖的下落，便朝前方继续冲去，不曾想几个歹徒已经发现了他的踪迹，几发冷枪朝方钢射去。“砰，砰，砰！”几声枪响后，子弹射到了方钢的脚边。方钢一个跳步躲到了一个拐角，几个恐怖分子冲了上来。

方钢屏住呼吸，微微侧过头看了几个恐怖分子的位置，几颗子弹顿时打到了方钢眼睛旁边的墙壁上。方钢接着蹿出身，连开了几枪后，几个恐怖分子应声倒地。

就在这时，一发冷枪射中了方钢的手臂，幸亏子弹只是擦破了皮。方钢回头看去，那人瞬间转过了头。

刹那间，方钢瞟到了来人一眼，看着熟悉，好像在哪见过。仔细一想，是李小晖的朋友张春，之前在酒吧见过一面，他为什么来到南苏伊登？方钢追了上去，来人在转角处失去了踪影。刚才距离这么远，也许是自己看错了。

方钢接着往前走，几个卫队士兵看到手持武器的方钢后，围了上来。

“放下武器，你是谁？”卫队长用英语说道。

方钢举起了手中的枪，用英语说：“我不是 DTS，我是中国人，我们有一个女记者在这里走失了，你们有看到吗？”

“什么记者？这里是作战区，不会有记者，你还是赶紧离开吧！”

“她不可能离开，我会继续找的，保证不给你们添乱。”

一个队员凑上前，说：“队长，刚才我看到了一个女记者，好像是中国人。”

“是不是穿着一件夹克衫、白色的休闲裤？”方钢追问。

“没错，还带着一个相机。”

“没错，就是她！她现在在哪？”

“刚才在前方左转五百米处，不过现在那里正在交火，你不能过去。”

“谢谢了！”方钢说完，提着冲锋枪快步往前冲去。

李小晖刚和艾哈迈德的亲卫解开误会，便看到艾哈迈德身后也出现了一个恐怖分子，准备射击。

“小心啊！”李小晖扑过去一把推开了艾哈迈德，一颗子弹直接射穿了她的胸膛。李小晖只感觉好像被什么器物撞了一下，还没感觉到任何的疼痛，身体已经失去了知觉，缓缓地倒在了地上。

拉希米见状凑了过去，但连发的子弹射到了他的脚边。他迅速回身防守，李小晖的身体躺在路中央。

艾哈迈德一行人躲在了车边，两路的恐怖分子连环射击，拉希米和其他大臣的几支短枪远不是他们的对手。

就在这时，刚才射击李小晖的恐怖分子突然被一枪爆了头。众人回头望去，一个中国人抬着冲锋枪朝着恐怖分子迎面射击，吸引了恐怖分子的注意。

拉希米给了旁人一个眼色，几人在方钢的掩护下，也加入枪战。这下局势变成了恐怖分子遭到两面夹击，不到一分钟的时间，几个恐怖分子被全部击毙。

二

李小晖缓缓地睁开眼，只感觉眼前一片眩晕，几个白衣人有些重影。

“你醒了！”女医生问道。

“这是哪？”李小晖问。

“这是喀布尔医院，你昨天刚做完手术，现在需要休息。”

“手术？”李小晖只记得自己挨了一枪，后来发生了什么就一概不知了。“那您的意思是我还活着？”

“当然了，你流了很多血，幸亏送得及时。”

“是谁送我来的？”李小晖意识到了什么。

“是一个很健壮的中国小伙子。”

“难道是方钢？他怎么也跟去了？”李小晖琢磨着。

“你可算醒了。”方钢走进了病房。

“你们别聊太久啊！”医生说道。

方钢点头道：“谢谢。”

医生离开了病房，方钢坐到了李小晖的床边。

“你不是不想去政府所在地吗？为什么又跟上去？”

“我没说不去，只是不建议你去！”

“你？”李小晖突然一动，又扭到了伤口。

“别乱动，你现在是病人！”方钢上前小声安慰。

李小晖暗暗生气，本来还应该好好感谢人家一番，现在哪有那个心情，只觉得大家是战友，救我是应该的。

医院突然震荡了起来，远处不断有枪声传来。

“总统先生现在怎么样了？”李小晖问。

“他现在很安全，暂时住在维和总部。”

“那就是说政府所在地真的沦陷了？”

方钢点了点头，李小晖顿时意识到，南苏伊登的局势变得愈发复杂。维和部队不能参与到所在国的内政，收留艾哈迈德，估计也是出于人道主义的考虑，刚成立五年的新政府如果就此瓦解，那么南苏伊登必将再次爆发浩劫。

“我要去维和总部！”

“怎么，你觉得艾哈迈德会把接下来的计划告诉你吗？”

“我想知道的并不是这些，他们现在最需要的就是国际舆论的支持，否则 DTS 只会更加猖獗，对我国的反恐事业也会是巨大的挑战。”

“等你伤好了再说吧。”

方钢转身刚准备离开，手腕突然被一只冰凉的手抓住。

“方钢，我从来没有求过你什么事儿？但这次情况危急，我必须第一时间掌握资料，报道南苏伊登的局势。”

“想报道的记者不光你一个，离开你地球还不会转了吗？”

李小晖沉顿片刻，说道：“我是第一次感觉自己应该站出来，以前从来没有这么迫切过。”

“你现在的情况要是再有什么闪失，神仙也救不了你。”

“你会帮我的对吗？就像每一次作战，你都是第一个往前冲，我现在开始明白为什么了，有些事总归要有人去做，采访报道就是我的战场！”

方钢没回话，转身看向了李小晖。

“多穿几件衣服，止疼药也记得带上。”

维和部队的驻地外，挤满了各国的记者。政府所在地在一夜之间被恐怖分子占领，引发了全球哗然。

政府发言人走到记者面前，痛斥了 DTS 的丑恶罪行，但被问到艾哈迈德接下来会如何应对之时，发言人闪烁其词，并结束了采访。

发言人走进驻地后，李小晖见到拉希米凑了过去，大声喊道：“拉希米议长，我是李小晖！”

三

李小晖在拉希米部长的带领下，走进驻地去见艾哈迈德总统，对于这个舍身救下总统的中国记者，拉希米部长也不敢怠慢。

艾哈迈德总统暂停了和几位部队将军的会议，在书房接见了李小晖和方钢。也许是刚经历战乱，且一直忙于反击 DTS，总统的气色较差，脸色有些苍白，不过见到李小晖后顿时笑脸相迎。

“李小晖记者，你好，我是艾哈迈德，感谢你在战火中救了我！”总统用右手按住胸口，恭敬地献上自己谢意。

总统行如此大礼，让李小晖有些受宠若惊。李小晖连连挥手，道：“您不用这么客气，其实我当时只是想推开你躲避枪击，没想到自己却被打中了。”

艾哈迈德不禁笑了起来，说：“我很欣赏您的诚恳和坦率！不过，你刚做完手术，应该在医院好好休息。”

“现在南苏伊登的局势暂不稳定，我想多做一些采访和报道，让世界看清暴乱真相。”

“谢谢你为南苏伊登做的一切，你永远都会是我们最诚挚的朋友！”艾哈迈德接着从书桌抽屉里取出一支钢笔，走到李小晖面前，“这是我和中国签订联合反恐时用的钢笔，现在送给你，就当是我们之间友谊的见证。”

“不行不行，这个礼物太贵重了，我承受不起。”李小晖推让道。

“请接受我的谢意。”

艾哈迈德双手递上了钢笔，李小晖有些为难，扭头瞟了方钢一眼。方钢点头示意，李小晖这才接过了钢笔，说：“我一定会好好收藏它的。”

李小晖收起了钢笔，问：“总统先生，我能对您做个简单的采访吗？您现在对外界的发言很重要，可能会影响南苏伊登接下来的反恐局势。”

“我时间不多，十五分钟够吗？”

“可以，可以！”

艾哈迈德招呼李小晖坐下，李小晖打开了录音笔，问：“这次 DTS 在短短几个小时之内就攻占了政府所在地，南苏伊登的对内防御是否出现了漏洞？”

“你说得没错，最近南苏伊登各地都有不同程度的暴乱，初步证据显示都是 DTS 在幕后操作，地点比较分散，所以国家的大部分军队也都派驻到各地去执行平乱工作。首都有维和部队驻扎，我们也就掉以轻心了，后来事情远远超出了我们的预料，DTS 袭击了难民营，引开了维和部队的注意，这才使得政府所在地让他们有机可乘。”

“那接下来，政府军会采取什么样的策略对付 DTS，会和他们展开谈判吗？”

“谈判并没在我们的计划之列，DTS 自从政权覆灭后，屡次发动恐怖袭击，是人民和国家的罪人，我们不会做任何形式的妥协，必须彻底捣毁这个恐怖组织。”

李小晖听着总统的豪言壮语，不禁为他捏了一把汗。艾哈迈德看到李小晖的表情，微微一笑，问：“你觉得我是在说空话吗？”

“我只是觉得难度有些大。”

“从 DTS 这次的作战情况来看，他们的武装力量远远超过了我们的预期，中方也给我们发来了情报，是 PT 集团暗中给予他们资金和武器支持，他们还花大价钱征召了雇佣军，不过，他们并不是有血性的队伍，南苏伊登人民对 DTS 深恶痛绝，所以他们别指望改变南苏伊登的政权。”

“您这么说，我就明白了。中国有句古话叫‘得道多助，失道寡助’，DTS 自从哈里开始接管贩毒生意后，就已经站在了历史的对立面。”

“是这样的。”

“那您接下来会针对 DTS 采用什么样的作战计划呢？”

“这方面我不能多谈，不过我和政府军的多位将军已经起草了初步的作战计划，在这几天就会发动武装反击，彻底粉碎 DTS。”

“根据目前的情况，您会寻求国际协助吗？”

“不会！”

艾哈迈德简短的话语让李小晖心生疑惑，说：“DTS 现在是国际公认的恐怖组织，您要是申请维和部队协助作战，应该会得到联合国的批准。”

“你说得没错，但这毕竟是南苏伊登的内政，我们政府有能力，也有信心通过自己的武装力量粉碎恐怖主义的阴谋，不需要任何军队或者组织的帮助。”

李小晖听到这话，顿时对眼前这位年逾六十的老者心生敬佩，他干瘦的身躯里装着一副铮铮铁骨。“我很欣赏您的魄力，但这样会让南苏伊登的反攻异常艰难。”

“天下没有免费的午餐，我们的国家之前亲近过M国，但是最后都沦为人家的枪杆子，经济被控制，军事被摆布，最后还是被遗弃，血淋淋的教训让我们明白，一个国家的主权和政治问题，必须由自己解决。”

“您的主张倒是和我们国家的独立自主策略差不多，但是您真的有信心打败DTS吗？”

“你是不是觉得他们攻占了政府所在地，就已经掌控整个国家了。”

“我虽然知道不至于如此，但确实会让很多人担心。”

结束了采访后，艾哈迈德派人把李小晖和方钢送回了医院。因为路上的颠簸，李小晖的伤口又裂开了，医生赶紧给她注射了消炎针。

“方队长，你觉得政府军能反败为胜吗？”

“能！”

方钢僵硬的嘴唇吐出这一个字后，也不再解释，继续看手上的报纸。

“原因呢？你该不会是以为我只想听一个答案吧。”李小晖瞬间翻脸，不慎又扯到了伤口。

“别乱动！”医生严肃地说道。

方钢这才放下报纸，说：“以前不是让你多看些军事书吗，这么简单的问题，都搞不明白！”

“赶紧说！”

“DTS得不到国际支持，夺取了一座政府所在地没有什么实际价值，库什山脉才是他的大本营。”

“有了政府所在地不是更好！”

“得到容易，要守住就难了。”

“怎么难？你就不能一口气说清吗？”

“库什山脉易守难攻，喀布尔对于DTS来说易攻难守，皮斯特舍近求远杀到喀布尔，也就拉长了战线，只怕武装补给和后勤跟不上，到时候政府军掐断了他的后路，他就成了牢笼中的困兽，挣扎不了多长时间。”

“他发动了这么大的政变，肯定会考虑到了这些问题，你当他是白痴啊！”

“皮斯特忽略了一点，DTS 这次出动的人马有大部分都是刚招募的雇佣军，他们只是拿钱办事，不可能为 DTS 多么卖命。只要政府军平叛后整装集结，雇佣军就只能是一盘散沙，这是皮斯特无法控制的。”这回，方钢一口气说完了。

李小晖听得连连点头：“说得好像有一丁点道理！”

四

琼汉斯半裸着身子，脖颈上还留着一层薄汗，斜躺在洁白的床上，大口喘着粗气，欢爱后的她浑身还散发着余热。皮斯特凑过头，在她的唇边轻轻一吻，接着一把紧紧地抱住了她，心中又是感激又是愧疚，要不是琼汉斯及时出现，他恐怕已经在中阿两国的联合反恐中命丧当场了。

“你真傻！”

“我愿意！”琼汉斯凑了过去，脸颊紧紧贴在皮斯特的胸前。

“以后这些行动你就不要参加了，你要为肚子里的孩子想想！”

“我就是为了孩子想啊，不想让他以后没有父亲，所以无论如何，我都要让你活着，未经我允许，你不可以有任何闪失！”

皮斯特深深地吻住了琼汉斯，从来没有一个女人像她这样，愿意为自己豁出性命。皮斯特激动之时，又把琼汉斯按在了床上，开始亲吻她的耳朵，抚摸她的每寸肌肤。

得知琼汉斯怀孕后，皮斯特陷入从未有过的迷茫。十五岁第一次杀人，二十岁杀了李建国，跟着哈里清缴南苏伊登各大毒枭，他都从来没有犹豫过。人之所以果决坚韧，就是因为心里没有负担和挂念，但不知道从什么时候开始，琼汉斯已经变成了皮斯特的软肋，就算冒着身份被发现、与哈里闹僵的风险，他也要在劫机事件中救出琼汉斯。

皮斯特在想以后要如何面对自己的孩子，至少不能像他一样寄人篱下，身不由己。他虽然已经掌控了 DTS，但面对中阿反恐部队的步步紧逼，皮斯特也已经陷入两难境地，光靠游击式的策略已经很难到达恐怖袭击目的。再加上 PT 集团永远模棱两可的支持态度，皮斯特盘算着想要彻底站住脚，就要玩一把大的。如果能彻底掌控南苏伊登，以后或许就没必要再忌惮 PT 集团了。

库什山的 DTS 总部，已经没有了哈里留下的任何痕迹。皮斯特下令销毁一切哈里的痕迹，这段潜伏的经历对于天性孤傲的他来说异常耻辱。消除哈里残党比他想象中容易，哈里最近几年残暴的统治已经让他和周围的人心生罅隙，通过极端的宗教主义控制信徒，皮斯特则用更加简单的方法收拢人心，那就是钱。对付哈里信徒中的狂热分子，只能斩草除根，而其余大部分人都是经历战火后走投无路才加入 DTS，不过就是为了生存，金钱诱惑是最直接好用的方法。

深夜时分，皮斯特带着索罗，来到了邵剑飞所住的酒店，在街角等待了十多分钟后，才收到邵剑飞说可以见面的消息。

一进门，皮斯特明显感受到了邵剑飞的不悦。当把一切都计划好了才告知老师，邵剑飞的反应完全在他的预料当中。

“你到底想干吗？”邵剑飞少见地对皮斯特呵斥道。

“中阿两国的反恐部队咄咄逼近，要是我们再没有什么大的动作，只怕早晚会被他们铲除。”

邵剑飞背着手，在房间里烦躁地来回踱步，说：“哈里都没做到的事儿，你能做到？”

“世上再没有这个人了！”

“这么大的事，为什么不提前通知总部？”

“要是通知总部，这件事儿就成不了，而且我也担心走漏消息。”

“那我呢？你眼里还有我这个长老吗？”

“对不起，最近您和特战队走得近，我觉得他们已经开始怀疑您了。”

邵剑飞想到这，在旁边的椅子上坐了下来，拿起旁边的大杯茶水喝了一口，说：“我的身份他们一时半会还发现不了，就算有所怀疑，也绝对找不到任何证据！”

片刻的沉默，邵剑飞眼睛直直地瞪着眼前的皮斯特。这个他从小看着长大，亲手培养起来的人，真的会反咬他一口吗？要是搁在以前，邵剑飞可能只觉得这是在说笑，不过从皮斯特最近的所作所为来看，他已经不是可以轻易控制得了。但是眼下，自己却又离不开他。纵然一直深谋远虑的邵剑飞，此时也感觉到了一种无可奈何。

“既然你已经决定了，那就按照你的想法去做吧！其他几个长老我会帮你去说服！”

“谢谢长老！”

邵剑飞起身，走到了皮斯特跟前，说：“这次行动事关重大，你可知道一旦失败，总部对你会怎么处置吗？”

皮斯特早就想到了这层，如今他的任期还有三个月，在这段时间内总部自然不会拿他怎么样？就算到时候离任，他有 DTS 总部作为根据地，对总部的中东策略依然发挥着至关重要的作用。皮斯特早就看透了集团的唯利是图，只要别失去作用，就能一直活下去。

“我愿意接受总部的一切处置。”

邵剑飞沉顿片刻，说道：“你放手去做吧，其他的事交给我！”

离开酒店后，皮斯特和索罗绕过了转角，上了早已在此等候的车。

“老大，这个罗伯特真是只老狐狸！”索罗说道。

“我曾经把他当成父亲一样的人物，对他言听计从，但后来才发现，在他们这类人的眼中，别人都只是棋子，一切都只是交易。”

“咱们现在有 DTS 做根基，他以为咱们还是任人宰割的羔羊吗？”

“索罗，你不要忘了，咱们对总部的背后运作略知皮毛，他可是做了二十多年的长老，在总部根基深厚，眼下咱们还不能和他起正面冲突！”

“那什么时候能够摆脱他的控制？”

“也许这次行动成功，也许永远不会。”

皮斯特深知罗伯特的厉害，集团之所以能够发展到现在七十多年都长盛不衰，就是因为他们从不给计划失败的人留活口。就算是集团自己扶持起来的一个动乱国家的总统，不听命令也照样可以派杀手暗杀，这是皮斯特十五岁时亲眼看到的罗伯特策划的行动。也许自己现在的所作所为，也都在集团的监控之下，但皮斯特想赌一把。

五

政府所在地被占领三天后，艾哈迈德带领政府军发起了反击。行动策略和方钢预想的八九不离十，他们没有直接进攻政府所在地，而是准备抢占首都东北侧，靠近库什山脉的铁路交通枢纽塔木坎。

凌晨五点多，三万多政府军已经集结在首都喀布尔，但一直迟迟没有发动进攻，他们正在等待着南苏伊登特战队的消息。

南苏伊登的军事实力有限，只有不到十万人的陆军野战部队，空军实力更弱，战斗机数量不多，真正能投入战斗的也就十多架，不过这些仅存的战斗机也在政变中被 DTS 毁坏。DTS 缺少飞行员，他们不能运用的武器装备就直接销毁。

军方紧急修复了十二架战斗机，托尼队长带领特战队，必须在大部队进攻之前完成一次偷袭任务，炸掉 DTS 在塔木坎的军火库，切断 DTS 在喀布尔和库什山之间的联系。

因为是秘密任务，李小晖之前也就不可能知情。托尼队长平安返回后，接受了李小晖的短暂采访，透露了部分细节。

皮斯特派遣了自己的心腹索罗在塔木坎驻扎，一千人的雇佣军二十四小时巡逻。塔木坎四周都是沙漠和山脉，直接抵达目的地难度较大，为了防止被 DTS 的雷达侦破，所有的战斗机必须执行超低空飞行，集中在一起形成一个大鸟样式的机群，这样 DTS 的雷达中就会误判成民用客机，从而躲避追查。而南苏伊登的飞行员很少接受这种高难度的飞行训练，此次任务就显得危险重重。

十二架战斗机刚起飞时就有两架撞到了一块，当场爆炸，这个不好的先兆也严重打击了队员的自信心。最终，原本作为指挥官的托尼队长一马当先，驾驶战斗机冲到了最前头，稳定住了军心。

特战队对天气、环境等因素都做了考虑，可天公不作美，问题还是出在了天气上，气象预报人员表示，任务当天的天气将是晴天、满月，能见度极佳。不幸的是，气象预报错了。

南苏伊登的特战队的专业化程度不高，往往是根据特定的任务进行组建，彼此之间也没有默契的配合。战斗机飞行不到一个小时，就有三架因为设备问题而迫降，剩下七架在南苏伊登大沙漠上方与一场沙尘暴正面相遇。为防止被发现，战斗机保持静默飞行，他们之间的联络主要靠视觉。一架战斗机的高度指示器发生了故障，驾驶员分不清方向，只好返航。

剩下的六架战斗机到达预定会合地点，迟到了一个多小时。驻守在喀布尔的将军不断催促进攻喀布尔，但塔木坎方面一直没有给出回复。

两架战斗机刚准备执行轰炸任务时，又遇到装置故障，这样行动中的战斗机只剩四架。托尼率领着仅存的四架战斗机，冲到了 DTS 的临时基地，开始投下炸药，DTS 发现特战队的轰炸机群后为时已晚。五分钟的连续性轰炸，彻底摧毁了 DTS 的弹药补给。

四架战斗机原路返回，向总部汇报偷袭成功。总统艾哈迈德当即下令，让政府军将军进攻喀布尔。

“什么？弹药库被炸了？”皮斯特在政府所在地中接听着索罗的电话。

“老大，我们失算了，赶紧撤吧！”

皮斯特把电话摔得粉碎，接着整个人六神无主地瘫到了椅子上。

“中国有句老话，留得青山在，不怕没柴烧。现在全球有好几个组织想和我们结盟，就连马蹄岛的海盗也想投靠我们，我们还有库什山做大本营，以后有的是机会！”

皮斯特缓了口气，说道：“撤吧！”

六

“观众朋友，大家好，这里是南苏伊登的政府所在地，在被 DTS 短暂占领了五天后，当地时间今天早上七点政府军发动了大规模作战，击毙了 DTS 的恐怖分子三百多人，其余的也都纷纷投降，最终收复了政府所在地。大家可以看到现场留下的作战痕迹，政府军正在清理现场，相信不久后政府机构就可以重回正轨。记者李小晖为您带来的现场报道。”

方钢放下了摄影机，说：“应该可以了吧，这都已经第六遍了！”从政府军发起总攻时算起，方钢已经被临时征召，充当了摄影师。

“还不都是因为你，连个摄影机都搞不定，要不然也不会录了这么多遍！”

“我又不是专业的，免费帮你的忙就不错了。”

“天底下还有你搞不定的事儿啊！”李小晖接过了摄影机，一番检查后，“方钢，你刚才是不是没按开始啊？”

“按了，不就是这个嘛！”方钢又按了一下以证清白，但摄影机一点反应都没有。“什么情况？刚才还好好的。”

“电池没电了，你都没发现吗？”

“明明有画面的啊！”

“你凑在寻像器这里看，没电也会有画面啊！”

“那你干吗不早说？”

耍赖是会被传染的，和李小晖相处时间久了，方钢也潜移默化成了这样子。

“再来！拍不好，晚上不准吃饭！”

“是李小晖记者吗？”一个南苏伊登军官走上前，用英语说道。

“对，我是，您有何指教？”

军官敬了一个军礼后，从怀里掏出两份请柬递上去，说：“这是总统先生让我转交二位的。今晚政府所在地举办庆功宴，诚邀你们参加。”

李小晖激动得有些说不出话来，说：“我一定会准时参加的！”

宴会在晚上八点举行，政府还专门派人送来了两套男女礼服，李小晖费了半个小时，才说服方钢和她一起参加。

政府所在地充满了欢声笑语，经过一天的收拾，已经焕然一新。只有隐蔽处的一些弹孔，见证着这里曾经经过战火的荼毒。

几个政要一眼认出了李小晖，那个在危境中救下总统的中国女记者，纷纷上来打招呼。到哪都是香馍馍的方钢显得有些不自在，忸怩着肩膀。

“你怎么了？”

“这衣服好像小一号！”

“礼服就是这样的，要修身才好看！”

“反正我就是穿着不自在！”

“入乡随俗，你又不是要穿着礼服去打仗，关键是有型！”

“李小晖记者！”艾哈迈德带着夫人，朝李小晖走了过来。

“总统先生！”

“谢谢你为南苏伊登做的一切！”

“总统先生客气了，我只是在尽一个记者的职责！”

“要不是你不顾生命危险在前线及时报道，国际社会就不会这么快就了解到内战的真相！”

“我能采访您一个问题吗？”李小晖笑着问。

艾哈迈德笑了笑，说：“你是三句话不离老本行啊！说吧！”

“关于战后重建工作，政府有什么计划？”李小晖问。

“就像你看到的，南苏伊登在这次内战中，军事和经济都遭到不同程度的破坏，现在世界上已经有包括中国在内的好几个国家接受了我们的贷款申请，灾后重建工作马上就会开始。”

“DTS 在这次行动中遭到重创，他们的大部分雇佣军都已经投降，您觉得他们以后会有所收敛吗？”

“我太了解他们了，只有彻底消灭 DTS 恐怖组织，才能有长期的和平！不过眼下，他们猖狂势头已经被暂时打了下去。”

电视机上，播放着南苏伊登政府对参与内战军官的嘉奖授勋仪式。李小晖走上台，总统艾哈迈德亲自给她戴上了“南苏伊登和平勋章”的奖章，两人站在一起合影。

皮斯特挎着手臂，他逃离政府所在地和政府军交火时被打伤。当他看到电视中的李小晖和方钢时，一枪崩了电视。

第十六章　穷途，绝命杀机

一

李小晖在方钢的陪同下，采访完艾哈迈德后，就一直没有回酒店，接下来的几天都在南苏伊登的难民营和军中度过。李小晖一一记录着这些遭到战争荼毒的无辜百姓，一天当作两天用。两人累了就躺在军中临时搭建的帐篷里休息，醒来后继续工作。虽然工作辛苦，但李小晖从来没有感觉到如此充实。

持续了一周后，李小晖只感觉身上一阵奇痒难耐。

“是不是伤口发炎了？”方钢关心地问。

“不是，刚让军医看过了，恢复得挺好，她还帮我换了药。”

“那是不是过敏了，这一带卫生状况不好，很容易发生瘟疫的。”

李小晖皱了皱眉，直截了当地说：“方钢，你知道我几天没洗澡了吗？”

“我哪知道，我又不是变态！”

“好，那你呢，咱们应该是一样的！”

方钢一番思索状，淡淡地说道：“也就五天吧！”

“也就五天？那可是五天啊！”五天不洗澡对于一个男人来说，或许压根就不是什么值得提的事儿，毕竟皮糙肉厚嘛。但对于女人来说，这可比下地狱还难以接受。

“我们有一次去野外执行任务，半个月都没洗澡，五天算什么？咱们军人就是要发扬这种吃苦耐劳、艰苦作战的革命优良传统。”方钢说。

李小晖顿时恶狠狠地瞪着方钢，像一头发怒猛虎，恨不得冲上去狠狠地把方钢撕成几块。

“你看周围的样子，随时可能会有恐怖袭击，要不你再忍忍？”

李小晖无话可说，生无所恋地直视着方钢。

“哈哈哈哈！”方钢突然大笑了起来。

“你笑什么？”

“我看你今天一直挠着身子，想来也是浑身难受，所以我早给你找到了洗澡的地方。”

“啊？那你刚才？”李小晖问。

“当然是故意逗你的了，谁让你之前一直拿我开涮的，就不允许我逗你一回啊！”

还能说什么呢，眼下要是再和这货掰扯，只怕洗澡的机会稍纵即逝！

方钢把李小晖引到了一间残破的民房，房间的布置还算不错，但各种家具摆设都遭到战火的毁坏。

方钢把李小晖带到了浴室，浴缸已经放满了水，几条干净的毛巾和洗漱用品已经放到了旁边，说：“这是我拜托的维和队长找到的，你就先将就着吧。”

“已经很好了，谢谢啊！”李小晖高兴得像个孩子，之前的一切烦恼都已烟消云散。

“我在外面给你放哨，要是有什么问题就叫我。”方钢小声地说。

“谢谢啦！”李小晖垂下了头，“方队长，刚才不该对你发这么大的火，我给你道歉！”

“算了吧，又不是第一次。”方钢说着走出了门。

浴缸里漫着泡沫，李小晖揉搓着手臂，顿时感觉浑身舒坦，仿佛比灵丹妙药还解乏。

李小晖的双脚在水里激荡着戏水，突然感觉脚下一痒，她也没在意，只当是另一只脚碰到了。

接着，李小晖不经意间看到一个寸大的黑点在水面上漂来漂去，这里刚经历过战火，可能是屋子里的什么杂物掉了水里。不对，仔细一看，不是飘，这东西是在水面上游荡，因为沐浴液的关系，看不清水下是什么物体。李小晖刚准备伸手去碰，那个黑点突然蹿出了水面，露出了一个头。

“啊！”李小晖大叫着跳出了浴缸。

“什么事？”方钢快步冲了进来。李小晖直接跳到了方钢的身上，一手指着浴缸，喊：“有老鼠！”

“在哪呢？”

方钢就这样抱着李小晖，走到浴缸边，一个拳头大小的老鼠跳出了浴缸，朝一个墙角的地洞钻了进去。

“没事了，它已经走了。”

“不行，浴缸里会不会还有？”

方钢把手伸进浴缸，来回搅动了一番，说：“没有，我试过了。”

李小晖这才意识到，自己还赤条条地挂在方钢的身上。

“啊！”李小晖顿时跳下身，一百五十分贝的喊叫声回荡在屋内，方钢也突然意识到这个问题，赶紧闭上眼睛转过身去，顿时满脸通红，心脏像蹦床一样剧烈地做着往复跳动。

“出去！”

方钢三步并作两步，跨出了房门。

在回国的飞机上，一想到昨晚发生的这茬儿，方钢只觉得羞耻万分，堂堂七尺男儿，竟也会干出这种登徒之事。

“斯文败类！”方钢小声地嘀咕着。

李小晖取下了眼罩，凑到了方钢跟前，说：“方队长，你是在说那件事儿吗？”

“哪件事儿？我没说什么啊！”方钢语无伦次地说道。

“这件事儿我不会对任何人讲的！”

“太好了，谢谢你啊！”方钢大喜道，但李小晖却怒目相向，方钢顿时收起了笑脸。

“不过，这事儿没完，你要对我负责！”

“负责？负什么责？”方钢又一次被李小晖搞得六神无主。

“以身相许……”李小晖皱眉思考着。

“不行不行，万万不行！”

“那我未免也太亏了！”

方钢松了口气。

“这样吧，你答应我一个条件。”

“什么条件？”

“暂时还没有想好，等我想好了再告诉你吧！”

方钢顿时感觉不妙，鬼知道李小晖又要怎么刁难他。

二

飞机在北疆机场缓缓停下，李小晖正起身收拾随身物品。不经意间回头，看到几个穿着军装的人，凑近机窗一看，是沈旅长，旁边站着赵敏、吕鹏、刘兴、陈晓琪。

一行人出了机场，沈林一路数落着李小晖，说：“就在南苏伊登写了几篇报道，尾巴就要翘上天了！要不是我派方钢过去帮你，还不知道你能不能活着回来呢！”

“指挥长，方钢都招供了，他是有秘密任务！”

沈林瞟了方钢一眼，方钢顿时低下了头。

“赶紧回去吧！”

“指挥长，有人来接我，我就不跟你们一块儿了！”

“那行吧，路上注意安全。”

李小晖走过去，一把拉住方钢，问：“你要去哪？”

“去见个人，你们先回去吧！”方钢说完，转身走了。

“指挥长，我也不跟你们走了。”李小晖说着，拽着陈晓琪走了。

李小晖一路跟踪方钢，到了出口处，一辆红色轿车停到了方钢面前，廖洁儿走下车，两人寒暄几句后上了车。

“小晖，咱们这是干吗啊？”

“还能干吗，赶紧跟上去啊！”

咖啡厅外的一辆车内，李小晖戴上了耳罩式耳机，在一个设备上调试一番后，听到了廖洁儿的声音。

“听说你受伤了，严重吗？”

“不严重，都只是皮外伤，害你担心了！”

“小晖，你什么时候装的窃听器？”

“就在方钢离开的时候，我抓了他一把，你忘了？”那是李小晖之前在吕鹏的“实验室”玩时，发现吕鹏制作的纽扣窃听器，便要了一个，不曾想今天派上用场。

“咱们这又不是在执行任务，你私底下窃听别人，这是侵犯隐私，违法的。”

“管它的，反正都已经听了。”

李小晖又戴上了耳机，只听到“吱吱吱”的几声噪音，耳机里再也没有了声响。“什么情况？”

“对不起，对不起！是我不小心！”廖洁儿帮方钢的咖啡加糖时，不慎打翻了杯子，咖啡全洒在了方钢的衣服上，赶紧抽纸去擦方钢的衣服。

“没关系，我自己来。”方钢擦衣服时，发现兜里有一个金属纽扣，已经被咖啡浸泡了。

“什么东西？”

“不知道，我的衣服好像没这样的纽扣。”方钢顺手把纽扣丢到了垃圾桶。

服务员又给两人送上了咖啡，两人静静地喝了会儿咖啡后，廖洁儿开口说道：“方钢，你不要管我父母的意见，那不是我的想法！”

“这段时间我也想了很多，我觉得咱们不合适！”

“为什么？我一直都忘不了你，你也是喜欢我的对吗？”

“你心地善良，待人诚恳，我想任何男人见了你，都会喜欢上你。”

廖洁儿呆呆地看着方钢。方钢喝了一口咖啡，缓了口气，郑重地说道：“我很欣赏你，但这不是什么男女之情，而是像好朋友在一起一样的那样开心、舒适。”

“你是不是喜欢上其他人了？”廖洁儿一脸幽怨地看着方钢。

方钢深吸了一口气，说：“对，她叫李小晖，你之前见过的。”

“她不是有男朋友吗？”

“他们只是普通朋友！”方钢强调。

“你不是一直都挺讨厌她的吗？”

方钢苦笑，说：“我也说不出来，有时很讨厌，有时又觉得她挺有趣，我曾经觉得她和杨婉很像，下定了决心要做的事儿就从不放手，就算撞破南墙、摔得头破血流也毫不在乎，但后来渐渐发现，她和杨婉完全是不同的两类人，她就是她，不是别人的复制品。她总能超出所有人的预料，没有人能猜到她接下来会做什么，但经过和她长期相处，我隐约感觉我们是了解彼此的。我们都热爱自己的工作，愿意为此付出一切，我们有共同的信仰，希望通过自己的绵薄之力去扫除世间的黑暗与邪恶，把光明和希望带给身边的人。”

廖洁儿意识到，方钢在滔滔不绝地讲述李小晖的时候，整个人都处于放松状态，而和自己在一起的时候，看着比较坦诚爽朗，但总有一种拘谨和束缚。廖洁儿顿时明白了，方钢心里面的人不是自己。

有的人注定有缘无分，有的感情注定无疾而终！廖洁儿再次见到方钢的时候，以为一切都是命中注定，她是故事里的女主角，经过多年的等待，终于换回了心爱之人的一次回眸，从此长长久久，执子之手与子偕老。只是没想到，自己故事的主角，其实也是别人故事里的配角，或者在别人的故事中，压根就没有自己的角色。

廖洁儿的眼眶划下了一行热泪，她是那样的不甘心，不想认输，与方钢过山车式的感情不该就这么结束。不过，她也明白，再纠缠下去也不会有结果。当你不能再拥有，你唯一能做的就是提醒自己不要忘记！对方钢此生的感情，或许只能长埋心间了。

“我明白了。”廖洁儿感叹道。

“对不起。”

廖洁儿抹去了脸颊上的热泪，挤出一丝笑容，说：“其实没必要道歉，说清楚了反倒是大家都解脱了。”

李小晖还在摆弄着自己的耳机和设备，说：“什么玩意儿，关键时刻就不顶用，回去找吕鹏算账。”

“他们出来了！”

李小晖和陈晓琪凑到车窗前，看着二十多米处的方钢和廖洁儿走出咖啡厅，站在门口说着话。

“他们在说什么？”

“这么远哪听得见啊！”

“方钢，你对她表白了吗？”廖洁儿问道。

“还没有。”

“你要是真的喜欢她，就要早些告诉对方，这种事情当然是要你先说，女人是不能等的。”

方钢点了点头，说：“我会的。”

“那我走了！”

廖洁儿嘴上是这么说的，脚下却有千斤重，仿佛麻木了一般，眼睛直直地看着方钢。她多希望方钢会突然改变心意，一把将她紧紧抱住，让她不要走！可她心里清楚，这次分别就是他们感情的终点。这样想着，廖洁儿的眼眶不禁又湿润了。

“以后好好照顾自己，你会遇到更好的人！”

廖洁儿再也控制不住自己，一把抱住方钢，朝着他的唇边深深一吻。方钢顿时愣住了，他想一把推开廖洁儿，不过这样未免太过伤人。

“啊？”李小晖和陈晓琪惊叹道。李小晖只感觉脑中一阵眩晕，周围的世界仿佛都颠倒了。

“对不起，是我太冲动了。”廖洁儿说道。

“保重。”方钢说了一句。

廖洁儿再也没有犹豫，转身大步走开了。

方钢扭头朝这边看来，李小晖迅速避开脸，与陈晓琪躲进了车里。片刻后，方钢打了一辆车，也离开了。

“什么情况？看着不对劲儿啊。”陈晓琪喃喃自语。

“哪里不对劲儿？”李小晖反问。

“要是正常的情侣接吻的话，事后的反应不会是这样，通常会再来个拥抱或者爱抚之类的！再不济也要说点甜言蜜语，怎么就各自走了呢！”

“你倒挺懂的，你和刘兴是不是就经常这样？”

陈晓琪顿时羞红了脸，小声说：“管好你自己吧！”

三

回国后的第二天，李小晖来到了烈士墓地。沈林早已在此等候多时，他在墓碑前摆上了鲜花和水果，给李建国上了三炷香，接着坐在墓地旁，点了两根烟，一根放在李建国墓前，一根自己抽上。

“指挥长，您不是不会抽烟的吗？”

沈林吐了一口烟气，说：“不抽不代表不会抽。”

“指挥长，您紧急把我叫到这里来，是有什么事儿要吩咐吗？”

“邵剑飞是你的老师，对吧？”

“是的，我们的关系一直都很好，您怎么突然提到他？”

“从他回国那一天起，我们就一直关注他的动向，我们很早之前就已经确定，他就是 PT 集团的首脑之一！也就是恐怖分子！”沈林一边说着，一边严肃地看着李小晖。

“他要是恐怖分子，那这个世界就没有好人了！”

“你是个聪明人，现在仔细想想，跟他接触这么久，就没有发现他有什么可疑之处吗？”

李小晖一直很尊重邵剑飞。现在回想起来，教授总是笑脸相迎，和蔼可亲，但有时候让人产生一种不真实感，他的脾气秉性其实很难令人琢磨，有几次在学校举行小组讨论会时，李小晖就感觉到他的阴暗面。进入特战队后，教授总是以各种名义询问李小晖的工作情况，李小晖只当是教授关心自己，现在回想起来，教授总是在刺探一些特战队的情况，说是想给李小晖一些参考。之前在南苏伊登的时候，每每想要找教授的时候，他都不在酒店，李小晖看过邵剑飞的行程表，很多空闲时间都不知道他在何处。李小晖这才明白，是自己的潜意识中一直回避着教授的可疑之处。

“要说可疑，倒也不是完全没有，但人嘛，谁是完美无缺的呢！”

沈林递上照片，说：“这是他在劫机事件后，营救皮斯特的照片。”

“这张照片只拍到皮斯特，另一个男人蒙着脸，您怎么知道是教授？”

“再看看这张，这是他在南苏伊登酒店会见皮斯特的照片。”

这张照片上的皮斯特和邵剑飞都面部清晰，李小晖说道：“也许走错房间了，打个招呼就离开了！”

沈林微微一笑，说：“这是方钢拍到的。”

“方钢？这就是他的秘密任务？”

“对，这就是我想说的第一件事，他去南苏伊登本来是要协助我方潜伏在南苏伊登的卧底撤离，但因为其他原因，这个任务取消了，他便一边协助你工作，一边监视邵剑飞！”

又是卧底，又是内奸，信息量太大，李小晖一下子头大了。

“你要是不信，我可以带你到资料室，里面有国内外情报机构传来的一切邵剑飞的资料！”

“您刚才说，特战队老早就开始怀疑他了？”李小晖反问。

“对，这是特战旅的高级机密！”

“那为什么告诉我？”

“是时候了，我觉得你已经准备好了。”

“准备什么？”

“找到自己的使命和信念，不受感情的干扰，在任何情况下都能够做到用理智的态度去解决问题。所以我们希望你继续假装不知情，充当他的好好学生，让他放松警惕，找到合适的机会将他们一网打尽。”

“既然特战队早就知道邵剑飞的身份，为什么不展开抓捕？就不会有后面这么多事儿了。”

“一来，我们对 PT 集团掌握的资料比较少，贸然行动只会打草惊蛇，好不容易打通的情报线，不能就这么断了。二来，我们想等待合适的机会，把 PT 集团和 DTS 彻底消灭。”

“那接下来，要我怎么做？”

“先按兵不动，到时候会告诉你的！”

四

电梯下沉到地下五层，皮斯特和索罗在生物学专家东尼的带领下，走进了他的实验室。

走廊的两侧，是用特殊玻璃钢材搭建的一间间封闭式房间。房间里的人枯瘦如柴，赤裸身体，看到来人就不断敲击着玻璃，但外面的人根本听不到他们在说什么。

东尼带着他们到了控制中心，从冰库里取出一个白色的铁箱，打开后，里面是一支支绿色的试剂。“这就是你要的东西，AK03，强化毒气的升级版。”

“我想看看它的威力。”

“没问题！”东尼取出一支试剂，放到操作台上，接着按下开始键，自动操作台提取了试剂，散发到一号房间。在一阵绿色的烟雾弥漫后，房间内的人面目狰狞，全身上下的青筋暴起，接着口吐白沫，晕死过去。

“AK03能通过空气传播，毒气迅速侵蚀人体的免疫系统和精神系统，我在实验室中加了催化剂，不到三分钟就能要了一条人命，而且受害者的尸体马上就会变成传染源。”

“那在城市环境中呢？要多长时间才能发挥效果？”

“大概一个小时！”

皮斯特微微一笑，说：“如果毒气一旦投入到市区，以中国的医疗机构，要多长时间才会研制出清障毒气物品。”

“这个不好说，就算是顶级的生物学家聚集在一起，恐怕也需要几个月吧。”

“够了！”皮斯特拔出枪，一枪射中了东尼的胸口。

东尼倒在地上惊声尖叫：“你想黑吃黑啊？”

“你也太蠢了点。”

守卫见状，迅速把皮斯特和索罗围了起来。一阵急促的枪响后，守卫纷纷倒地，皮斯特的手下已经冲了进来，射杀了守卫。

“就算你杀了我，我也不会把配方给你。”东尼挣扎道。

“我不需要配方，我只是不希望别人得到。”

又是接连的几声枪声，东尼被乱枪打死。

“都查清楚了没有？”皮斯特问道。

“查清楚了，我们是他的第一个买主，他没有再透露过给任何人。”

“那就好，带上所有的AK03，把实验品都销毁，再把这里炸了！”

“是！”

一辆车子离开工厂，皮斯特坐在车后座，剪了一根雪茄。“轰隆”一声巨响，伴随着巨大的蘑菇云，工厂在皮斯特的后方被炸毁。

皮斯特点上了雪茄，邪魅一笑。

一周后，北疆一家通宵经营的酒吧内，索罗穿着高端定制的西装，打扮得颇有些成功人士的感觉，正在卡座上喝着酒。

一个打扮得花枝招展、穿着紧身装的女人，摇摇晃晃地走了过来，女子看到索罗后凑了过来。

“先生是一个人吗？”女子风骚一笑，给索罗抛来了一个媚眼，“可以请我喝一杯吗？”

索罗伸手示意，女人坐到了对面。索罗打了个响指，服务员端上一杯鸡尾酒放到女人桌前。

女人伸手要去端酒杯，索罗阻止道：“慢着！”索罗拿过了旁边的冰桶，取出一块冰块放到了女人的酒杯，冰块迅速融化，冒出一阵绿烟。

“这样口感更好！”

女人微微一笑，两人碰杯，女人喝下了杯中酒。

索罗看了看表，起身扣上了西装的纽扣，说：“还有一个小时，你可以跟你的父母说说话，告诉他们你很爱他们，或者打给你的男友，告诉他要是再给你一次机会，你一定更加珍惜身边的人。总之，你还有什么临终遗言，赶紧抓紧时间都说出来！”

“你在说什么？”

索罗伸手捏了捏女人的下巴，转身走了。

女人又在酒吧消遣了一会儿，最后喝得醉意朦胧，摇摇晃晃地走出酒吧。刚出门没几步，就感觉浑身奇痒难忍，像是有虫子在血管里爬，接着就一阵昏厥，倒在了地上。

当天夜里，不断有类似症状的路人被紧急送往医院，其中有十五个因抢救无效当场死亡。第一人民医院向国家卫生部汇报了情况，国内顶尖的专家纷纷赶到了北疆。

李小晖站在医院门口，做着现场报道。

三天后，各地警方陆续抓捕了一些投毒的可疑分子，但毒气攻击并没有得到控制，受害的人数已经上升到一千。经过各地生物医药学家的研究，已经合成出一种能暂时控制情况的抗毒药物，但并没有治疗效果，因这次受毒气攻击而死亡的人数已经上升到一百五十人。

指挥室内的显示屏上，沈林公布了卧底传来的情报，是二十五个制造毒气攻击的 DTS 恐怖分子信息。

“这些都是穷凶极恶的恐怖分子，各地警方已经传来了部分恐怖分子的详细地址，特战队迅速赶到恐怖分子所在位置，必须将其抓获，防止毒气攻击的进一步扩大！”

“是！”

特战队员迅速赶到全市的二十五个地点，与当地警方联合作战，将制造毒气攻击的 DTS 恐怖分子悉数抓获。

一支小队在行动中发现了皮斯特和索罗的踪迹，对方在计划落败后迅速往边境线处逃逸。方钢在完成抓捕任务后，接到指挥长的命令，驾驶直升机前往边境。

第十七章　失算，重启方案

一

几辆越野车正在荒漠中间的公路上狂奔，再过十多公里，他们就能到达边境。皮斯特有些狼狈，与拉布杜坐在后座。

皮斯特擦拭着自己的手枪，头也不抬，冷冷地说：“拉布杜，你说特战队是怎么得知我们投毒成员信息的？”

“现在北疆的大街小巷都有监控系统，特战队可以通过天眼系统监视到每一个角落。”

“这还要你说？我是说，他们怎会同时对二十五个投毒分子下手？”

拉布杜眉头紧锁，说：“那您的意思是，DTS 出了内奸？”

皮斯特还在把玩着手枪，不经意间枪口总是对准拉布杜。

“DTS 的内奸我早就知道，我现在只是想不明白，他是怎么得到情报，又是怎么送出去的？拉布杜，你觉得呢？”皮斯特看向了拉布杜，气氛顿时严峻起来。

“照理来说不应该啊，这几天我们的通信设备都上缴了，而且投毒人员的信息只有您知道！”

“不，还有一个人。”

“谁？”

“琼汉斯！”

“不可能，她绝不会出卖你！”

皮斯特微微一笑，说：“我就算怀疑任何人，也不会怀疑她！不过，我确信，消息是从她那里传出去的。内鬼一定是用什么神不知鬼不觉的方式，从她的身上得到了情报。”

“那要不要排查一下她身边的人。”

“晚了，内鬼一定早就销毁了证据。”皮斯特看向拉布杜，说道：“眼下，咱们要想活着出去，就得看你的了！”

拉布杜觉得皮斯特话中有话，转而说道：“老大放心，我一定会尽全力掩护您撤离！”

一阵轰隆的声音传来，特战队的直升机已经飞到了距离车队不远处。

“DTS 恐怖分子听着，你们已经被包围了，赶快放下武器投降！”方钢大声地说。

“妈的，跟他们拼了！”皮斯特打开了顶窗，朝着直升机一阵疯狂的射击。直升机降低高度，架起冲锋枪朝着 DTS 的车队一阵扫射。

打头的越野车后轮爆胎，车子瞬间失去平衡，撞在路边的标识牌上，接着引发了连环追尾，DTS 的车队堵到了一起。

DTS 恐怖分子纷纷下车，拿上武器朝着直升机射击。就在这时，边境的武警也驾驶着车辆从前方围堵上来。

直升机降落到公路边的空地上，特战队员纷纷围了上来，与 DTS 展开了激战。

几分钟的交战后，DTS 恐怖分子死伤大半，余下的躲在车后向外射击。

“老大，现在怎么办？”索罗对皮斯特问道。

“拉布杜？”

“在！”

“现在就看你的了！”皮斯特的枪顶到了拉布杜的头上。

拉布杜缓缓站起身，方钢迅速下令让特战队停止射击。与此同时，索罗迅速收走了拉布杜身上的武器和匕首，拴住了他的双手。

“方队长，你这是干吗？不就一个恐怖分子嘛，怎么就停火了呢？”

“那是我们不愿意滥杀无辜！”

“哈哈哈哈！”皮斯特仰天大笑几声，“在你们眼中，像我们这号人哪来的什么无辜！开枪啊！”

边警队长拿起了对讲机：“方队长，什么情况？”

“对方劫持的人质是我们的卧底，没有我的命令，任何人不准开枪！”

“老大，您这是干吗？”拉布杜问道。

“拉布杜，我差点养虎为患。不过，你今天终于派上用场了，我可不像哈里那么傻，连你是卧底都没发现。”

“原来你早就知道？”

“就你那点小把戏，怎么可能骗得了我！”

方钢拿着扩音机大声喊道：“皮斯特，你们已经走投无路了，赶紧放下人质投降！”

“少威胁我，现在不是你可以和我讲条件的时候，让你们的人和警察，赶紧往后撤一百米。”

方钢下令，特战队和警察各自往后撤。

方钢请示沈林，沈林下令：“按皮斯特的要求做，一定要确保拉布杜的安全！”

“砰”的一声枪响，皮斯特射中了拉布杜的大腿。

“方队长，你是特战队员，不能向恐怖分子妥协！赶紧杀了皮斯特！”拉布杜忍着剧痛，大声喊叫道。

方钢额头上渗出汗珠。

二

皮斯特劫持着拉布杜，上了早已准备好的直升机，此时正往边境线飞行。拉布杜嘴里含着毛巾，怒视着皮斯特。皮斯特冷冷一笑，扯掉了拉布杜嘴里的毛巾，说：“我真是太小看你了！”

“所以你是故意留着我，借特战队之手对付哈里！”

“你还不算蠢！”

“那你杀了哈里，掌控 DTS 的时候，为什么还留着我？”

“有个卧底在身边不一定是什么坏事。中国有句老话，明修栈道，暗度陈仓。要是没有你的配合，劫机事件怎么可能这么顺利，我也不会这么快就干掉哈里，掌控 DTS！更不可能得到黑客教父门德斯！”

“只是你没想到，毒气的事儿还是被我发现了！”

“我自认为保密工作做得很好，那二十五人的信息，我连索罗都没有告诉，你是怎么得到他们的信息的？”

“我就是从琼汉斯身上得到的线索，你对她没有什么防备，所以要在她身上装点窃听设备还是挺简单的。中国还有句老话，越是你最信任的人，越容易出卖你。”

皮斯特拍了拍手，说：“好计谋，不过，这几天我一直派人私下监视着你，你是怎么把情报送出去的？”

“我已经回答你够多的问题了！”

皮斯特拔出了枪，指向了拉布杜的额头：“快说！”

拉布杜冷笑道：“情报都能得到，还怕送不出去吗？摩斯密码，飞鸽传书，防干扰发射器，能用的方式我都用过，你说的是哪一次啊？”

皮斯特怒不可遏，打开了枪上的保险。

“亏你还是受过情报训练的人。”拉布杜咬牙说，故意激怒皮斯特。

“砰！”皮斯特用枪把砸了拉布杜一下，说：“你最好搞清楚状况，我现在随时都可以杀了你！”

“落到你手上，我已经没打算活着回去，只不过我有些不甘心，临死前没有将你逮捕归案，不过，会有人做到的！”

“想要我死的人多了，看看他们最终都是什么下场！”

“你猖狂不了多久，你就是个靠女人上位，背信弃义的三姓家奴！”

“你在说什么？什么是三姓家奴？”

“你的亲生父亲叫迈克·皮斯特，后来又认了罗伯特做爹，进入 DTS 后认哈里做教父，算下来，你不就有三个爹吗？你这么喜欢给别人做儿子，不是三姓家奴，是什么？”

“妈的！”皮斯特刚准备扣动扳机，索罗拉住了他，说：“老大，别上了这家伙的道，他是故意激怒你求死的，你看！”

皮斯特顺着索罗手指的方向往下看，特战队正在公路上紧急追赶着。

“马上到边界了，还怕什么？”

“皮斯特，你就是个懦夫！”拉布杜不屑地说道。

“我？是懦夫？”皮斯特指着自己反问，“这个世上我就没怕过谁！”

“哈哈，你虽然杀了很多人，可是骨子里却是很卑微的，你怕罗伯特，所以不敢和他正面冲突，只敢阳奉阴违在背地里搞小动作！你怕哈里，我曾经见到他单独召见你，你跪在他面前像个孬种一样！”

“你他妈给我闭嘴，我那都是在演戏！”

“你都被吓得尿裤子，事后只敢躲在琼汉斯的怀里哭。你就是个乳臭未干、靠女人上位、只能通过不断杀戮来掩饰内心恐惧的弱鸡、懦夫、小丑！”拉布杜越说越来劲儿。

“妈的！找死！”

接连的几声枪响后，拉布杜身中数弹，嘴角还在冷冷地笑着。

方钢带人在公路上急速追赶，车子一路闪着警笛，速度已经达到两百多迈，但还是距离直升机有几公里的水平距离。支援的直升机正在赶来，特战队迅速联系了南苏伊登驻边民警，对方答应在边界配合抓捕。

拉布杜突然朝皮斯特蹿了上去。

“啊！”皮斯特突然惊声尖叫，他的耳朵已经被拉布杜咬掉了一块，正在飙着血。两人争斗中，拉布杜从直升机上坠落下来。一直在追踪皮斯特的方钢等人，目睹惨剧发生却无能为力。

拉布杜原名阿迪力，来自北疆的他精通包括普什图语在内的多种语言，在校期间成绩优异，就在毕业前夕，沈林找到了他。

“你恨 DTS 吗？”坐在校长办公室的沈林问道。

“恨，我的父母都是在 DTS 的暴乱中丧生，我恨不得食他的肉、剥了他的皮。”

“仇恨和愤怒会影响一个人的判断，你不是一个合格的军人。”

“但仇恨和愤怒也会让人坚定目标，心无杂念！”阿迪力不服气地说。

沈林和校长对视一眼，转而说道：“你应该知道 DTS 对于我国西北地区的威胁，他们不断制造恐怖活动，但我们现在极其缺少他们的真实情报，你愿不愿意承担卧底的任务？”

“只要能剿灭 DTS，让我做什么都愿意！”

“卧底是一件极其危险的工作，随时都可能为国捐躯，你不会像其他士兵一样享受到鲜花和掌声，只能一直在黑暗中前行，没有朋友，没有同伴，只有尔虞我诈和钩心斗角，走错一步就可能遭遇不测！”

“我愿意！”

“这条路没有退路，你现在后悔还来得及。”

“有些事总要有人去做！”

那时阿迪力风华正茂，却没有享受过青春的绚烂。沈林站在阿迪力的墓碑前，回想他这五年的磕磕绊绊，沟壑满布的脸上不禁老泪纵横。

哈里开始清缴南苏伊登的毒品网络，在特战队和缉毒局的安排下，阿迪力潜入到毒枭组织“奥玛汗”，半年后成了组织的二把手，后来在一次缉毒行动中，中方击毙了组织首领，放走了阿迪力和其他几个成员，阿迪力自然而然地成了组织的首领。

哈里带着 DTS 横征暴敛，很快就打到了阿迪力的地盘。阿迪力带人佯装抵抗一阵后，最终向哈里投降，他也顺利进入 DTS，渐渐成了组织的核心人物之一。哈里老奸巨猾，特战队设计的一切都是为了让阿迪力摆脱哈里的怀疑，事实证明特战队的策略是明智的。

阿迪力和沈林单线联系，开始不断向特战队发送情报。在袭击 101 油田事件中，阿迪力发来了关键情报，配合特战队粉碎了 DTS 的阴谋。而皮斯特早就看穿了阿迪力的身份，所以在他亲自策划的飞机劫持案中，阿迪力被封锁了消息，导致特战队功亏一篑。

对于阿迪力，也就是拉布杜，如何在皮斯特的严防死守中还能探查到情报，并且安全送到特战队，现在已经无人知晓。他在 DTS 潜伏的五年，是不是每个夜晚都不敢睡一个好觉？在暴露就是死亡的极端压力下，他有没有精神失常，最终又是如何熬过来的？这一切都伴随着他的离开，成为永久的秘密石沉大海。

李小晖想到自己之前能从 DTS 的拉布杜手中逃脱，还以为是自己的小伎俩骗过了对方，现在想来，完全是拉布杜故意放走了自己，后来听到的那声枪声，一定是拉布杜自己开枪射伤了自己，好回去交差。

三

金红色的太阳刚刚从东方升腾上来，绚烂的光照在下面厚厚的白色云彩上，给它们镶了一层璀璨的金边。

李小晖靠在座位上，微眯着眼睛望着舷窗外美丽的景象，只感到疲惫已经占据了她的身体和意识。她抬起攥紧地左手，放在胸前摊开，看着里面那张已经皱成一团的纸条，上面的字迹已经完全模糊，李小晖默默念诵着刻在记忆里的那行字：柯布尔大街 203 号。

随着空中小姐的播报，飞机开始下降，穿过厚厚的云层，慢慢接近下面那座满目疮痍的中亚城市。瑰丽耀眼的阳光被乌云遮蔽，天空黑压压的一片，向着大地重重地挤压过来。李小晖乘坐的飞机像是在这重压之下一只雏鸟，摇摇摆摆地坠落下去。

机场外面的马路上，一辆灰色的重型卡车呼啸而过，好像是觉得庞大的身躯和巨大的柴油机轰鸣声还不足以引起人们的重视，驾驶员不停地按着喇叭咆哮着。

经过的卡车带起一大片细密的灰尘。站在路边的李小晖裹紧了面纱，几乎把脸都挡住，整个人瑟缩在巨大的行李堆旁边。一辆满是污泥的白色皮卡车停到她的面前，李小晖勉强分辨出车身上的“UN”的标识，认出这是维和部队的车辆。司机利索地下了车，一边从她手里抢过行李，一边喊着话：“中国记者！快上车！”

皮卡行驶在混乱的街道上，瘦高的司机不时地需要探出身去大喊大叫地呼喝前面的衣衫褴褛的乞丐和行人。一旦车前具备了前进的空间，他就会立刻回到车里，快速把车窗封闭起来。

“柯布尔大街？你要去柯布尔大街？”

司机一如既往的大嗓门，转过头用阿拉伯人特有的大眼睛瞪着后排的李小晖，他的反应和语调都让她觉得很不舒服。

“你为什么总是大喊大叫？”

“你说什么？你是要去柯布尔大街吗？”

“是啊，我问你为什么总是大喊大叫，不能小声点说话吗？”李小晖忍不住朝他大声地喊起来，希望让他能意识到这种方式带来的附属情绪有多么让人不快。

功夫不负有心人，司机终于听懂了，他指了指自己的耳朵，向李小晖道歉：“对不起，我的耳朵被爆炸震聋了，只能这样说话，非常抱歉！”

一朵红云在一瞬间浮上了李小晖的脸，好在车里面光线阴暗，司机没有注意到她的变化，还在继续自说自话。

“柯布尔大街已经没有了，你要去那里做什么？”

“没有了？什么叫没有了？”

李小晖朝前排凑过去，语气中也带着焦急。

皮卡车还在街道上蠕动，司机一边来回看着路况，一边解释着：“叛军前天朝那里发射了十几枚火箭弹，柯布尔大街现在只剩下一堆废墟。不管你要去那里做什么，现在都不成了。”

说到最后，司机把声音降下来，似乎自己也不想听到这样的话。他扭过头看向李小晖的时候，眼睛里除了好奇，似乎也有一些怜悯。

李小晖的手紧紧抓着前排的靠背，连呼吸都停了下来，眼睛里一下子蓄满了热泪，几乎要夺眶而出。

“你是中国人，那里原先也有些中国人，你是要找他们吗？”

李小晖觉得自己好像在黑暗的地穴里看到了一丝来自天空的光明，猛地吸了一口气。

“是的，你知道他们的情况吗？”

她满怀希冀地看着司机，希望得到自己想要的答案。

“我只是听说过，有一部分那里的中国人被总统下令保护起来了，在东面的营地里，不过我不能送你去。”

“为什么？那里怎么了？”李小晖反问。

“没怎么，不过是因为总统本人也在那里，这车虽然是维和部队的，但我只是个司机，只能接你回预定的营地，没有权限进入那么高级的安全区。除非你是总统的朋友，要不然你也一样进不去。”

“那可太巧了，他还欠我一份人情呢！”

司机回过头，不可置信地看向李小晖。李小晖抹了一把眼泪，从怀里掏出上次南苏伊登总统亲自颁发给她的勋章，露出了一丝苦笑。

四

黑暗的洞穴里，一堆篝火在噼啪噼啪地燃烧着，一杯液体被浇在上面，火苗猛地又腾起数尺，爆散出一蓬火星。索罗蹲在洞口，抬头望着外面的星光，对洞穴里的事毫无兴趣。

眼前巍峨的高山遮住了大半的视野，新月山脉高大雄壮的轮廓遮蔽了月光，星链成河，逶迤在狭窄的山谷上空。洞口悬在半山腰上，索罗看着脚下的谷地，厚厚的毡毛帐篷一排一排纵列着，端着枪的哨兵不时地从营地周围走过。所有人都很默契地没有点灯，黑暗的山谷中压抑、深沉，仿佛是一座巨大的墓地。

“索罗！”

洞穴里传来皮斯特的声音，索罗微微转头，缓缓地站起身朝里面走去。篝火还在燃烧，火焰的抖动像是一种舞蹈，吸引着索罗的视线。火堆的另一边，皮斯特坐在洞穴更深处的一片阴影里，只能看到他的双脚交叠，双手交叉，像是在进行某种冥想。

“您有什么吩咐？”

“你去检查一下，那批东西绝不能出问题。”

索罗神色一凛，打了个激灵。

夜风从山谷中呼啸而过，发出阵阵呜呜声。一千颗星星也抵不过月亮的光辉，这里太黑了，索罗深一脚浅一脚地走在山坡上。山坡上的泥土又干又硬，踩上去能清楚地感觉到颗粒之间互相倾轧和摩擦的羁绊。索罗的袍子很厚，但夜里的山风又冷又硬，呼啸着来去，连骨头都能吹个对穿。他忍受着黑暗，忍受着罡风，朝着前面那个黑洞洞的入口一步步走去。

“索罗长官！”

门口的哨兵看见他，立刻站直了。索罗点了点头，径直走进去。

又是“呜呜”的风声，比山谷里的咆哮还要强劲，山洞壁上的碎石块时不时地会被吹下来，“哗啦啦”地砸在地上。这个山洞里没有篝火，也没有火把，只有每隔几米亮着的一盏冷光灯，让人感觉愈发的刺骨。

空气中弥漫着一种奇怪的味道，有些酸的刺激，有些闷腐的臭味，还有些苦辛的气息。索罗揉了揉鼻子，朝里面继续走。冷光灯把他的影子投在两侧的岩石上，他不经意间看去，只觉得它像是一头野兽。随着他的步伐和相间的冷光灯的位置变化，他的影子时而前倾，时而后仰，时而膨胀，时而畏缩，就像他此刻的心境。他知道自己将要面对的是什么，有多么危险，又有多么安静，他时而觉得自己是掌控者，可以像皮斯特一样从容地面对它，甚至还带着一种兴奋，时而又觉得它是那么恐怖，是一个真正的恶魔！

终于，那扇铁门出现在通道的尽头。那扇黝黑的，在冷光灯照射下微微泛着蓝光的铁门，沉沉地，让人一看就永远不想打开的铁门。就矗立在那里，距离索罗只有不到十步远，皮斯特让他来检查，看到这里的铁门完好无损、没有被打开的迹象好像就可以了，索罗觉得自己可以回去了，但是他的脚步还在往前。

脚踩在洞穴里的沙土上，发出一种挤压、碾动的声音。这种声音作用在索罗的心理上，再加上空气中弥漫的那种混杂了辛酸、腐臭的味道，让他开始觉得有些喘不上气来。仿佛度过了一段漫长的旅程之后，索罗终于站到了铁门的外面。门上有一个钢化玻璃材质的小窗口，长不到半尺，宽只有几寸，只有把脸凑近过去才能透过它看到里面的情况。索罗当然知道这一点，但是他却并不想那么做。他非常想赶紧完成眼前的工作，然后回到像墓园一样压抑的山谷里，去大口呼吸，让刺骨的寒风穿透自己的肺泡，把自己浸透在暗淡星空下的黑色世界里，哪怕是永远的沉寂再不能苏醒，这就是他此时最直观的想法。想要立刻转身而去，但是他没有那么做，那扇小小的窗口和那座黝黑沉重的铁门上仿佛有某种强大的吸引力。索罗以一种非常抵触和抗拒的姿态逐渐地靠近着，离得越近，他越是想要逃离，他的抗拒越是明显，就像是要靠近一块被火焰烧得通红的烙铁一样。他的身体已经开始不由自主地颤抖，他的胸口和喉咙不可抑制地起伏着，他的手举在身前，像是准备推开什么，但剧烈的抖动又使他看起来像是要扶住铁门好让自己站稳。

最终，索罗凑到了玻璃窗前，并且没有和铁门有一丁点的接触。那是一种极为费力而且非常不稳定的姿态，整个身体扭曲、拧巴地立在那里，与铁门之间最终保留了不到一寸的空隙。他的手原本是伸出去的，但随着他和铁门之间距离的靠近，他的手不断地往回缩，最后缩到了胸口。两只手都紧紧攥成拳头，仍然在不停颤抖着，看上去就像一头胆小的袋鼠，但他一点都没觉得这是一件滑稽的事情。他的一只脚踩在铁门的边上，支撑了身体的大部分重量，一动不动地支在那里，另一只脚欠着脚跟，脚尖用力地点在地上，形成了一种力学上的姿态。他感觉到自己的跟腱和小腿的肌肉已经绷得像弹簧一样，随时可以把自己的整个身体拉回来，随时能够让自己以最快的速度逃离这里。

索罗整个身体最稳定的地方是眼睛，他的眼皮也在颤抖，睫毛更是像每年十一月南苏伊登高原上被狂风欺凌的茅草一样，但是他的眼睛，他的瞳孔却非常稳定。得益于洞穴里非常不理想的照明条件，为了适应环境，他的瞳孔几乎放到最大，当他凑近玻璃窗的时候，整个眼球都被里面那件东西散发出的奇异光线映成了绿色。索罗看了一眼，就像被催眠了一样，身体和精神好像都恢复到了一种平静的状态，呼吸也重新找回了节奏，只剩下眼睛还不受控制。门里面那件东西似乎因为有人到来，也变得有些兴奋，那奇异的绿色似乎变得越来越浓，索罗觉得自己的全部精神好像都被灌注到了眼睛里。玻璃窗反射的画面里，他的眼睛已经被映成了深绿色。

“长官！”

索罗突然清醒过来，他猛地转过身，就看见外面那个哨兵不知道什么时候走了进来，就站在十步之外的拐角处，一脸疑惑地看着他。

“你干什么？谁允许你进来的？”

“我叫了您好几声，可是没有听到回音，我以为您出事儿了。”

索罗一脸狰狞地质问着年轻的哨兵，把他吓坏了。

“什么事？”

“长官，皮斯特首领派人来问您情况怎么样？”

索罗快步走到他面前，恶狠狠地盯着他，咬牙切齿地说：“无论如何，任何时候都不要靠近它。”

索罗不管年轻人怎么想，自顾自转头快步走了出去。他虽然没有说，但哨兵无疑已经清楚他所指的是什么。年轻人一脸狐疑和紧张地站在那，眼睛瞟过去看了一眼铁门和上面的窗口，隐约看到一种绿色的光线正徘徊在窗口附近。他猛地打了一个激灵，急忙转身跑了出去。

第十八章　坠落，向死而生

一

南苏伊登高原上很少有这种天气，沉沉的乌云积压在头顶上，潮湿的空气就像凝固了一样，一丝风都没有。每个人的皮肤上都像是黏了一层油腻的薄膜，由外到内都让人烦躁的发狂。

清晨，李小晖从房间的窗子向外望着，乌云里的闪电像是一条闪光的飞蛇，躲藏在黑色的天幕中到处乱窜。一阵阵闷雷声从远处不断靠近，一直到头顶上，然后又绵延向远处。偶尔一声惊雷乍响，天空中垂落的闪电仿佛天罚重重地砸在地面上。似乎老天爷都已经忍受不下去这里的混乱和压抑，必须借由某种手段把愤怒发泄出来。

手机亮起来，是维和部队联络官的消息。锁屏的壁纸是模糊化的特战队员们的合影，那一个个熟悉的身影聚在一堆，或高或低都笔直地立着。李小晖不用细细分辨就知道他们每一个人是谁。她纤瘦的食指划过方钢脸颊和身躯，解锁屏幕跳到通讯界面。

“李小晖同志，你的申请已经获准了，下午我来接你去 α 营地。”

“好的，还没有他们的消息吗？”

过了良久，才收到联络官的回信：“情况很复杂，等你到了 α 营地我们再说。”

李小晖失望地放下手机，窗外闷雷声再次响起，而且愈来愈近、愈来愈响，几乎要有震耳欲聋的气势。

轰隆隆的卡车卷起大片的尘土，像一层浓浓的迷雾一样完全遮蔽了车辆前方的视线。李小晖坐在后座上听着让人烦躁的卡车轰鸣，路两旁的尘雾里隐隐约约地透出依稀的人影。他们衣衫褴褛，神情困顿，都木然地望着李小晖乘坐的汽车。这辆车上印着联合国维和部队的标识，但他们的出现并没有给这个国家带来令人期待的变化。战争没有停止，苦难没有停止，这里的生活或许将长久继续下去。

“小晖，现在南苏伊登的情况比较特殊，我们希望加强和政府方面的联系，建立更密切的反恐合作，但官方渠道目前并不畅通，我们希望能凭借你和总统之间比较好的私人关系来打开局面。”

李小晖有些意外地看着联络官，一时间还没反应过来。

“可我只是个记者，外交事务方面的情况我不熟悉，而且也太仓促了，我只关心那些同胞的情况，他们中间还有我的战友！”

“这也是我们关心的，目前据我所知，不少 DTS 恐怖分子渗透到了政府军里面，甚至还有一些希望从中渔利的势力组织也有不少间谍、特工活跃在这里，南苏伊登政府只能尽量采取保守措施来应对，自从柯布尔大街的袭击案以来，政府方面只披露了很少的信息出来，他们需要真正的朋友，而小晖你是这么多天来唯一获得许可的外国记者，你应该明白，这意味着什么。”

李小晖的心很乱，她并不像联络官所说的那样清楚自己目前存在的作用和意义。来到南苏伊登，她只有一个目的，就是找到方钢他们，完成会合任务，接下来配合采访他们在南苏伊登南部的反恐行动，但没承想，刚到南苏伊登就得知会合点遭到恐怖袭击，而且各方都失去了与方钢的小分队之间的联系。

她来的这两天一直心乱如麻，这是她第一次单独面对这种处境，更糟的是方钢等人生死未知，这让她想起为了救自己而牺牲的郝磊。特战队的这些人，好像从来没把自己的生死太当一回事。她一想到郝磊，胸口就像堵了一个铅块一样沉重，只希望大家能平安，就算要死，也得等她一起。

前面的卡车一路驶进了 α 营地，在留下一片昏黄的尘雾后呼啸着驶向营地深处。李小晖用纱巾捂着口鼻，一路小跑着冲进灰白色的建筑里。随着身后玻璃感应门的关闭，她就像到了另一个世界。

这里一片洁白，几乎一尘不染，几个穿着白袍的医生和护士都在井然有序地工作。大厅里有一个笑容大方甜美的栗色头发的女孩看见她进来，热情地朝她走来，李小晖这才发现联络官被人挡在了门外。

“为什么带我来医院？”

李小晖左顾右盼地跟在女孩身后从电梯里出来，忍不住问道。

女孩回头看着李小晖，冲她笑了笑，却没有说话，这让李小晖更加疑惑了。

“到底发生了什么？”

那女孩还是没有说话，李小晖终于忍不住伸手拦住她。

“我们到底是去哪里？现在是什么情况？”

李小晖的举动让女孩很意外，但并没有生气，而是伸手扶住了李小晖的手。

“你果然跟爷爷说的一样，他很想见你。”

“你爷爷？”

女孩的话让李小晖更觉得奇怪。

“这所医院是整个 α 营地的核心，是中国人帮我们建的，我们很感激！也幸亏有这里，才能暂时挽救我爷爷的性命。”

女孩一边说话，一边拉开旁边的门，李小晖在她的示意下朝里面看去，不禁愕然当场：“怎么会这样？”

“柯布尔大街遇袭的时候，我爷爷就在现场，恐怖分子使用的并不是一般的火箭弹，里面带有毒气弹头。”

李小晖惊愕地捂住嘴巴。

“幸亏当时爷爷在和中国特战队方面进行合作商谈，他们处理过类似的毒气袭击，如果不是他们，一切都不堪设想。”女孩说道。

在李小晖的视线里，那扇门的后面是一间玻璃化的无菌病房。几个穿着全套无菌密封防护服的医生，正在围着一个全封闭病床进行会诊。李小晖隔着玻璃能看见病床上躺着的人正是南苏伊登的总统，他闭着眼睛躺在那里，如果不是浑身上下渗透着绿色荧光黏液，简直像睡着一样安详。

“他每天会有一次十五分钟左右清醒的时间，昨天听说当初替他挡了一颗子弹的中国女记者来了，他很激动地说要见你，说你是他的朋友。”女孩说。

李小晖回头看向女孩的时候，才发现她的脸上已经流满了泪水。

“小晖，你来了。”

这许久未曾听到的声音再次响起的时候，李小晖觉得整个心脏都快跳出来了。她紧张得不敢回头，却又不受控制地缓缓地转身，终于出现在眼里的人果然是他，那个让她这些日子里魂牵梦绕的方钢。

李小晖心中的方钢不言辞，可他一直在暗处保护着小晖，特别是在维和部队的保护外围地，危险无处不在，不仅面临恐怖分子，还有不明身份的敌人。突然听到方钢呼叫的声音，李小晖有了一种战斗的信心。

方钢是一名特种部队老兵，又是战斗在国际前沿的反恐战士，曾多次参加过俄罗斯等联合反恐演习和实战，有着丰富的经验。此次，他深入异国复杂的地域，让他担心的却是战地女记者李小晖。

方钢告诉李小晖将要面临的极端恐怖分子使用种种卑鄙手段，要做好生死考验。

二

出了城市，一路向西，一个多小时以后才渐渐脱离了那片巨大的云区。

李小晖坐在副驾驶上，看着远处天边的太阳一点点落向新月山脉，太阳越来越红，云彩也被映得金灿灿的，新月山脉罗列的山峰上也像是披上了一层金纱，在云雾中朦朦胧胧，似幻似真。

越往西，海拔越高，气温越低。行驶四个小时以后，已经到了傍晚，距离新月山脉也越来越近。李小晖和驾车的方钢也不得不换上保暖衣服，几个小时的工夫，就经历了由闷热盛夏到清冷深秋的变化，李小晖不由得打了个寒噤。

“我们得再快点，沙穆尔少校还在罗纳尔营地等我们，而且入了夜会更冷。”

“你确定沈旅长会赞同你的决定吗？”

李小晖的眼睛里没有质疑，而是包含了非常认真的关心，紧紧盯在方钢身上。

“方钢，我觉得你应该先回国治疗，时间耽误不起……”

“耽误不起的不是我，是刘兴、陈晓琪和赵敏他们。”

方钢看了一眼李小晖，语气缓和下来，说：“我虽然感染了毒气，但是还来得及治疗。”

“刘兴他们现在都变成了那样，吸进了一些毒气，你以为自己有多特殊吗……”

“李小晖，如果你不愿意可以回去，这次任务本来就没有你！”

李小晖扭过头不再看方钢，神色也变得很坚定。

“我一定要搞清楚到底发生了什么，这不是为了你！”李小晖说。

车厢里安静了下来，只剩下发动机的低吼声。

方钢忍不住看了一眼李小晖，道：“我觉得我们是有些共同点的。”

李小晖没有说话，橙红色的阳光低了下去，滑过两人的脸颊，滑过两人的胸膛，车厢里变得彻底黑暗下来。

夕阳落于远方的群山之中，整个世界被黑暗笼罩，荒野公路上的白色车灯成为几乎唯一的光源，笔直地指向前方，这条细细的光带坚定地前进着，有一种不达目的、誓不回头的决绝。

新月山脉高耸的山脊上，覆盖着一层常年不化的冰川。从山脚望去，星光笼罩下的冰川就像是一座水晶天宫。

方钢和李小晖赶到的时候，沙穆尔少校刚刚喝完一杯咖啡，正在他的窗口仰望着十几公里外的山脉。

方钢和少校是旧识，李小晖却是第一次见。这个中年人留着络腮胡，须发都是黑色的，有明显的蒙古人种特征。他的个子不高，但很壮，宽阔的肩膀让人印象深刻，深绿色的军装穿在身上显得非常紧绷。听他的声音很温和，即使见面时已是深夜，仍然能然感觉到他的精神非常饱满而且足够内敛。

李小晖想起方钢在路上给她介绍过，沙穆尔少校年轻时曾经在中国军事学院学习过三年多，和沈旅长也曾有过交往。此刻见到少校本人，李小晖觉得他身上是有一种中国传统儒将风采。

“很美丽的地方，可是这里的人们生活不太平。”

沙穆尔少校的这句话是对李小晖说的，似乎觉得应当由一位有魅力的女性来评价才有意义。

“可惜，黑暗遮住了一切，让她面目全非。”

少校点了点头，道：“一切都已经准备好了，黎明时分，我们出发。”

遥远的东方天空泛起鱼肚白的时候，李小晖睁开眼睛看着日出前的景象，眼前的一切仿佛都被罩上了一层蓝色的轻纱。士兵们在操场集结，卡车已经整装待发，仅有的几辆装甲车也已经排好队列，准备着鱼贯而出驶向战场。她还没有足够清醒，以为这是个短暂的梦境，直到浓郁的绿茶香味飘进了鼻子，她才忽然想起自己有任务在身。

“你醒了？这是沙穆尔少校让人给你准备的。”

“我怎么睡了这么久？”

夜里三点赶到营地，凌晨就要出发，他们就在车里将就休息了一会儿。李小晖赶紧从放倒的副驾驶座上爬起来，接过冒着热气的茶水喝了一大口。

“队伍半小时后才出发，还不算晚。”

李小晖用茶杯捂着手，高原上日出前的寒冷，让她觉得身上的毯子没有起到多大作用，只能一口口地喝着热茶来抵御。

李小晖说：“方钢你告诉我，这次行动你有多少把握？”

“如果一切顺利，DTS 将不会再有机会。”方钢说。

“什么叫一切顺利？什么样叫不顺利呢？”

方钢看着李小晖，眼睛里有些很复杂的情绪。

“沈旅长给你下达命令的那天，我们就已经制定了作战方案，也确定了和南苏伊登总统的会面时间，本来一切都很顺利，结果会面的那天，遭遇了 DTS 的袭击……”

“你担心现在还会有这种情况？”

“我们还没有搞清楚问题出现在哪里。”

“那这次行动岂不就是冒险？你为什么非要这样？”

方钢皱着眉头看着前面，沙穆尔少校已经从指挥室里出来，冲着他这边点了点头。

“没时间了，从上次北疆的毒气，到这次的袭击，如果给他们时间，下一次恐怖分子的行动可能就会不堪设想。现在至少我的身体恢复正常了，这也是为什么答应和南苏伊登政府深度合作……等一下！”

“怎么了？”

方钢一脸凝重，像是在思索什么，他伸手阻止李小晖继续说下去。

“你听没听到？”方钢警觉地说。

李小晖说：“听到什么？”

尖锐的呼哨声开始自极远传来，方钢扭头看向沙穆尔，发现他也在看过来，两人对视着，都明白这是什么。只见沙穆尔赶紧想要卧倒，一枚迫击炮弹精确地命中了他的指挥室，气浪直接把他掀翻，更可怕的是爆炸点冒出了可怕的绿色烟雾。

基地瞬间陷入混乱，这里是一个轻型的山地野战营地，并没有足够的装备来反击炮兵，而且眼下的明显是有情报泄露，情况非常被动。方钢此时心里更清楚，刚才的不过是定位弹，真正的炮击将很快到来。

在一片混乱中，李小晖拉开车门要下去，却被方钢一把拉住。

“你疯了吗？”

“你才疯了，我要去救少校！”

“轮不到你！”

方钢把李小晖拽回座位上，迅速发动起了汽车，直接朝着后面的营区大门倒了过去。冲出营地的一瞬间，李小晖看见沙穆尔倒下的地方站起来一个绿色身影，发狂般手舞足蹈着。她猜到那是什么，不由得紧紧捂住了嘴巴。

随着一阵啸音靠近，一轮迫击炮齐射的炮弹在李小晖眼前落入营地。

三

木柴燃烧的气味呛入鼻子里，让李小晖一阵阵地呼吸困难，挣扎着醒了过来。

“李记者，我们又见面了。”

皮斯特的声音让李小晖猛地清醒过来，她发现自己倒在地上，手脚都被捆住，整个人只能勉强翻身。她扭过头扫视了一眼，看出正身处一个山洞里，她看向声音传来的地方，皮斯特在火堆另一边的洞穴深处。阴影中只能隐约看见他坐着的身体轮廓，他的身上好像是披着毛茸茸的皮衣，头发张牙舞爪的散乱着，就像面前燃烧的火苗一样。不知为什么，虽然看不见他的脸，李小晖却觉得他比以前更可怕了。

“小晖，你没事吧？”

李小晖说：“方钢！”

李小晖在身体的另一边看见了方钢，心里既欣喜又失望。她没想到方钢也会落到这里，紧接着想起了昏迷之前发生的事情。

“小晖，你感觉怎么样？”

“被困在这里，还能感觉怎么样？感觉身体无力。”李小晖自嘲地说，她正觉得方钢的问题有些奇怪，忽然明白了他的意思。两人互相对视着，李小晖确定了自己的想法。

“小晖，刚才我们遭暗算了，恐怖分子释放了毒气。我也中毒了。”方钢说，“记住，你一定保持清醒。”

方钢耳边传来皮斯特的声音：“我可不像哈里，他都搞不明白自己的目标是什么，还会担心你们录下的视频会曝光 DTS 的行动。”

皮斯特缓慢地站起身，一步一步地朝着火堆走过来。奇怪的是，他的脚步显得很不正常，虽然看不清，只看阴影中他的轮廓动作，李小晖就觉得他的腿好像瘸了。

他的一只脚是踩在地面上的声音，另一只脚一直是拖着的，他的肩膀很明显是一边高、一边低。随着他不断地靠近，李小晖甚至听到他喘息时候发出的“嘶嘶”声，他的胸口就像一个风箱一样夸张地起伏着。

“我就是要让所有人都知道，让所有人都感到恐惧……”皮斯特像充了气的球叫着。

当他说到这的时候，整个人也出现在了火堆的光线里，离李小晖和方钢越来越近。李小晖忽然觉得皮斯特比之前见过的时候要更高大了许多。她清楚皮斯特服用了一种高能药物，能在两小时内产生幻觉和高能量。她仔细看去，瞪大了眼睛。

方钢靠近李小晖，提醒道：“这家伙服用高能量的兴奋剂药物，能维持两个小时，就像有的运动员服用违禁品，他会有力量，而且会失去理智。皮斯特想要达到他的目的，抓我们。”

李小晖点头，说了一句：“放心，我吸了毒气无力，但意志不会垮。”

方钢知道李小晖有识别毒气的知识，但现在真的被恐怖分子毒化了，他还是坚持告诉她。甲氟膦酸异丙酯，一种杀伤性极强的军用神经性毒剂。只要吸入 55—100 毫克 · 分钟 / 立方米的沙林后或皮肤接触 1.7 克，会导致受害者瘫痪呼吸功能、缩瞳、肠胃痉挛剧痛，分泌眼泪汗水跟唾液的管道也会大量排放，在 1 至 15 分钟内受害者会非常痛苦的死亡。如果剂量足够，两分钟内受害者就会死亡。

李小晖反而清醒了，说：“这不是沙林，是一种混合麻剂毒气，只要在通风的地方，就能顶过去。”

方钢朝李小晖伸出大拇指，他们都知道那是与在东京地铁的恐怖分子释放的毒气一样。在印度和俄罗斯等地，恐怖分子也在使用这种毒气。

忽然，李小晖意识到了什么，对方钢说：“皮斯特下一个目标要对我们西部 B 号地区施放毒气！”

只见皮斯特浑身的皮肤竟然变成紫红色，李小晖清楚皮斯特服用了高能兴奋剂，产生了生理反应，变得更加凶猛。

眼看皮斯特离自己越来越近，李小晖面对可怕的躯体紧张起来，突然听到方钢在旁边大声喊叫起来：“皮斯特，这就是你自作自受的结果！你不要伤害她！”

皮斯特停下脚步，扭头看向方钢。

“害怕了？当然，我不会让你们轻易死，我要你们见证我要干的一切，懂吗？”

“皮斯特，你对我们投放了麻醉毒气。你对我来呀！”

皮斯特走到方钢面前，伸手抓住方钢的领子，突然被方钢猛击一掌，可是皮斯特吃了兴奋剂后显得更加有力，没什么反应。

李小晖见皮斯特要对方钢不利，忍不住厉声痛骂，可是皮斯特连看都没看她一眼。

“方队长，你放心，我不会伤害李记者，我还要拍下视频让她带回去，我还会把所有的情况都放到网上去，让所有人都看着，我根本就不是恐怖分子。哈哈哈，我会制造多种视频，让全世界认为，你们的反恐是假的。哈哈哈，告诉你，我是制造杀人的恐怖分子，我身后还有一个组织，不，是无数个组织。”

“啧啧啧，你们这败类，终于说出了制造恐怖活动和你们的恐怖组织。你们在中国新疆制造恐怖爆炸活动，还想嫁祸于人，还想在我们少数民族同胞间制造矛盾。我告诉你，无论你们制造多少恐怖活动，正义的人民决不会放过你们的！”

皮斯特那张脸上因为愤怒变得扭曲起来，说：“你说得没错，天底下还有谁能奈何我？”

皮斯特冲过去，一把捞起方钢，用力把他箍在怀里。李小晖见方钢脸色就憋得通红，脑门上青筋暴起，知道皮斯特现在的力量不能以常理估计。眼看方钢就要不幸，李小晖急地冷汗直冒。

“皮斯特，你不是要我给你报道吗？你要杀了他，我就把你写成一个胆小鬼，写成哈里的跟班！把你写成吃软饭的，我要让全世界的人都知道，你是个在 PT 集团和 DTS 之间摇摆，还要告诉全世界你是个哈里的私生子！”

眼看方钢已经脱力，他吸了毒气后，身体虚弱，眼神开始涣散。皮斯特终于被李小晖激怒，他一把将方钢扔在地上，回头冲着李小晖走过去。

李小晖退无可退，毫不畏惧地盯着眼前这个怪物。

“李小晖，你放心，我不会杀你们俩，而且我要带着你们一起去见证这一切。我要让你们俩亲眼看着这一切发生，我会有大动作，也就是你们说的恐怖活动，哈哈哈，极限的恐怖活动。你们守护的一切，都会毁在我的手里！”

方钢努力喘了几口气，稍稍缓过神来，望向李小晖。她的眼里含着泪水充满了关心，他的眼睛里还是那种不服输。两人互相看着，都读懂了对方心底的意思。

方钢靠近李小晖，小声地告诉她：“作为反恐战士，都清楚恐怖分子有多个组织，在暗地里制造了一批毒气。前几年，恐怖分子曾在俄罗斯也使用过，但被俄罗斯军警成功化解。这些恐怖分子为了制造恐怖袭击，宁可自我毁灭，也要疯狂地不择手段使用毒气。我心里有数，我们一旦吸进了这种毒气，要坚持住，千万别睡着。听我的小晖，用力呼吸，坚持半小时就缓解。”

四

方钢和李小晖已经做好了一切准备，包括牺牲，要与恐怖分子皮斯特战斗到底，直到获取第一手证据和资料。

他们坐着DTS的旧卡车，来到神秘的山地机场。李小晖的意识已经开始混乱了，她的皮肤下隐隐约约能看到血管开始泛起深红色。

“小晖！小晖！你清醒一些！”

方钢不停地叫着她的名字，想让她保持清醒。他们此时都无力再关心停机坪上那架安-24运输机的来历。

“方队长，我可能不行了。”

“不会的，小晖，你一定要坚持住，我训练的时候也经历过跟你一模一样的情况，你相信我，一定可以扛过去的。”方钢说，“记住，你一定保持清醒。”

“我真的坚持不住了，太困了，我要睡……”

“小晖！”

眼看着李小晖失去意识，昏迷了过去，方钢急地大叫，但他手脚都被捆着，什么都做不了。

“皮斯特！你要把她弄醒，听到没！”

李小晖的意识在渐渐消失，方钢的喊叫声越来越远，越来越慢，声音越来越小。

皮斯特大笑起来：“害怕了？我告诉你，她死不了，麻醉型的气体，她无力，你也一样，顺从吧！”

他们再次醒过来的时候，他们已经登上了不知从哪里来的安-24运输机，两台涡轮螺旋桨发动机的轰鸣声里参夹着杂音。破旧的机舱里到处斑斑驳驳，锈迹随处可见。

“你是从废品站找出来的这架飞机吗？”

李小晖的清醒让方钢暂时放下心来，他还在试图从皮斯特嘴里套出点什么。

“我要是你，就会担心恐怖分子接下来做的事情。”

“这批毒气投出去，要毒害多少人呀！”方钢说。

皮斯特看了一眼方钢，没有说话。他正在用手抚摸着机舱里那个巨大的密封舱，绿色的荧光正从里面透出来。

方钢深知皮斯特的个人背景，试图用女人和孩子这个话题，唤醒他人性的复苏，尽管这种可能对恐怖分子来说渺茫，但方钢还是开口了。

“你的琼汉斯，听说她已经怀孕了，你就没想过你的孩子吗？”

皮斯特的动作忽然滞呆，李小晖也注意到这一点，与方钢对视了一眼，他继续说道：“当你的孩子出生的时候，你希望那个世界充满瘟疫，活着的都是像你一样畸形的怪物吗？甚至……他自己也是一个小怪物。”

“难道这个世界还不够畸形吗？”皮斯特忽然扭过头来看向方钢，朝他一步步逼近过去。

“你觉得现在的世界就很完美吗？我偏要让所有的一切都毁掉，让这个世界回归丑恶。”

皮斯特抓住方钢的脖子，让他喘不上气来。

“别再跟我废话，我知道你感染了毒气。这毒气暂时杀不了你，但是我可以从高空把你扔下去。”

李小晖虚弱地望着方钢，说不出话来，眼睁睁地看着皮斯特松开手离开货舱走向前面。方钢受了折磨后，也委顿了不少。

“这毒气到底是怎么回事？”

发动机杂乱的轰鸣声还在持续，小舷窗的外面，弦月微光笼罩下的天空中乌云密布，雷电在云中闪动穿梭，闷雷的轰隆声仿佛无处不在。李小晖已经猜到皮斯特的第一个目标是哪里。

“还记得上次北疆发生的毒气攻击吗？专家研究出的毒气解药，在第一时间应用于恐怖分子对平民造成伤害的急救。”

说到这里，李小晖见方钢朝自己走过来。

方钢垂下头，深深喘了几口气，好像在努力压制什么。

“什么事情……都会有……代价！”

随着一声惨叫，李小晖目睹了她最不愿意看到的一幕。

方钢露在外面的皮肤，以肉眼可见的速度转变，然后在正常肤色和绿色之间快速变换着，肌肉的维度也开始膨胀起来。

“这到底怎么了？方钢！方钢！你怎么了？”

“我……没……事！可能毒……”

李小晖听见方钢紧咬的牙缝里挤出来的这几个字，声音也在一点一点变化。

就在这时，机舱里红色的减压告警灯亮了起来，伴随着的还有刺耳的警笛声，李小晖转头看去，尾部的机舱门在一阵机械的运作声音里缓缓打开。已经在机舱里整列成行等待投送的毒弹也自动松开了第一节，在拖拽轨道的作用下缓缓离开原来的位置，朝着打开的舱门滑去。

“方钢！你还好吗？”

李小晖急得要哭出来，却一点忙都帮不上。

“啊！必须得……阻止他！”

方钢奋力一震，右手竟然挣断了束缚在机舱壁上的金属链。他伸出手想拉住滑向舱门的毒弹箱，但他的位置太远，根本不可能够到。方钢仿佛失去理智一样，回过头来两只手一起扯断了左手上的铁链，当他全身脱困的时候，毒弹箱已经滑到了舱门口，马上就要滑落下去。方钢大吼一声，扑了过去，最后抓住了毒弹箱上的链钩。

李小晖着急地想挣脱身上的绳索，她本身就很虚弱，完全无能为力，只能看着方钢一手抓着巨大的毒弹箱，一手抓紧机舱上的锁链，整个人双手笔直地撑开，拼尽全力去阻止毒弹的坠落。

“原来方队长也和我一样丑陋啊，李记者，你看到这一幕不觉得很讽刺吗？”

“皮斯特，你根本就不是人！你是个恶魔！”

李小晖冲着皮斯特怒吼着。皮斯特满眼欣赏地看着已经变身的方钢，嘴里不停地发出“啧啧啧”的声音。

“方队长，真没想到我们最后会成为一类人。不过，这也不枉我一直以来对你的欣赏，都说中国反恐特战队的人不怕死，我想亲眼见识见识。”

方钢紧紧盯着正一步步走过来的皮斯特，仿佛要用眼神把他撕碎。

“你说这是不是就是宿命？原来老天注定我们是要联手的，你能坚持多久，最后还是你投放……”

皮斯特一边说，一边靠近过去，渐渐逼近方钢面前。两人近在咫尺，方钢忍不住咆哮出来，冲着皮斯特一口咬了过去！

“啊！”一击不中的方钢更加怒不可遏，他使劲拽着两旁的铁链，奋力朝着皮斯特扑去，却根本不能挪动分毫。

“噌”的一声，皮斯特拔出腰后的军刀，在身前舞动起来，刀锋距离方钢越来越近，几乎蹭到他的眼皮。

“不知道你是不是能像我一样刀枪不入，我很想试试，你说呢？”

“哧”的一声，刀锋划过了方钢的皮肤，血一下子涌了出来。方钢不由得发出一声怒吼，手上的铁链也松出一节。

“方钢，我相信你！皮斯特，你这个恶魔！你一定会下地狱的！”

李小晖声嘶力竭地咒骂着，丝毫影响不了皮斯特的动作。

“可惜啊，看来你比我差远了，只不过力量还不错。”

正在皮斯特啧啧叹息的时候，奇异的事情发生了。方钢身上流出的血液竟然像沸腾一样迅速气化作用在皮肤上。

皮斯特按捺不住好奇心，竟然伸出手取了一点方钢的血液，沾上血液的手指立刻被烧伤。皮斯特看着方钢，两人忽然同时明白了，这血液是皮斯特最大的威胁。

几乎是一瞬间，皮斯特就做出决定，照着方钢紧抓住毒弹箱的右手齐肩斩去，方钢趁势一闪，一把夺过那把刀，奋力地朝皮斯特捅去，刺伤了他的右臂。

李小晖的嘶吼无济于事，她注意到绳索崩开砸破了小舷窗，一块玻璃落在了身旁不远处。

皮斯特很惧怕方钢的血液，他谨慎地退开两步，掂了掂手里的军刀，满脸狰狞地弯下腰，猛地一刀朝着方钢的胸口扎下去。

刀刺中的部位是肌肉体，训练有素的方钢瞬间将刀拔出来，被方钢紧紧地箍住。

“皮斯特，你别以为我染了毒气、受了伤，你就能战胜我！”

皮斯特忽然意识到方钢想做什么，方钢的手抓着皮斯特的刀，皮斯特紧紧地按住，方钢咬着牙和皮斯特较着劲。

“你阻止不了我的，我会把剩下的毒弹扔到北疆，我会让你的李小晖全都记下来，将来都会写到我的荣誉簿上，所有人都会记的，是我用毒气袭击了你们的人！”

“咣！”的一下，一根装卸货物用的铁制撬棍砸到了皮斯特的后脑上，把他掀翻在地。李小晖扑上前抱住方钢。

“方钢！方钢，你怎么样？”

“小晖，我们不能让他得逞。”

方钢夺过军刀，再次插进皮斯特的大腿。

就在这时，前舱门忽然打开，几个荷枪实弹的恐怖分子冲了进来，发现情况有变，立刻朝李小晖的方向开枪。方钢眼疾手快，把李小晖扑到一边，然后拖着受伤的身躯连做了几个闪躲。

“方队长！看来我真的是小看了你。”

方钢再回头的时候，只见皮斯特拖着流血的腿，已经站了起来，而且还挟持了李小晖。

五

在驾驶舱里各种警报声的干扰中，李小晖手忙脚乱地操作着飞机。皮斯特和方钢重重地摔倒在舱室里，他们又打了起来。

突然，在迫降产生的剧烈撞击中，李小晖失去了意识，而意识又把她带进了另一个时空。黑色与白色的世界在李小晖的意识里来回交替，偶尔的清醒总会看到不同的人，听到他们说这些不同的话，他们大多都穿着厚重的防护服。

“她体内的毒素已经基本得到控制，什么时候能苏醒还不好说。”

“小晖，我是沈旅长，你的沈叔叔，能听到吗？你一定要醒过来，告诉我们究竟发生了什么，方钢出了什么事。”

“小晖，妈妈来看你了！你怎么这样了啊……”

母亲的哭泣声好像来自遥远的天堂，让她觉得那么缥缈，又那么真实。她回应着，但母亲好像根本听不到，还在哭泣。李小晖感觉自己在一个空旷的世界里，无着无落，孤独彻底地包围着她。

“小晖。”

又是他，李小晖知道这是方钢的声音，可是怎么也找不到他在哪。

“方钢！你出来！这是怎么回事？是你搞的鬼吗？”

“你还是老样子，什么事情都能赖到我头上。”

李小晖在自己洁白的世界里转着圈，想把方钢找出来。

“谁想赖你了，出来把话说清楚，我到底是怎么了？”

“你一点都记不起来了吗？那天在飞机上的事情。”

李小晖的速度慢下来，思索清楚方钢提到的飞机上的事情，怎么都没有印象。

“什么飞机上？你把话说清楚，不然等我找到你，可要跟你算清楚！”

方钢沉沉地叹了一口气，说道：“那天在飞机上，我受了重伤，你被皮斯特劫持了，还记得吗？”

李小晖低头皱眉在仔细思索着，好像有了点印象。

“你继续说，后来发生了什么？”

“后来，后来……”

昏沉的夜色笼罩下，城市里到处是断壁残垣，好几处爆炸点冒着瘆人的绿烟。整个城市已经陷入混乱，到处都是哭喊声和惨叫声。云层中，一架安-24运输机露出了身影，被地面的防空部队发现。

一枚高射炮弹在飞机旁不远处爆炸，气浪几乎把这架破旧的运输机掀翻。剧烈地晃动使所有人在一瞬间失去了平衡，被皮斯特控制着的李小晖趁机滚到一旁。

皮斯特恢复平衡，想再次下手，被一旁的方钢扑过来缠住。与此同时，下方的高炮阵地已经火力全开，这架破旧的安-24如同狂风巨浪中的一艘木帆船，随时有可能粉身碎骨。

方钢的右臂虽然已经止血，甚至在恢复，但他在和皮斯特的搏斗中仍然处于劣势。

李小晖见状，捡起地上的机枪，想去帮忙。方钢朝她吼道：“快去驾驶舱！我们……一定要……阻止他去北疆！”

方钢在搏斗中艰难地说完这句话，又去阻止皮斯特。

在高射炮的驱赶中，飞机已经飞离城市上空，正朝着东面快速离去，一枚附近的炮弹爆炸，几乎把尾翼撕碎。

李小晖端着机枪朝着驾驶室行进，在颠簸中东倒西歪，随着那一记爆炸，李小晖也被掀翻在地。

飞行员听到动静觉得不对，拿着手枪站起身朝外走，边走边用他们的语言问着。

李小晖知道危险，赶紧站起身和飞行员撞个对脸。两人狭路相逢，李小晖端起枪大喊：“别动！”

飞行员毫不含糊，抬枪就打，结果飞机一阵颠簸，两人跌作一团。缠斗中只听到两声枪响，飞行员颤颤巍巍站起身，发现自己胸口中了一枪，仰面倒了下去。李小晖低头看去，她的肚子上也中了一枪。

李小晖捂着伤口跑回机舱，朝着方钢大喊：“我们控制住飞机了，可我不会开啊，现在怎么办？”

当她步入机舱，看见方钢已经奄奄一息地倒在地上，皮斯特一副胜利者的姿态站在他身旁。

“你不会，那就我来吧。”

皮斯特快步朝李小晖走去，要杀了她而后快。李小晖赶忙把密封舱门关上，最后时刻却被皮斯特的右手伸了进来。李小晖使劲打在那条胳膊上，如同蚍蜉撼树一样难以撼动这个已经变异的怪物，被他闯了进来。

李小晖捂着肚子上的伤口，坐在地上，被皮斯特一手扼住脖子，并提了起来。

“看来你什么也没控制住。”

李小晖呼吸越来越困难，她伸手拼命捶打着皮斯特的胳膊，没有一点作用。就在她马上要休克的时候，皮斯特忽然痛苦地大叫起来。

李小晖脱离险境，趴在地上大口呼吸着。只见方钢从后面箍住了皮斯特的脖子。

“小晖，快去驾驶室，把门封住不要出来。”

“方钢！你……你……”

李小晖大口呼吸着，说不出话来。

“快走！想想上次我是怎么迫降在观镜湖的，你照着来一遍！”

“观镜湖？”

“对，小晖快走，快走！”

李小晖看着方钢痛苦而又决然的表情，下决心转身奔向驾驶舱。

“快走！把安全门封上，无论如何都不要开门！不要开门！”

滚烫的泪水从李小晖的眼里涌了出来，滑过她的脸颊，腹部的伤口让她觉得越来越虚弱，悲痛又给了她更多的力量，让她以超越自己想象的速度回到了驾驶舱。在关门之前，她回望，方钢已经控制不住皮斯特，在他松开手的一瞬间，他用那把军刀剖开了自己的胸膛，把滚烫的热血泼洒向眼前的恶魔。

李小晖看着方钢张开怀抱，紧紧抱住想要逃走的皮斯特，两个人在痛苦中哀号着、悲鸣着。

方钢骑在皮斯特的背上，再次勒住了他的脖子。皮斯特一边挣扎一边爬向驾驶舱，他的身体被方钢的热血灼烧着。

李小晖看见方钢虚弱的眼神正望向自己，看见他张开嘴在向自己说话，她似乎听见了，也读懂了。

“关上门！好好活下去……”

李小晖伸手抹干眼泪，用尽全身力气把驾驶舱的门关闭，把阀门拧紧。此时，她已经用尽了全身的力气，只能瘫倒在地上。忽然，背后的舱门传来一声“咚”的巨响。

李小晖赶紧爬开两步，回头望去，只见密封门上竟然被砸出了一个凹坑。她不住地往后退，密封门不断地受到重击，间隔时间越来越长，力量也越来越小。

已经被爆炸撕扯成碎片的尾翼终于彻底脱落，飞机的姿态发生改变，机头向下坠了下去。李小晖因此落向机头。更可怕的是门外的那个怪兽也借力砸在了密封门上，那力道几乎让人以为一下子会把整个门砸倒。

李小晖赶紧抓住操纵杆往回拉，竭尽全力要把飞机的姿态拉平，她腹部的伤口还在渗血，每一秒都在脱力的边缘，门外的皮斯特还在捶打密封门。她知道方钢一定凶多吉少，她还是那么相信他，他是反恐特战队队长方钢，没有人比他的意志更强大，不管皮斯特变成什么样的怪物，他都只会比皮斯特更强大！

李小晖用尽力气坚持到最后，远处天边已经出现了陆航团的直升机。

她认得那是自己国家的新式通用直升机，一定是南苏伊登政府把相关消息通报给了他们。李小晖拿起无线电通话器，向对面喊话。

“特战队战地记者李小晖，奉命完成任务，将完成迫降，机上有危险化学毒气，请安排紧急救援……紧急救援……”

李小晖说完这句话，再也坚持不住了，开始昏昏欲睡，意识也渐渐地模糊。

“咚”的一声，密封门竟然被皮斯特撞开了！

李小晖猛地回头，看见被热血灼烧过的皮斯特变得面目狰狞。他蹒跚着，拖着沉重的躯体，一步步走向李小晖，而她已经完全没有力气再去搏斗了。

“最后，还是我赢了。”

他的手扼住李小晖的喉咙，李小晖手一松，飞机又开始头朝下坠落。李小晖用最后一口气在通话器里呼唤：“请求击落我机……”

她说出了这句话，但对面没有收到，只听方钢在皮斯特身后大吼一声：“赢个屁，玩儿蛋去吧！”

李小晖只见方钢纵身跃起，借着飞机下坠的势头，整个人横在空中。

方钢虽然受了重伤，但毕竟受过特殊训练，以坚毅的力量翻身而起，一脚把皮斯特踹出飞机的窗口。巨大力量把窗口撕开，皮斯特被抛出机舱，像一片枯死的叶子。

方钢差点被吹走，他顽强地用手抓住了机舱扶手，然后顺势卧倒在舱面，保住了性命。

飞机在颠簸中降落，冲出了很远，在地面磨出一长串火花。

沈林带领消防队和特战队员迅速赶到飞机前。当他们从血泊中抬起了重伤的方钢和李小晖时，战友温暖的目光紧紧盯着特战队英雄。

方钢抓住沈林小声地说：“李小晖真棒！她是军报英雄的战地记者，更是名英雄的战士！”

沈林地连连点头，他焦急地指挥医护人员，大声地喊：“快，快，赶紧送上救护车！”

方钢和李小晖被迅速送到部队医院。因为他们吸了毒气，伤到了肺腑，在调集多名专家诊断后，运用了国内最先进的技术进行治疗，他们得到了很好恢复。方钢伤势重些，对他进行了多处手术，军医都感动了。方钢能活过来，而且身体康复得如此之快，是因为他健壮的军人身体素质。李小晖下床后，第一眼就是跑到方钢的病房。医生和护士理解这对生死搭档的特战队员的友谊，便悄悄离开病房。李小晖见到一个站立标准的军人方钢时，激动地紧紧拥抱，而且久久舍不得松手。

一个月后，方钢和李小晖出了医院，他们首先想去的地方，就是烈士墓地。

英雄纪念碑前，康复出院的方钢扶着李小晖和沈林旅长一起放下鲜艳的花朵，祭奠逝去的英雄们。

“小晖，根据你提供的证据，邵剑飞已经被抓捕归案了。琼汉斯虽然还没有伏法，但整个新疆地区和南苏伊登，她都无法生存了，如今可能藏在世界的某个角落里苟延残喘，不久就会得到应有的惩罚。”

李小晖抹了抹眼泪。

“可是牺牲了的战友，还有无辜的百姓，他们永远回不来了。”

“所以我们更要守护好他们付出生命换来的一切，不能让恐怖分子对我们的新疆再有任何可乘之机。我们要保护好新疆各民族的安全，守护好我们的美好家园。”

沈林转头看向李小晖，说道：“你还想转业吗？”

李小晖看着方钢上前拥抱着他，坚定说道：“我已经找到属于我的事业了。”

沈林和他身边的战友笑了。沈林更明白李小晖说的事业内涵。

在一旁的战友逗趣道：“什么时候喝喜酒？”

李小晖笑而不答，拉着方钢大步朝城市大道走去。

远处的大街上车水马龙，上学路上的孩子们有说有笑，都市白领们步履匆匆，一切都是那么平常。

方钢望着可爱的孩子们，对李小晖说：“你的事业，就是我们共同的事业，当好一名合格的军人。我们所做的一切，就是维护世界和平，给全世界人民一个安宁和平的世界！”